世纪英才高等职业教育课改系列规划教材（经管类）

商务谈判技巧

刘　燕　主编

人民邮电出版社

北京

图书在版编目（ＣＩＰ）数据

商务谈判技巧 / 刘燕主编. -- 北京：人民邮电出版社，2010.5（2018.3 重印）
（世纪英才高等职业教育课改系列规划教材. 经管类）
ISBN 978-7-115-22333-3

Ⅰ. ①商… Ⅱ. ①刘… Ⅲ. ①贸易谈判－高等学校：技术学校－教材 Ⅳ. ①F715.4

中国版本图书馆CIP数据核字(2010)第028222号

内 容 提 要

商务谈判技巧是一门实用性较强，融多学科于一体的边缘科学，因此，怎样兼收并蓄、恰到好处地将多领域的相关知识科学地融入，是本书编写过程中重点处理的问题。

本书以学生为主体，注重学生的学习能力和实践能力培养，在教材的形式和内容组织方面作了探索性的改革。全书以课题的形式展开，每个课题分为案例与讨论、课题学习引导、课题实践页 3 个部分，内容包括认识谈判、掌握商务谈判心理、商务谈判的准备、商务谈判开局、商务谈判磋商、商务谈判的结束与签约、价格谈判、商务谈判的语言训练、商务谈判中的礼仪训练以及商务谈判的综合学习十个课题。

本书可以作为高职高专院校市场营销、经济及工商管理等相关专业的教材以及作为市场营销从业人员的学习用书。

世纪英才高等职业教育课改系列规划教材（经管类）
商务谈判技巧

◆ 主　编　刘　燕
　　责任编辑　丁金炎
　　执行编辑　洪　婕

◆ 人民邮电出版社出版发行　　北京市丰台区成寿寺路 11 号
　　邮编　100164　电子邮件　315@ptpress.com.cn
　　网址　http://www.ptpress.com.cn
　　大厂聚鑫印刷有限责任公司印刷

◆ 开本：787×1092　1/16
　　印张：11.75　　　　　　　　2010 年 5 月第 1 版
　　字数：265 千字　　　　　　2018 年 3 月河北第 12 次印刷

ISBN 978-7-115-22333-3
定价：23.00 元
读者服务热线：(010) 81055256　印装质量热线：(010) 81055316
反盗版热线：(010) 81055315

世纪英才高等职业教育课改系列规划教材编委会（经管类）

顾　问：高　林　赵志群

电子商务专业编委会主任：支芬和
市场营销专业编委会主任：李宇红
会计电算化专业编委会主任：万守付
物流管理专业编委会主任：陈克勤

委　员：（以姓氏笔画为序）

门洪亮	马雁	马红莉	马松波	马航通	孔祥银	王丹	王峻
王文媛	王克富	王忠元	王溪若	邓志新	代承霞	兰岚	冯海洋
申纲领	申燕妮	任艳	任建军	关江华	刘妍	刘健	刘燕
刘世荣	刘永立	刘红英	吕广革	孙其勇	安菊梅	汤云	牟静
牟彤华	纪幼玲	严军	吴姗娜	宋元元	宋沛军	宋爱华	宋艳芳
张丹	张仕军	张苏雁	李伟	李莉	李翔	李永国	李永林
李述容	李陶然	李梦颖	杨帆	杨洁	杨承毅	杨爱民	陆红
陈妍	陈念	陈婧	陈道志	周湘平	欧阳肆晶	罗中	罗立明
郑小兰	郑金花	胡华江	贺兴虎	贺秋硕	赵红	赵玮	赵艳
赵蕾	赵广岩	赵立坤	赵丽金	赵智锋	郝一洁	唐华	唐麒
夏俊鹄	徐征	徐珂	徐慧剑	敖静海	殷智红	聂碧娟	袁烽
谈煜鸿	商玮	梁红波	梁振军	梅爱冰	黄嘉敏	傅俊	喻靖文
彭杰	彭爱美	温艳萍	覃永贞	韩丹	鲁艳	楼小明	熊敏
熊文杰	熊学发	颜伟					

策　划：彭保林　丁金炎　严世圣

丛书前言

随着我国社会经济的发展，近几年，我国高等职业教育规模快速增长，到2008年年底，全国独立设置的普通高职高专院校已经达到1000多所。应当说，基本适应社会主义现代化建设需要的高等职业教育体系已经初步形成。

高等职业教育依托经济发展，为经济发展提供适应需要的人力资源。同时，高等职业教育要适应经济和社会发展的需要，就必须提高自身创新能力，不断深化课程和教学改革，依靠传统的课程已经不能满足现代职业教育对职业能力培养的要求。围绕高等职业教育专业课程体系建设及课程开发，做好人才培养模式、课程体系改革、专业师资队伍、实践教学条件等方面的建设，已经成为高职院校教学改革的首要任务，同时也成为我国高等职业教育发展的当务之急。

随着高等职业教育改革形势的纵深发展，我国高等职业教育在课程体系建设指导思想上逐渐汇流，"基于工作过程"的课程开发的理念逐渐为广大高职院校师生所接受。

"基于工作过程"的课程开发设计导向遵循现代职业教育指导思想，赋予了职业能力更加丰富的内涵，它不仅打破了传统学科过于系统化的理论束缚，而且提升了职业教育课程设计水平。这与高等职业教育的办学方向比较吻合，因此，得到了教育部有关部门的大力倡导。为了响应教育部的号召，我们于2008年组织了"基于工作过程"课程改革和教材建设研讨会，认真分析了当前我国高等职业教育课改现状，充分讨论了高等职业教育课改形势以及课程改革思路，并初步构建了面向21世纪的"世纪英才高等职业教育课改系列规划教材"体系。

我国高等职业教育是以培养高级应用型人才为目标，承担着为我国社会主义新型工业化社会建设输送人才的重任，大力发展高等职业教育是我国经济社会发展的客观需要。自国家大力倡导高职高专院校积极研究探索课程改革思路以来，我国的高等职业教育就步入了一个追求内涵发展的新阶段。"世纪英才高等职业教育课改系列规划教材"按照"基于工作过程"的课改思路，将科学发展观贯彻在高等职业教育的教材出版领域里，希望能为促进我国高等职业教育的发展贡献一份力量。

"世纪英才高等职业教育课改系列规划教材"汇聚了国内众多职业教育专家、高职高专院校一线教师的智慧和心血，以工作过程的发展展开教学过程，有区别地运用"结构模块化、技能系统化、内容弹性化、版面图表化"的表现手段，内容结构层次从简从便，教材容量深度适当、厚度适合，并配以必要的辅助教学手段。相信本系列教材一定能成为广大高职高专院校师生的良师益友。

"世纪英才高等职业教育课改系列规划教材"建设是对高等职业教育课程改革的一次建设性的探索，期望得到广大读者的首肯和大力支持。如果您在阅读本系列教材的过程中有什么意见和建议，请发邮件至 wuhan@ptpress.com.cn 与我们进行交流，或进入本系列教材服务网站 www.ycbook.com.cn 留言。

世纪英才高等职业教育课改系列规划教材编委会

商务谈判既是一门艺术，又是一门科学。随着我国市场经济的不断发展，商务谈判已在我国的社会生活中发挥了重要的作用。如何认识谈判，怎样进行谈判，已经成为人们渴望了解和迫切需要掌握的一门新知识。正确认识现代商务谈判活动的基本原理，把握现代商务谈判活动的一般规律，洞察成功的谈判技巧与策略，使人们对谈判的认识从自发的阶段上升到自觉的阶段，从对谈判的被动应付转变为理性的操作，是学习这门课程的主要目的和任务。谈判是一门综合性很强的学科，被公认为是社会学、行为学、心理学和众多技术科学的交叉产物，同时又是一种复杂的，需要运用多种技能与方法的专项活动，所以本书在编写过程中特别注重理论联系实际，书中结合古今中外丰富生动的实例，从现代管理学、心理学、语言学、交际学、公共关系学的角度出发，全面考察现代商务谈判活动的内涵、要素、原则及其一般程序、规律和技巧。

在与市场营销专业建设委员会的研讨中，专家们对于商务谈判技巧的学习提出了以下要求。

1. 理解商务谈判准备对谈判进程和谈判结果的重要影响，掌握各项准备工作的原则、范围和方法。

2. 了解商务谈判策略的种类，熟练运用各种策略。

3. 理解和掌握正确的商务谈判思维、心理和伦理。克服思维偏差，克服心理障碍。遵守谈判规则以取得商务谈判的预期效果。了解对方性格特征，能够准确找到对方的需求，传递商品的使用价值。

4. 了解商务谈判中价格谈判的基本理论知识、掌握价格谈判过程中的基本策略和基本技巧的运用。在谈判的"一揽子"交易中，具备成本核算的能力。

5. 理解商务合同条款的结构。具备把握条款公正、合理、合法的条件。

在本书的编写过程中，强调以上知识要点的同时也强调了商务谈判的过程。其中，课题一认识谈判，介绍了商务谈判的概念，商务谈判的类型，商务谈判的原则以及价值评判标准等基础的知识；课题二掌握商务谈判心理，介绍了对商务谈判产生影响的各种心理因素；课题八商务谈判的语言训练，介绍了商务谈判过程中的各种语言技巧；课题九商务谈判中的礼仪训练，介绍了商务谈判过程中的迎送、接待、仪容、服饰以及签约仪式。这四个课题是独立的任务，是基础性的，基本涵盖了专家们所要求的知识。课题三商务谈判的准备，涉及商务谈判背景调查，商务谈判的组织管理以及商务谈判的计划制订 3 个基本内容；课题四商务谈判开局，介绍了开局主要任务的认识，开局气氛的营造以及开局策略的演练；课题五商务谈判磋商，包括摸底、僵局的处理以及让步 3 个基本任务，价格谈判也是磋商的内容，由于这是商务谈判的核心，篇幅较大，单独作为一个课题放在谈判过程之后，作为课题七；课题六商务谈判的结束与签约，学习商务谈判结束时机的选择、商务谈判促成，以及合同的起草与签约 3 个任务；课题七价格谈判中按照价格谈判的过程分为报价、价格解评、讨价还价 3 个基本内容。这五个课题是对商务谈判过程的强调，商务谈判策略也主要包含在谈判过程中。课题十商务谈判的综合学习，分别介绍了在不同科技背景下产生的不同方式的商务谈判，通过这一部分内容的学习，可以将以上分散的课题综合起来。

本书由金华职业技术学院刘燕主编,参编人员有贵州铜仁职业技术学院黄君乐与刘凤林老师,金华职业技术学院的陈妍、陈爱萍与赵广岩老师,青岛海尔杭州工贸有限公司的专卖店负责人陈雄武等,最终由刘燕进行总撰。

为了增强本教材的趣味性和教学活动开展的主动性,本教材中引用了一些精彩的案例,编者在这里对这些案例作者的辛勤劳动表达诚挚的谢意,编者也曾试图联系这些案例的作者,由于各种原因未能全部联系上,在此深表歉意,并欢迎相关案例作者主动与编者联系,编者将深表感谢!编者的联系邮箱为 lynyian@126.com。

由于编者水平有限,不妥之处在所难免,衷心希望广大读者批评指正。

编　者

目录

Contents

课题一 认识谈判

技 能 目 标	知 识 目 标	建 议 学 时
➤ 识别谈判事务	（1）了解谈判与商务谈判的含义 （2）掌握商务谈判的特征 （3）正确评价商务谈判是否成功 （4）分析不同类型的谈判以及谈判要素	4
➤ 理解谈判原则与价值评判标准	（1）了解谈判的基本原则 （2）掌握谈判的基本原则 （3）正确运用谈判原则	2

第一部分 案例与讨论

案例 一口价

有一对夫妻，一天晚上在浏览杂志时，两人看到一幅广告中当作背景的老式时钟，把气氛衬托得十分优雅。妻子说："这座钟是不是你见过最漂亮的一个？把它放在我们的过道或客厅中，看起来一定不错吧？"丈夫回答："的确不错！我也正想找个类似的钟挂在家里，不知道多少钱？广告上没有标明价格。"商量之后，他们决定要在古董店里找寻那座钟，并且商定假若找到那座钟只能花500元以内的价格。

他们经过两个月的搜寻后，终于在一家古董展示会场的橱窗里看到了那座钟，妻子兴奋地叫起来："就是这座钟！没错，就是这座钟。"丈夫说："记住，绝不能超出500元的预算。"他们走近那个展示摊位。"哦哦！"妻子说道："时钟上的标价是750元，我们还是回家算了，我们说过只有500元的预算，记得吗？""我记得，"丈夫说："不过还是试一试吧，我们已经找了那么久，不差这一会儿。"

夫妻私下商谈后，决定由丈夫作为谈判者，争取在500元内买下那座钟。随后，丈夫鼓起勇气，对那座钟的售货员说："我注意到你们有座钟要卖，定价就贴在钟座上，而且蒙了不少灰尘，显得的确很古老。"他接着说："告诉你我的打算吧，我给你出个价，只出一次价买那座钟，就这么说定。想你可能会吓一跳，你准备好了吗？"他停了一下，似乎想增加一下说话的效果。"你听着——250元。"那座钟的售货员连眼也不眨一下，说道："卖了，那座钟是你的了。"

那个丈夫的第一个反应是什么？得意洋洋？"我真是棒透了，不但获得了优惠，而且，得到了我要的东西。"不！绝不！我们都曾经碰到过类似的情况。他的最初反应一定是："我真蠢！我该对那家伙出价150元才对！"你也知道他的第二个反应："这座钟应该很重才对，怎么那么轻呢？我敢说里面一定有些零件不见了。"然而，他仍然把那座钟放在家里的客厅中，看起来非常美丽，而且也似乎没什么毛病，但是他和太太却始终感到不安。那晚他们安歇之后，半夜曾三度起来，为什么？因为他们没有听到时钟的声响。这种情形持续了无数个夜晚，甚至导致他们的健康开始恶化，夫妻俩都有些紧张过度并且都有着高血压的毛病。为什么？只因为那个售货员不经交涉就以250元钱把钟卖给了他们。

案例讨论

（1）案例中的这对夫妻与售货员之间是商务谈判吗？为什么？

（2）商务谈判应该具备哪些特点？

第二部分　课题学习引导

1.1　掌握谈判与商务谈判的内涵与外延

谈判是现代社会中无时不在、无处不有的现象。人们之间要相互交往、改善关系、协商问题，就要进行谈判。

1.1.1　谈判

谈判有狭义和广义之分。狭义的谈判，仅指在特定的正式场合下安排和进行的谈判；而广义的谈判，则包括各种形式的"交涉"、"洽谈"、"磋商"等。作为探讨谈判实践内在规律的谈判理论，主要以建立在广义谈判基础之上的狭义谈判为研究对象。

1. 谈判的含义

谈判，实际上包含"谈"和"判"两个紧密联系的环节。谈，即说话或讨论，是指当事人明确阐述自己的意愿和所要追求的目标，充分发表关于各方应当承担和享有的责、权、利等看法；判，即分辨和评定，它是当事各方努力寻求关于各项权利和义务的共同一致的意见，以期通过相应的协议予以正式确认。因此，谈是判的前提和基础，判是谈的结果和目的。

不过，给谈判下一个大家都认同的定义，可能也还需要一个"谈判"的过程。目前，出现在各类文献中关于谈判的定义有多种多样。我国学者为谈判所下的定义，主要表现为以下一些观点：

"所谓谈判，乃是个人、组织或国家之间，就一项涉及双方利害关系的标的物，利用协商的手段，反复调整各自目标，在满足己方利益的前提下取得一致的过程。"

"谈判是谈判双方（各方）观点互换、情感互动、利益互惠的人际交往活动。"

"谈判是人们为了协调彼此之间的关系，满足各自的需要，通过协商而争取达到意见一致的行为和过程。"

"谈判是指人们为了各自的利益动机而进行相互协商并设法达成一致意见的行为。"

研究以上定义便可发现，虽然对谈判概念的文字表述不尽相同，但其内涵却包含着一些相近或相通的基本点。这些基本点大致有：

（1）谈判的目的性。

谈判均有各自的需求、愿望或利益目标，是目的性很强的活动。没有明确的谈判目的，不明白为什么而谈和在谈什么，至多只能称为"聊天"或"闲谈"。因此，上述定义都强调了谈判的目的性即追求一定的目标，如"满足愿望"和"满足需要"、"为了自身的目的"、"对双方都有利"或者"满足己方利益"、"利益互惠"、"满足各自的需要"以及"为了各自的利益动机"等。

（2）谈判的相互性。

谈判是一种双边或多边的行为和活动，谈判总要涉及谈判的对象。自己和自己谈，则不能称其为谈判，也不会有什么谈判的目的。因此，在谈判的定义中都指出谈判的相互性即谋求一种合作，如"为了改变相互关系"、"涉及各方"、"使两个或数个角色处于面对面位置上"、"双方致力于说服对方"或"个人、组织或国家之间"、"谈判双方"以及"协调彼此之间的关系"等。

（3）谈判的协商性。

谈判是通过相互合作而实现各自目标的有效手段。谈判不是命令或通知，不能由一方说了算。所以，在谈判中，一方既要清楚地表达其立场和观点，又必须认真听取对方的陈述和要求并不断调整相应的对策，以便沟通信息、增进了解、缩小分歧、达成共识，这就是彼此之间的协商或磋商。因此，谈判的定义不能不阐明谈判的协商性即寻求一致的意见这一基本点。如"交换观点"、"进行磋商"、"说服对方"或者"利用协商手段"、"观点互换"、"通过协商"以及"进行相互协商"等。

综合上述的基本点，可以把谈判理解为：谈判是人们为了各自的目的而相互协商的活动。

2．谈判的特征

（1）谈判是谈判双方"给予"与"接受"兼而有之的一种互助过程。

无论参与双方是自愿的或是被动的，单方面的施舍或接受都不能算作一种谈判。

（2）谈判双方同时具有"冲突"与"合作"的成分。

为了使谈判能够达成协议，参与谈判的双方均具有一定程度的合作性。但是，为了使自身的需求获得较大的满足，参与谈判的双方势必处于利害冲突的对抗状态。尽管在不同的谈判场合下，合作与冲突的程度不同，但可以肯定的是，任何一种谈判均须含有这两种性质。优秀的商务谈判人员，能够适度地把握合作中的冲突以及冲突中的合作。

（3）谈判是互惠的，是不均等的公平。

如果谈判不是互惠互利的，一方只想从另一方索取利益，只想满足自己的需要，则这种谈判缺少最起码的基础。谈判的双方也不可能真正坐到一起。美国汽车大王李·艾科卡有一句发自肺腑的感慨："要经常为别人的利益着想。"但是，互惠并不意味着均等，有些谈判人员从中获得的好处多，有些谈判人员从中获得的好处少。谈判双方所拥有的实力与技巧的差异，导致了这种不平等的结果。

（4）谈判是通过协调而达到一致的过程。

谈判不是单纯追求自身利益需要的过程，而是双方通过不断调整各自的需要而相互接近，最终达成一致意见的过程。这就是说，谈判是提出要求，作出让步，最终达成协议的一系列过程。例如，假设你在某个体服装屋内买一件上衣，服装屋的老板报价400元，而你却出价200元。老板将价格降到300元，而你将价格提高到220元，最终双方以260元成交。在这场谈判中，双方都通过不断调整各自的报价而接近，最终在260元这一价格点上达成利益的平衡。这个过程就是谈判，即达成一致意见的过程。

（5）谈判是有一定利益界限的。

谈判人员要保障自己的利益，就要在可能的情况下追求更多的利益。但是任何谈判人员都必须满足对方的最低需求，如果无视对方的最低需求，无限制地逼迫对方，最终会因对方的退出，使自己已经得到的利益丧失殆尽。谈判人员的眼光不能只盯在自己的利益上，尤其当对方的利益接近"临界点"时，必须保持清醒和警觉，毅然决断，当止即止，以免过犹不及。如果对方退出谈判，最终也会使自己一无所获。

（6）谈判是艺术与科学的结合和体现。

谈判是一门科学，同时又是一门艺术，是艺术与科学两个方面的有机结合。所以，不能单纯地强调谈判的科学性，还要体现科学性与艺术性的有机结合。

谈判作为人们协调彼此之间的利益关系、满足各自需要并达成一致意见的一种行为和过程，人们必须以理性的思维对涉及的问题进行系统的研究分析，并根据一定的规律、规则来制订方案和策略。例如，在一场技术合作的谈判中，就需要对双方合作的范围、质量规定、转让方式、支付方式以及效益评估等问题进行严密、科学的分析。这就是谈判的科学性的一个方面。另一方面，谈判是人之间的一种直接交流活动。在这种活动中，谈判人员的气质、能力、经验、心理状态、感情等富于变化的因素及其临场发挥对谈判的过程和结果又有着极大的影响，使谈判具有一种难以预测和把握的特征。同样的谈判内容、环境和条件，不同的谈判人员参加会取得不同的结果。因此，在涉及对谈判双方实力的认定、对谈判环境的分析、对谈判方针方案的制订以及交易条件的确定等问题时，也较多地体现了其科学性的一面；而在具体的谈判策略、战术的选择运用上，则较多地体现了其艺术性的一面。所以，对于一个谈判人员来说，在谈判中既要讲究科学，又要讲究艺术。"科学"能确保在谈判中把握住正确的决策方向，而"艺术"则能使事情做得更加圆满。

1.1.2　商务谈判

1. 商务谈判的定义

商务谈判是谈判的一种。概括地说，商务谈判是指在经济贸易活动中，买卖双方为了满足各自的需求，彼此进行交流、阐述意愿、磋商协议、协调关系、争取达成一致从而赢得或维护自身经济利益的行为与过程。商务谈判中的"商务"一词是指商业事务，即企业的经济事务，以区别于政治事务和外交事务。商务谈判所涉及的知识领域极广，涉及市场营销、国际贸易、金融、法律、科技、文学、艺术、地理、心理和演讲等多种学科，是一项集政策性、技术性和艺术性于一体的社会经济活动。

2．商务谈判的特征

商务谈判除了具有一般谈判的共性外，还有其个性特点，主要表现在：

（1）以经济利益为目的。

人们之所以要谈判，是因为有一定的需求要得到满足。不同的谈判，谈判人员的需求即目的是不同的，商务谈判的目的是要获得经济上的利益。虽然谈判人员可以调动和运用各种因素（其中许多可以是非经济因素）来影响谈判，但其最终的目的仍然是经济利益。

（2）讲求谈判的经济效益。

谈判本身就是一项经济活动，而经济活动就要讲求经济效益，商务谈判更是如此。在商务谈判中，人们时时刻刻必须注意谈判的成本和效率，考虑谈判的经济效益。事实上，经济效益是评价一场商务谈判是否成功的主要指标，不讲求经济效益的商务谈判本身就失去了价值和意义。

（3）以价格为谈判的核心。

虽然商务谈判所涉及的因素不只包括价格，谈判人员的需求或利益也不仅只表现在价格上，但价格在几乎所有的商务谈判中都是谈判的核心，这是因为价格最能直接表明谈判双方的利益。谈判双方在其他利益因素上的得与失，拥有的多与少，在很多情况下都可以折算为一定的价格，通过价格的升降而得到体现。例如，一辆一等品的自行车售价为 250 元，同样牌号规格的二等自行车售价为 205 元，这个价格差就把质量差折算表现出来了。又如，购买 1 盒磁带花 4 元钱，购买 3 盒总价 10 元，这个价格差就把数量差折算表现出来了。再比如，一次性付款比分期付款可以享受 2% 的折扣优惠，现在付款比 100 天后付款可以享受 2% 的折扣优惠，这就是通过价格差把时间差折算表现出来了。当然，并不是在任何情况下都能够进行这样的折算，即谈判双方不一定都接受这种折算。例如，我国某企业从国外引进一套新设备，谈判商定的是 20 世纪 90 年代的技术水平，结果到货后发现，该设备只有 20 世纪 80 年代的水平，尽管外商提出愿意折让 50% 的价格，该企业也不愿意接受，因为其技术价值太低，已不能靠价格来补偿。对一个商务谈判人员来讲，了解价格是商务谈判的核心，价格在一定条件下可与其他利益因素相折算，这一点很重要。在谈判中一方面要以价格为中心，坚持自己的利益，另一方面又要不仅仅局限于价格，也可以拓宽思路，从其他方面争取利益。有时，与从价格上争取对方让步相比，在其他因素上要求对方让步可能更容易做到，并且行动也比较隐蔽。例如我们买一件产品，产品的成本价是既定的，要求降价已没有可能，这时，可要求对方提供一些其他服务等，实际上也会争取到一定利益。

3．商务谈判的职能

商务谈判的职能，即商务谈判的作用或功能。了解商务谈判的职能，有助于提高对商务谈判的认识和强化对商务谈判的运用。商务谈判的主要职能如下：

（1）实现购销。

在现代市场经济中，流通即买和卖，实际上就是商务问题。它关系到整个社会经济运行的秩序，关系到一个社会组织（特别是企业）的发展，也体现了人及各类社会组织之间的社会关系。商务问题，首先又是一个商务谈判的问题。因为，任何商务活动都只能和必须借助这样或那样的商务谈判才能实现。例如，货物的买卖中，其品种、规格、品质、数量、价格、支付、交货以及违约责任等，都要通过商务谈判来确定，只有买卖双方经过认真的谈判，就上述一系列交易条件达成协议，货物的买卖才能进行。其他如技术贸易、合资、合作等更广泛意义的购销交易，也只能通过相应的商务谈判达成协议才能实施。所以，商务谈判在现代社会举足轻重，是各种购销活动的桥梁，决定着各种商品购销关系的实现。

（2）获取信息。

在现代市场经济条件下，由于市场竞争激烈，社会组织特别是企业的生存和发展必须自觉以市场为导向，而只有及时、准确地掌握足够的市场信息，才能知己知彼并正确决策，才能占优占先并灵活应对，才能掌握市场竞争的主动权，因此，信息是现代社会中的宝贵资源。商务谈判，正是获取市场各种信息的重要途径。

商务谈判作为获取信息的重要途径，体现在商务谈判的议题确定、对象选择、背景调查、计划安排、谈判磋商以及合同履行等方方面面。例如，与对方谈判货物买卖的商务活动中，首先就要了解对方的资质和市场的生产、需求、消费、技术、金融、法律等各种信息，还要了解对方提供的产品的来源、数量、品质、价格、服务、供货能力等，并将其与市场上的同类产品相比较，以便在此基础上提出己方的具体交易条件并与对方磋商。而且，谈判中的相互磋商，本身也是信息沟通，反映着市场的供求及其趋势，其中许多信息往往始料不及；同时，这种相互磋商，常常使谈判双方得到有益的启示，从中可以获得许多有价值的信息。

（3）开拓发展。

社会组织的发展，不但需要自身素质和能力的不断提高，更需要将这种素质和能力转化为现实效益来不断开拓、推动。所谓开拓，就是开辟、扩展。例如，企业的开拓，就要求在不断提高企业的整体素质以及产品水平、生产效率的基础上，不断开辟、扩展新的市场。而这种新市场的开辟、扩展，其内容在实际上包括产品的扩大销售和各种生产要素的扩大引进，即卖和买两个方面的不断扩大。这里，卖和买两个方面的扩大及其所涉及的各项交易，显然是通过一系列商务谈判来完成的。因此，只有通过成功的商务谈判，才能实现市场的开拓，进而促进企业的发展。当然，企业开拓市场，通常还要采取产品、价格、渠道、促销等营销组合策略和其他各种经营策略。但是，这些策略的效果，最终必然要在商务谈判中得到反映并受到检验，并使之成为现实。

总之，商务谈判是社会组织与外部联系的桥梁、途径和纽带。其中，实现购销是商务谈判的基本职能。随着社会主义市场经济体制的健全和完善以及我国经济融入全球经济，人们必将更加认识到搞好商务谈判和充分发挥其职能的重要作用。

4．商务谈判的要素

商务谈判的要素是指构成商务谈判活动的必要因素，是从静态结构来揭示商务谈判的内在基础。就一项具体的商务谈判而言，商务谈判由谈判当事人、谈判标的和谈判议题构成。这3个要素又分别有特定的内容。

（1）商务谈判的当事人。

商务谈判的当事人是指参与谈判双方派出的人员。另外，有些商务谈判是一种代理或委托活动，代理人充当卖方（或买方）的发言人，在买卖双方之间起中介作用，在这种情况下代理人也可成为商务谈判的当事人。

当事人是商务谈判的主体。在正式和规模较大的商务谈判中，买卖双方参加商务谈判的人员根据各自承担的任务可分为两类：一类是在谈判桌上直接与对方进行面对面谈判的人员，称为商务谈判的台前人员；另一类是不直接与对方进行谈判而为己方谈判人员出谋划策、准备资料的人员，称为商务谈判的台后人员。

在商务谈判中，有一个如何发挥谈判小组效率的问题。而在一些规模较小的商务谈判中，如单项采购或单项推销的谈判，谈判当事人只有单个业务员与对方谈判，对方也可能派出单个业务员进行谈判，这就要求谈判当事人要熟悉业务，讲究策略，才能高质量地完成谈判任务。

（2）商务谈判议题。

谈判议题，是指谈判需商议的具体问题。谈判议题是谈判的起因、内容和目的并决定参与谈判的人员组成及其策略，是谈判活动的中心。没有谈判议题，谈判就无从开始和无法进行。

谈判议题不是凭空拟定或仅体现单方面的意愿。它必须是与各方利益需要相关，为各方所共同关心的，从而成为谈判内容的提案。谈判议题的最大特点在于当事各方认识的一致性。如果没有这种一致性，就不可能作为谈判议题，谈判也就无从谈起。

任何涉及当事方利益需要并共同关心的内容都可以成为谈判议题。正所谓"一切都可谈判"。谈判议题的类别形式，按其涉及内容分，有政治议题、经济议题、文化议题等；按其重要程度分，有重大议题、一般议题等；按其纵向和横向结构分，有主要议题及其项下的子议题（议题中的议题）、以主要议题为中心的多项并列议题、互相包容或互相影响的复合议题等。由于谈判议题的多样性，其谈判的复杂程度也就不同。

（3）商务谈判背景。

商务谈判背景，是指谈判所处的客观条件。任何谈判都不可能孤立地进行，而必然处在一定的客观条件下并受其制约。因此，商务谈判背景对谈判的发生、发展、结局均有重要的影响，是谈判中不可忽视的要件。商务谈判背景主要包括环境背景、组织背景和人员背景3个方面。

在环境背景方面，一般包括政治背景、经济背景、文化背景以及地理、自然等客观环境因素。第一，政治背景在国际谈判中是一个很重要的背景因素，包括所在国家或地区的社会制度、政治信仰、体制政策、政局动态、国家关系等。如国家之间的关系友好，谈判一般较为宽松，能彼此坦诚相待，出现问题也比较容易解决；反之，国家之间的关系处在或面临对抗与冷战状态，则谈判会受到较多的限制，谈判过程的难度也较大，甚至会出现某些制裁、禁运或其他歧视性政策。有时由于政治因素的干扰，即使谈判的当事人有诚意达成的某些协议，也可能成为一纸空文。此外，政局动荡，该方谈判人员的地位自然脆弱；政府人事更迭，也有可能导致现行政策的某些变化等。第二，经济背景，也是很重要的背景因素，尤其对商务谈判有直接的影响，经济背景包括所在国家或地区的经济水平、发展速度、市场状况、财政政策、股市行情等。例如，经济水平反映了谈判人员背后的经济实力；某方占有市场的垄断地位，在谈判中就会具有绝对的优势；市场供求状况不同，双方的谈判态度及策略也会不同；财政政策与汇率，既反映了谈判方的宏观经济健康状况，又反映了支持谈判结果的基础的坚挺程度；股市行情，则往往是谈判人员可供参照和借鉴的"晴雨表"。第三，文化背景，同样不可忽视，包括所在国家或地区的历史渊源、民族宗教、价值观念、风俗习惯等。在这方面，东西方国家之间、不同种族和不同民族之间，甚至一个国家的不同区域之间，往往也会有很大差异。

在组织背景方面，包括组织的历史发展、行为理念、规模实力、经营管理、财务状况、资信状况、市场地位、谈判目标、主要利益、谈判时限等。组织背景直接影响谈判议题的确立，也影响着谈判策略的选择和谈判的结果。

在人员背景方面，包括谈判当事人的职位级别、教育程度、个人阅历、工作作风、行为追求、心理素质、谈判风格、人际关系等。由于谈判是在谈判当事人的参与下进行的，因此，人员背景会直接影响谈判策略的运用和谈判的进程。

5．商务谈判的类型

谈判在客观上存在着不同的类型。认识谈判的不同类型，目的在于根据其不同特征和要求更好地参与谈判和采取有效的谈判策略。可以说，对谈判类型的正确把握，是谈判成功的起点。

（1）按谈判参与方的数量分类。

谈判按谈判参与方的数量分类可分为双方谈判、多方谈判。

双方谈判，是指谈判只有两个当事方参与的谈判。例如，一个卖方和一个买方参与的交易谈判或者只有两个当事方参与的合资谈判均为双方谈判。在国家或地区之间进行的双方谈判，也称双边谈判。

多方谈判，是指有3个及3个以上的当事方参与的谈判。如甲、乙、丙3方合资兴办企业的谈判。在国家或地区之间进行的多方谈判，也称多边谈判。

双方谈判和多方谈判，由于参与方数量的差别而有不同的特点。双方谈判，一般来说涉及的责、权、利划分较为简单明确，因而谈判也比较易于把握。多方谈判，参与方越多其谈判条件越错综复杂，需要顾及的方面就越多，也难以在多方的利益关系中加以协调，从而会增加谈判的难度。

（2）按谈判议题的规模及各方参加谈判的人员数量分类。

谈判按谈判议题的规模及各方参加谈判的人员数量可分为大型谈判、中型谈判、小型谈判或者可分为小组谈判、单人谈判。

谈判规模取决于谈判议题及其相应参与谈判人员的数量。谈判议题越复杂，涉及的内容越多，各方参与谈判的人员数量也会越多。这样，谈判自然有大型、中型、小型之分。但是，这种划分只是相对而言，并没有严格的界限。

通常划分谈判规模，以各方台上的谈判人员数量为依据，各方在12人以上的为大型谈判、4～12人的为中型谈判、4人以下的为小型谈判。一般情况下，大、中型谈判由于谈判项目内容以及涉及的谈判背景等较为复杂，谈判持续的时间也较长，因而需要充分做好谈判的各方面准备工作：如组织好谈判班子（其成员要考虑有各类职能专家）、了解分析相关的谈判背景和各方的实力、制订全面的谈判计划和选择有效的谈判策略、做好谈判的物质准备等。小型谈判，虽然其规模较小，也应做好准备、认真对待，但谈判内容、涉及背景、策略运用等均相对简单。

按照谈判各方参加人员的数量，谈判还可分为小组谈判、单人谈判。小组谈判，指各方出席谈判的人员在2人以上组成小组进行的谈判。谈判小组人员较多或职位级别较高，也称谈判代表团。单人谈判，也称单兵谈判，即指各方出席谈判的人员只有 1 人，为"一对一"的谈判。小组谈判与单人谈判，其规模通常也由谈判议题决定，所以，同大、中型谈判与小型谈判相类似。规模大的谈判，有时根据需要也可在首席代表之间安排"一对一"的单人谈判，以磋商某些关键或棘手问题。单人谈判中对谈判人员有较高的要求。

（3）按谈判所在地分类。

谈判按谈判所在地不同可分为主场谈判、客场谈判以及第三地谈判。

主场谈判也称主座谈判，是指在自己一方所在地、由自己一方做主人组织的谈判。主场谈判，占有"地利"，会给主方带有诸多便利，如熟悉的工作和生活环境、利于谈判的各项准备、便于问题的请示和磋商等。因此，主场谈判在谈判人员的自信心、应变能力及应变手段上，均占有天然的优势。如果主方善于利用主场谈判的便利和优势，往往会对谈判带来有利影响。当然，作为东道主，谈判的主方应当礼貌待客，做好谈判的各项准备。

客场谈判，也称客座谈判，是指在谈判对手所在地进行的谈判。客场谈判，客居他乡的谈判人员会受到各种条件的限制，也需要克服种种困难。参与客场谈判的人员，面对谈判对手必须审时度势，认真分析谈判背景、主方的优势与不足等，以便正确运用并调整自己的谈判策略，发挥自身的优势，争取满意的谈判结果。这种情况常出现在外交、外贸谈判中，历来为谈判人员所重视。

为了平衡主、客场谈判的利弊，如果谈判需要进行多轮，通常安排主、客场轮换。在这种情况下，谈判人员也应善于抓住主场机会，使其对整个谈判过程产生有利的影响。

第三地谈判，是指在谈判双方（或各方）以外的地点安排的谈判。第三地谈判，可以避免主、客场对谈判的某些影响，为谈判提供良好的环境和平等的气氛，但是，可能引起第三方的介入而使谈判各方的关系发生微妙变化。

【引例 1-1】

日本的钢铁和煤炭资源短缺，需要大量进口。澳大利亚富产铁矿石和煤炭，并且在国际贸易中不愁找不到买主。按理来说，日本的谈判人员应该到澳大利亚去谈判，但日本人总是想尽办法把澳大利亚人请到日本来谈判。

澳大利亚人一般都比较谨慎，讲究礼仪，而不会过分侵犯东道主的权益。澳大利亚人到了日本，使日本方面和澳大利亚方面在谈判桌上的相互地位就发生了显著的变化。澳大利亚人过惯了富裕的舒适生活，他们的谈判代表到了日本之后不几天，就急于想回到故乡的游泳池、海滨和妻儿身旁去，在谈判桌上常常表现出急躁的情绪；而作为东道主的日本谈判代表则不慌不忙地讨价还价，他们掌握了谈判桌上的主动权。结果日本方面仅仅花费了少量款待作"鱼饵"，就钓到了"大鱼"，取得了大量谈判桌上难以获得的让步。

（4）谈判按交易双方在市场中的地位不同可分为买方谈判、卖方谈判以及代理谈判。

买方谈判，是指以求购者（购买商品、服务、技术、证券、不动产等）的身份参加的谈判。显然，这种买方地位不以谈判地点而论。买方谈判的特征主要表现为：

① 重视搜集有关信息，"货比三家"。这种搜集信息的工作应当贯穿在谈判的各个阶段，并且在不同阶段其目的和作用应有所不同。

② 极力压价，"掏钱难"。买方是掏钱者，一般不会随便成交，买方也总要以种种理由

追求更优惠的价格。

③ 度势压人，"买主是上帝"。处于买方地位的谈判方往往会有"有求于我"的优越感，甚至盛气凌人。同时，"褒贬是买主"，买方常常以挑剔者的身份参与谈判，"评头品足"、"吹毛求疵"均在情理之中。只有在某种商品短缺或处于垄断地位时，买方才可能俯首称臣。

卖方谈判，是指以供应者（提供商品、服务、技术、证券、不动产等）的身份参加的谈判。同样，卖方地位也不以谈判地点为转移。卖方谈判的主要特征为：

① 主动出击。卖方即供应商，为了自身的生存和发展，其谈判态度自然积极，谈判中的各种表现也均体现出主动精神。

② 虚实相映。谈判中卖方的表现往往是态度诚恳、交易心切与软中带硬、待价而沽同在，亦真亦假、若明若暗兼有。当己方为卖方时，应注意运用此特征争取好的卖价。而当他方为卖方时，也应注意识别哪些条款是实、哪些条款是虚。

③ "打"、"停"结合。卖方谈判常常表现出时而紧锣密鼓，似急于求成；时而鸣金收兵，需观察动静。如此打打停停、停停打打，对于克服买方的压力和加强卖方地位，通盘考虑谈判方案及其细节，以争取谈判的成功是必要的。

代理谈判，是指受当事方委托参与的谈判。代理，又分为全权代理和只有谈判权而无签约权代理两种。代理谈判的主要特征为：

① 谈判人员权限观念强，一般都谨慎和准确地在授权范围之内行事。

② 由于不是交易的所有者，谈判地位超脱、客观。

③ 由于受人之托，为表现其能力和取得佣金，谈判人的态度积极、主动。

（5）按谈判的态度与方法分类。

谈判按谈判的态度与方法不同可分为软式谈判、硬式谈判以及原则式谈判。

① 软式谈判，也称关系型谈判。这种谈判，不把对方当成对头，而是当作朋友；强调的是要建立和维持双方良好的关系。软式谈判的一般做法是：信任对方→提出建议→做出让步→达成协议→维系关系。当然，如果当事各方都能以"关系"为重，以宽容、理解的心态，互谅互让、友好协商，那么，无疑谈判的效率高、成本低，相互关系也会得到进一步加强。然而，由于价值观念和利益驱动等原因，有时这只是一种善良的愿望和理想化的境界。事实是，对某些强硬者一味退让，最终往往只能达成不平等甚至是屈辱的协议。在有长期友好关系的互信合作伙伴之间，或者在合作高于局部近期利益的情况下，软式谈判的运用是有意义的。

② 硬式谈判，也称立场型谈判。这种谈判，视对方为劲敌，强调谈判立场的坚定性，强调针锋相对；双方认为谈判是一场意志力的竞赛，只有按照己方的立场达成的协议才是胜利的谈判。采用硬式谈判时，双方常常互不信任、互相指责，谈判也往往易陷入僵局、旷日持久，无法达成协议。而且，这种谈判即使达成某些妥协，也会由于某方的让步而履约消极，甚至想方设法撕毁协议、予以反击，从而陷入新一轮的对峙，最后导致相互关系的完全破裂。在对方玩弄谈判工具、在事关自身的根本利益而无退让的余地、在竞争性商务关系、在一次性交往而不考虑今后合作、在对方思维天真并缺乏洞察利弊得失之能力等场合，运用硬式谈判是有必要的。

③ 原则式谈判，也称价值型谈判。这种谈判最早由美国哈佛大学谈判研究中心提出，

故又称哈佛谈判术。原则式谈判，吸取了软式谈判和硬式谈判之所长而避其极端，强调公正原则和公平价值，原则式谈判的主要特征为：

a. 谈判中各方对人温和、对事强硬，把人与事分开。

b. 主张按照共同接受的具有客观公正性的原则以及公平价值来取得协议，而不简单地依靠具体问题来讨价还价。

c. 谈判中各方开诚布公而不施诡计，追求利益而不失风度。

d. 努力寻找共同点、消除分歧，争取共同满意的谈判结果。

原则式谈判是一种既理性又富有人情味的谈判态度与方法。运用原则式谈判的要求有：当事各方从大局着眼，相互尊重，平等协商；处理问题时坚持公正的客观标准，提出相互受益的谈判方案；以诚相待，采取建设性态度，立足于解决问题；求同存异，互谅互让，争取双赢。这种谈判态度与方法，与现代谈判强调的实现互惠合作的宗旨相符，受到社会各界的推崇。

【引例 1-2】

1967 年的中东战争以后，以色列占领了埃及的西奈半岛。埃及对此一直耿耿于怀，十几年来通过种种手段想收复失地，但始终没有成功。1978 年，埃以双方在美国的撮合下进行谈判，不可避免地涉及西奈半岛的归属问题。在开始谈判时，双方发现彼此的立场是完全对立的：以色列同意归还西奈半岛，但必须保留其中的某些部分，否则就不签订和约；埃及则坚持西奈半岛是埃及的领土，每一寸土地都要回归，在领土问题上不可能妥协。如果要恢复到 1967 年以前的情况，则又是以色列不能接受的，双方的立场处于严重的对立中。当时，如果检查一下双方的利益而不是停留在立场上，突破这种僵局是有可能的。以色列坚持必须占领西奈半岛的部分地区，主要考虑到不想让埃及的坦克、大炮布置在邻近自己的边界地区，是出于国家安全防卫上的需要，他们的利益是在安全上的。而埃及坚持要全部归还西奈半岛，经过谈判双方认清了彼此的利益所在，于是埃及总统萨达特与以色列总理贝京达成了一项协议，这项协议规定把西奈半岛完全归还给埃及，但大部分地区必须实行非军事化，不得在埃以边界布置重型武器，以保障以色列的安全。这样，尽管埃及的国旗可以在西奈半岛上飘扬，实现了埃及收复失地、维护主权的目的，但是由于规定坦克和大炮不能接近以色列边界，也实现了以色列保证国家安全的目的。双方从坚持立场僵持不下到重视利益、各获所需，使一场困难的谈判突破了僵局，达到了各自的目的。这场谈判就是一个采取原则式谈判的典型案例。

（6）按谈判的沟通方式分类。

谈判按谈判的沟通方式不同可分为口头谈判、书面谈判。

① 口头谈判，是指谈判人员面对面直接用口头语言来交流信息和协商条件，或者在异地通过电话进行商谈。口头谈判是谈判活动的主要方式，主要优点是：当面陈述、解释，直接、灵活，也为谈判人员展示个人魅力提供了舞台；便于谈判人员在知识、能力、经验等方面相互补充、协同配合，提高整体谈判能力；信息反馈及时，利于有针对性的调整谈判策略；能够利用情感因素促进谈判的成功等。口头谈判也存在某些缺陷：如利于对方察颜观色，推测己方的谈判意图及达到此意图的坚定性；易于受到对方的反击，从而动摇谈判人员的主观意志。但是，这些缺陷，反过来也是可供运用的优点。

② 书面谈判，是指谈判人员利用文字或者图表等书面语言来进行交流和协商。书面谈

判一般通过信函、电报、电传等具体方式。书面谈判通常作为口头谈判的辅助方式，主要优点是：思考从容，利于审慎决策；表达准确、郑重，利于遵循；避免偏离谈判主题和徒增不必要的矛盾；费用较低，利于提高谈判的经济效益等。书面谈判，切忌文不达意和马虎粗心，因此，对谈判人员的书面表达能力有较高的要求。

（7）按谈判参与方的国域界限分类。

谈判按谈判参与方的国域界限的不同可分为国内谈判、国际谈判。

国内谈判，是指谈判参与各方均属同一个国家。国际谈判，是指谈判参与各方分属两个及两个以上的国家或地区。

国内谈判和国际谈判的明显区别在于谈判背景存在较大的差异。在国际谈判中，谈判人员首先必须认真研究对方国家或地区的相关政治、法律、经济、文化等社会环境背景。同时，也要认真研究对方国家或地区谈判者的个人阅历、谈判作风等背景资料。此外，对谈判人员在外语水平、外事或外贸知识与纪律等方面，也有较高的要求。

1.2 理解谈判原则与价值评判标准

1.2.1 谈判原则

1. 客观性原则

谈判的客观性原则就是要求谈判人员尊重客观事实，服从客观真理，而不要仅凭自己的意志、感情，主观用事。通俗地说，就是要服从事实讲道理。克服主观成分的干扰，坚持客观性原则是任何活动都必须遵循的。

谈判人员因为处在相互对立的立场，在既定的立场、自身利益和强烈感情的支配下，更容易陷入臆想、偏见、固执己见、先入之见的泥潭中，以至于不顾事实真相，不讲客观真理，一意孤行，从而抓不住达成协议的有利时机。所以，谈判的客观性原则对谈判活动更显重要。

如何坚持谈判的客观性原则呢？

第一，全面搜集信息材料。谈判人员在谈判前既要明了自己的需要、实力、条件，又要调查对方的一切，包括其历史背景和现状、实力和信誉、立场和需要、文化和习俗等；在谈判中要注意倾听对方的言论、观察对方的举止行为而发现其中所包含的信息。

第二，客观地分析材料，站在公正的立场上如实地揭露事情的真相。谈判人员由于立场各异，对同一件事往往产生不同甚至对立的看法。谈判人员眼里的世界总带上主观色彩，这种主观介入往往是阻碍谈判顺利进行的最大障碍。

第三，寻求客观性标准，是谈判达成协议的基础。所谓客观性标准是指社会公认的，不以谈判人员的好恶为转移的标准，像法律规定、公认惯例、谈判的先例、科学的数据、统一的计算方法等，都属于客观标准范围。根据这种客观标准谈判，才能使谈判摆脱意气用事、争强斗胜的境地，而变成依据标准共同解决问题的过程。协议的达成不再是区分胜败，而是事实胜于雄辩，各方服从"公理"。

第四，不屈从压力，只服从事实和真理。这里的压力指对方的威胁、固执、粗暴等。坚持客观性原则就是不感情用事，冷静、忍耐、坚持请对方说明事实和道理，否则丝毫不让步。

2．求同存异原则

任何谈判都必须分清各方面的利益所在，然后在分歧中寻求共同之处或互补之点，从而达成一致协议。对于一时不能弥合的分歧，不强求一律，允许保留，以后再谈。这就是求同存异原则。

遵守求同存异原则，首先要求正确对待谈判和谈判对手。谈判的前提是各方需要和利益的不同，但谈判的目的恰恰不是扩大分歧，而是弥合分歧，使各方面成为谋求共同利益、解决问题的伙伴。

求同存异的第二条要求是：把谈判的重点放在探求各自的利益上，而不是对立的立场上。因为从固有的立场出发，难以取得一致，而从利益的探求中才能发现共同点和可以达成协议。

求同存异的第三条要求是：在利益分歧中寻求相互补充的契合利益，达成能满足各方需要的协议。人和组织的需要是多方面、多层次的。表面看来，价值观、需要、利益的不同会造成谈判的障碍，其实不然，正因为各方存在利益的分歧、需求的差异才使得各方可以相互补充、相互满足，这就是谈判各方的互补效应和契合利益。

3．公平竞争原则

谈判是为了谋求一致，需要合作，但合作并不排除竞争。通过竞争达到一致，通过竞争从对方承诺的行为中获得尽可能大的利益。现代谈判的竞争应是公平的竞争，反对不公平、不合法、不道德的竞争手段。这就是公平竞争的原则。

首先，竞争起点要公平。这包括谈判各方的地位一律平等。谈判人员不论是个人还是组织，不论权势的高低、实力的强弱，一旦进入谈判，各方的地位一律平等，他们都是自己利益的代表者，都有权从谈判中得到自己所需要的，都有权要求达成各有所得的公平协议，都有获取真实资料的平等权利，同时都有提供真实资料的义务。各方都有表明自己的立场、观点，提出自己方案的权利。在谈判过程中，不能只允许一方发言，而不允许另一方讲话。反过来，对于不符合自己利益的要求，要敢于说"不"，不能唯唯诺诺、含糊其辞。

其次，标准要公平。谈判总要为自己争取利益，为自己的立场辩护，为自己的方案论证，但又不能一味争执下去，影响达成一个合理的协议的终极目标。合理标准何在？公平竞争原则要求：不以一方认定的标准判定，而应以各方都认同的标准为标准。为了保证标准的公平，可以社会公认的标准判定，像惯例、先例、法律、公德、科学数据和方法等；也可以找各方都信服、与任何一方无利益相关的仲裁者仲裁；还可以采用"你分、我挑"的方法，这种方法虽然原始，却能有效地保证标准的公平。

再次，给人以选择的机会。谈判的基本方法之一是选择，即从各方提出的众多方案中筛选出最优的、最大限度满足各方需要的方案。没有选择就无从谈判。公平竞争原则要求对各方都提供平等的选择权利和机会。

最后，协议的公平。公平竞争的目的是为了达成公平的协议。公平的认定体现在协议中，即各方都感到自己得到了最大可能的满足，即使其中有一方不得不做出重大牺牲，整个格局也应是各方都有所得。正如美国学者尼尔伦伯格所说："谈判获得成功的基本哲理是：每方都是胜者。"只有公平的协议才能保证协议的真正履行，因为任何一方违背协议都会损害自己在协议中得到的利益。强权之下达成的不平等协议是没有持久约束力的，一旦压力消失，协议就理所当然地要被推翻。

4．妥协互补原则

在各方立场不同、利益相异的谈判中，为了达成协议，各方都必须相互让步，放弃自己的某些利益，以互相补足对方的需要。只取不给，各不相让，谈判必然失败。这就是妥协互补原则。

在许多人看来，"妥协"是和投降联系在一起的，意味着根本利益的让步。其实，妥协是中性的。妥协是用让步的方法避免冲突或争执。妥协是谈判必不可少的原则、方法。在谈判中会出现许多僵局，对谈判或谈判人员都是一个考验，而唯有某种妥协才能打破僵局，使谈判得以继续，直到协议达成。然而，妥协并不是目的，而是求得利益互补、达成公平协议的手段。换言之，甲方在某一问题上的让步，满足乙方的需要，是为了换取乙方在其他问题上的妥协，以满足甲方的需要，这样的妥协才能达到互补的目的。单方面的一味让步，带来的只能是极端不公平的结果。在谈判中存在各种各样的妥协。

（1）根本妥协和非根本妥协。

在谈判中，谈判各方的利益都不是单一的，这表现在谈判方案的多项条款中。但在这种利益体系中，总有一方面是必须坚持获取的根本利益，在多项条款中总有一些主要条款必须坚持，不得放弃。妥协只能在非根本利益上、非主要条款中进行，而对于自己的根本利益和立场决不能让步，必须极力坚持，即使谈判破裂也在所不惜。因为根本利益的放弃无异于无条件投降。即使在非根本利益上得到补偿，也不足以弥补根本利益的损失。所以，在谈判时，任何一方都必须明确自己的根本利益，确立谈判不可放弃的基本立场。

（2）积极妥协和消极妥协。

积极妥协是有原则、有目的的妥协。积极妥协在根本利益上决不让步，敢于说"不"；它不是为了取悦于对方、迎合对方，而是为了有所"得"而有所"失"；它在非根本利益上的每次妥协都必须换取对方同等程度的让步。积极妥协是坚强的表现，是高超的谈判艺术。消极妥协则相反，是单方面的妥协，因恐惧对方的压力，惧怕谈判的失败，为了取得最终"协议"，而一味让利于对方，不惜放弃自己的根本利益，结果是只有失没有得，或失大得小，只得到对方施舍的一点残羹。消极妥协的特征是软弱、投降。这种妥协在谈判中也不鲜见，尤其是双方实力、地位悬殊，弱者很容易采取消极妥协的态度。我们要求积极妥协，反对消极妥协。

（3）"实"妥协与"虚"妥协。

"实"妥协是实际利益的让步。例如，供销合同谈判中价格的降低，质量要求的放松，付款期限的延期；投资谈判中比例的放宽，利润比例的缩小等。"虚"妥协则是指那些对于实质利益丝毫无损的退让，这主要表现在谈判人员在举止行为上迎合对方自尊的需要，使之产生满足感。例如，注意倾听对方的话，表示理解对方的处境；尽量给对方以圆满的回答；表明他所受的接待是最高级别的；向他承诺未来交易的优待；让自己组织中高级主管与之谈判，以抬高其身价等。这种妥协往往会产生某种意想不到的效果，使对方做出实质性的让步。在谈判中，要尽量采取"虚"妥协，发挥其最大的效用。"实"妥协只在必要时，在互补的前提下才可实行。

（4）对等式妥协和交叉式妥协。

对等式妥协也可称"统计式妥协"。当谈判双方在某一问题上针锋相对、相持不下时，为了打破僵局，双方做出同等程度的让步，这种让步通常可用精确的数字和百分比计算。例如，在价格谈判中，卖方降价 50 元，买方也提价 50 元，最后在双方底价距离的中点成交。在利益分配谈判中，双方"二一添作五"平均分配。对等式妥协在谈判中常常被采用，但结果总是互不满足或不完全满足。

交叉式妥协也称"互补性妥协"。双方不在同一个问题、同一种利益上对等让步，而是在不同问题或利益上交叉进行。甲放弃一种利益而求得乙在另一种利益上的让步。虽然各方在自己放弃的利益中得不到满足，但各自在对方放弃的利益中得到更大的补偿，至少得失相当。

【引例 1-3】

某单位（甲）和某建筑公司（乙）为一项工程进行谈判。甲不同意乙的工程预算，要求降低 10%；乙认为甲定的工程竣工期完成不了，要求延期。双方争执不下，最后相互让步，满足对方的要求。看起来互有损失，实际上皆大欢喜。甲因为资金困难，降低 10% 的投资是一大胜利，而工程延期交付损失极少；乙因为工程延期，可把力量抽出来承包另一项工程，也足以补回损失的 10%。

"交叉式妥协"是更高超的谈判艺术。此种妥协的关键在于要事前制定弹性谈判方案。在谈判中，既要有必须坚持、不能让步的主要条款，又要有可以适当让步的次要条款，还要有可有可无而在对方却必须力争的用于交换的条款，为交叉妥协、打破僵局而做到有备无患。

5．合法原则

所谓合法原则，是指在商务谈判及合同签订的过程中，必须遵守国家法律、法规和政策，对外商务谈判，还应当遵循国际法，尊重对方国家的有关法规。

经济活动的宗旨是合法营利。在市场经济条件下，企业通过商务谈判达成交易、谋取经济利益，是无可非议的。但是，谈判双方在谈判的内容、方法、技巧等方面，只有符合法律和政策，才能真正促进社会主义市场经济的发展。否则，如果采用非法手段去牟利，不仅损害国家利益，自己也达不到营利的目的，严重者甚至会导致自身破产。因此，商务谈判及其协议的签订，只有遵循合法原则，才具有法律效力，当事人的权益才能受到保护，才能达到当事人预期的结果。与法律相抵触的谈判，即使出于双方自愿，意见一致也是不允许的。

6．时效性原则

所谓时效性原则，是指要保证谈判的效率和效益的统一。商务谈判要追求高效率，不能搞马拉松式的谈判。随着科学技术的发展，科技进步与经济发展的关系日益密切。因而，依赖科技进步开发新产品的周期及产品的有效生命周期越来越短。企业在获得经济信息的基础上，为了开发新产品，延长产品的有效生命周期，就要广泛开展供需双方的谈判，以赢得消费市场。另外，为延长产品的有效生命周期，选择恰当的商务谈判对象也十分重要。从国内情况看，由于地区间在经济条件、技术水平、文化素质等方面存在较大差别，不同地区对某一产品的需求高峰就存在着时间差异。商务谈判可以利用空间分布的需求时间差异来延长产品的有效生命周期。也就是说，要在某一地区对某一产品的需求高峰尚未出现之前，去占领和开辟消费市场。企业要善于掌握市场信息，遵循时效性原则去有效地利用商务谈判的手段，实现经济目标。

7．最低目标原则

目标是人们行为的方向，激励着人们的行为。目标是由目标体系所构成的。目标体系又是由无数个具体目标构成的。一般来说，目标有大目标和小目标、长远目标和眼前目标、总目标和具体目标之分。人们在实现这些不同类型的目标时，通常只能分阶段、分步骤地进行。在商务谈判过程中，遵循最低目标原则是谈判获得成功的基本前提。也就是说，谈判双方在不违背总体经济利益的原则下，按照双方的意愿各自可作适当的让步。从心理学角度看，初次接触和合作，人们最忌讳的是过高的要求和苛刻的条件。只有在相互交往加深了解之后，信任程度才会逐步加深，才能引发出进一步的合作前景。

1.2.2 商务谈判的价值评判标准

美国谈判学会会长，著名律师杰勒德·I·尼尔伦伯格认为，谈判不是一场棋赛，不要求决出胜负；也不是一场战争，要将对方消灭或置于死地，相反，谈判是一项互惠的合作事业。

判定一场谈判是否成功不是以实现某一方的预定目标为唯一标准，而是有一系列具体综合的价值评判标准的。许多参加过谈判的人对什么是成功的谈判的认识却不一定正确。人们常常习惯于把自己在谈判中获得利益的多少作为谈判是否成功的评判标准。这种看法是片面的，甚至可能是有害的。在客观现实当中，他引以为豪的那一部分利益，可能远远小于他本来可获得的利益。或者说，他只获得了谈判桌上看得见的眼前利益，而失去了双方真诚合作可能产生的潜在利益或长远利益。所以，成功的谈判应该是一项互惠互利的合作事业。一般来讲，一场成功的谈判最少应该有3个价值评判标准。

1．目标实现标准

谈判的最终结果是否达到了预期的目标，在多么大的程度上实现了预期的目标，这是评价一场谈判是否成功的首要标准。

2．成本优化标准

谈判是要花费一定成本的，一场普通的谈判有3种成本：第一，是为达成协议所作出的让步，也就是预期谈判收益与实际谈判收益之间的差距，这是谈判的基本成本。第二，是人们为谈判所耗费的各种资源，即人力、财力、物力和时间，这是谈判的直接成本。第三，因为参加了这项谈判占用的资源，失去了其他获利的机会，损失了其他可望获得的价值，这是谈判的机会成本。在这3种成本中，由于人们常常特别注重谈判桌上的得失，所以往往较多地注重第一种成本，而忽视第二种成本，对第三种成本考虑得就更少了。只有真正意识到了这3种成本的存在及其之间的内在关系，才会在谈判中表现出充分的主动性。

3．人际关系标准

谈判是人与人之间的一种交流活动。所以，就商务谈判而言，谈判的结果不只是体现在最终成交的价格的高低、利益的分配以及风险与收益的关系上，还应该体现在人际关系上。即要意识到谈判是促进和加强了双方的友好合作关系，还是削弱了双方的友好合作关系。一个谈判人员应该具有战略眼光，不要斤斤计较一场谈判的得失，而应着眼于长远，着眼于未来。虽然在某一次的谈判中少得到了一些，但如果能够保持良好的合作关系，长期的收益将足以弥补目前的损失。因此，在谈判中除了要争取实现预定目标外，还应该重视建立和维护双方的友好合作关系。体会和应用"买卖不成仁义在"这条商场普遍适用的原则。

由此可见，一场成功的谈判应该是：在实现预期目标的过程中，谈判所获收益与所花费成本的比最大，同时使双方的友好合作关系得到进一步的发展和加强。正确地认识谈判的价值评价标准，不仅可以使我们知道什么是一场成功的谈判，而且还可以使我们知道应该怎样去争取一场成功的谈判。

 小结

谈判是人类行为的一个组成部分，在人们的社会交往活动中起着越来越重要的作用。商务谈判是谈判的特殊类型，具有以经济利益为目的、以价格为谈判的核心以及讲求谈判的经济效益的基本特征，是科学性与艺术性的统一。商务谈判的3要素对谈判双方的利益分配都会造成重大影响。原则式谈判是现代商务谈判的基本模式。

要采用正确的标准评价商务谈判是否成功。

第三部分　课题实践页

（一）简答题

1. 什么是商务谈判，商务谈判具有哪些特点？
2. 商务谈判的原则有哪些，如何判断商务谈判是否成功？

（二）选择题

1. 你是如何认识谈判的（　　　）。

A. 谈判是通过谈话来判定　　　　　B. 谈判是一种沟通、一种交际

C. 谈判是解决难题的有效方式　　　D. 谈判是一门科学、一门艺术

2. 你认为谈判的实质是（　　　）。

A. 协调双方利益　　　　　　　　　B. 满足各自需求

C. 维护己方利益　　　　　　　　　D. 达到一方目的

3. 你同意"谈判可以解决任何问题"的观点吗？

A. 同意　　　　　　　　　　　　　B. 有保留的同意

C. 不一定　　　　　　　　　　　　D. 不同意

4. 你认为谈判必须有议题吗？

A. 必须有　　　　　　　　　　　　B. 最好有

C. 不一定有　　　　　　　　　　　D. 不需要有

5. 经济谈判是指（　　　）。

A. 以经济利益关系为内容的谈判　　B. 以商品交易为目的的谈判

C. 企业之间进行的谈判　　　　　　D. 企业与其他组织进行的谈判

6. 买方谈判或卖方谈判依据是由（　　　）的。

A. 谈判方的身份决定　　　　　　　B. 谈判方的实力决定

C. 谈判的内容决定　　　　　　　　D. 谈判的所在地决定

7. 你是否同意"坚持强硬立场，就会迫使对方让步，是己方获取最大的利益"的观点?

A. 完全同意　　　　　　　　　　　B. 有保留的同意

C. 不同意　　　　　　　　　　　　D. 不好说

（三）分析题

1. 你在报纸上看到一则出售房屋的广告，广告中要求有意购买者去面谈。但是当你亲自出面时，却发现对方并非出售者本人，而是他指定的代理人。这种情况下，你怎么办?

（1）坚持与卖主本人谈判。

（2）问该代理人是否为全权代理，是否不必征求卖主的意见。

（3）以边谈边看的方式与代理人进行谈判。

解析（以此为例，全书各案例均按此法进行解析）:

（1）谈判高手都有这样一个共同的信念:不要与没有决定权的人进行谈判。因为不具有决定权的谈判代表的重要任务都在于争取你的让步。因此，坚持要求与卖者本人谈判是最明智之举，至少是谈判开始前最明智的姿态。

（2）如果采取第一种办法没有结果，则可随之采取第二种办法。如果该代理人言明可全权代理，则可与之谈判，如果无法确信他可作为全权代理，则拒绝与之谈判。

（3）采取这样的办法就是该代理人可以边谈边请示，这样不但拖延了谈判的进程，而且一旦遇到他不愿让步的主题，他就会以向出售者请示为借口而回绝你。最不利的是:当谈判进行到几乎要达成协议时，委托人会出面要求你再做若干让步，此时，你为了不使谈判功亏一篑，常常会在极不情愿的状况下再做让步。

2. 案例:应该同谁谈?

你正在一家家具店选购沙发，结果看中了一个标价为 425 元的双人沙发。你要求售货员打折扣，但得到的回答是:"这是刚刚降价之后确定的价格，根据店里的政策，价格是没有多少下降余地的。"在这种情况下，你应该怎么办?

（1）要求见经理。

（2）接受售货员的意见。

（3）再向售货员施加压力以求降价。

解析: _____

_____

_____

课题二　　掌握商务谈判心理

技 能 目 标	知 识 目 标	建 议 学 时
➤ 掌握谈判的需求理论	（1）认识人的需求层次 （2）认识商务谈判中谈判对方的不同需求层次	2
➤ 利用谈判中的个体心理与群体心理	（1）认识个体心理因素对谈判的影响 （2）应对不同类型的谈判对方 （3）认识谈判中的群体心理，并运用	4
➤ 提高谈判者的心理素质与应对心理挫折	（1）正确对待心理挫折 （2）加强心理素质	2

第一部分　案例与讨论

案例　商务谈判中的特殊需求

谈判专家哈恩曾代表总公司到法国一个小镇去收购一家小公司，这家小公司的主人是一个十分强硬的谈判人员，他的开价为 3100 万美元，哈恩还价为 1800 万美元，但对方始终坚持 3100 万美元的原始报价不变。哈恩提出的价格只是一个谈判的基本价，他想如果对方态度稍微缓和一下，并且在价格方面做出适度的妥协，就会非常愿意完成这笔交易。但是这家小公司的主人始终坚持 3100 万美元的原始报价，而且哈恩从其强硬的态度中也看不出一丝妥协的希望。谈判在几个月的讨价还价中艰难地进行着，哈恩将自己的报价一抬再抬，现在他已经将还价抬高到了 2600 万美元，但是对方的态度和报价始终如初——3100 万美元，1 美元也不降，否则就不出售该公司。这时，哈恩实在不想如此被动地将成交价格一抬再抬了，谈判由此陷入了僵局。

深受总公司重托的哈恩不想轻易放弃这次交易，在认真考虑了谈判的整个过程后，哈恩觉得这家小公司的主人如此坚持其原始报价，背后肯定有其他原因，只有找到这个原因，谈判才能进行下去。于是哈恩开始在谈判桌上非常诚恳地与对方协调，而在谈判桌下则尽可能地加强与对方的交流。终于，这家小公司的主人被哈恩的耐心和诚意打动了，他向哈恩道明了自己强硬的理由：原来，他过去有一个竞争对手，这个对手的公司和他的公司规模基本相同，一年前卖了 3000 万美元，而且还外带了一些附加条件。过去他们的竞争相当激烈，现在他的公司也要出售了，所以当然也不愿意自己的公司在价格上卖得比对方便宜。原来如此！哈恩恍然大悟，在认真考虑了一番后，哈恩向对方表示，他一定会满足对方的特殊需要。当然，哈恩也不会使总公司的利益受到伤害。

做到这些并不容易，哈恩首先详细了解了这家小公司的竞争对手的卖价及附加条件，并且对各项附加条件进行了充分而深入的分析，然后又采取了新的谈判方案。结果新的谈判方案得到了那位小公司主人的认可，他当即表示愿意在价格上做出一些让步，双方终于达成了协议。最后的结果是，小公司的主人对付款方式及优厚的附加条件较为满意，因为这些条件都比其竞争对手遇到的条件好得多，而哈恩也以大大低于总公司购买预算的价格买到了这家公司，双方的需要都得到了满足。

🎈 案例讨论

（1）小公司的主人在谈判中的要求体现了他的哪一类需求？
（2）这次谈判对你有何启示？

第二部分　课题学习引导

2.1　认识谈判的需求

根据需求理论，人们之所以要进行谈判，是因为人们有一定的需求，而需求的满足只有通过谈判才能实现，所以，谈判的过程就是满足人们需求的过程。需求和对需求的满足是商务谈判的基础和动力。

2.1.1　需求的含义

需求是人感到某些必要的生存和发展条件匮乏时的心理状态。需求是人的自然和社会的客观需要在人脑中的反映。

所谓客观需要，可以是人体的生理需要，如一个人长时间在酷热的阳光下活动，出汗过多，体内水分失调，口干舌燥，这会通过神经传达到大脑，使人产生喝水的需求。客观需要也可以是外部的社会需求，一个从事某个方面专业活动的人，如果缺乏必备的专业知识，其活动就难以顺利开展。只有补充了必备的专业知识，他才能顺利地开展活动，这就是一种社会需求。这种社会需求一旦被这个人所接受，就会转化为对专业知识学习的需要。

需求有一定的事物对象，或者表现为追求某东西的意念或者表现为避开某事物，停止某活动而获得新的情境的意念。需求有周而复始的周期性，需求会随着社会历史的进步，一般由低级到高级，简单到复杂，物质到精神，单一到多样而不断地发展。

2.1.2　马斯洛的需求层次理论

著名心理学家马斯洛通过对人类的行为动因的研究和分析，得出了驱动人们行为的是人的心理需求的结论。他认为，一定的行为来自于一定的需求，而需求又具有层次性。马斯洛将人的需求划分为5个层次：生理需求、安全需求、社会需求、尊重需求以及自我实现的需求，并按照需求满足的先后顺序进行排列，提出"需求层次"理论。

1．生理需求

生理需求是动物世界的一切成员所共有的，这种需求的目的在于满足各种生物性的冲动和欲望。诸如饥饿、疲劳以及其他欲望。在人类所有的各种需求中，生理需求是第一位的。在生理需求得到满足以前，别的一切需求是顾不上的。对于一个衣不蔽体的人来说，对衣服的需求是压倒一切的，在此之前他不会有吟诗作画的闲情逸致。

2．安全需求

当生理需求得到基本满足后，人接着就要考虑安全和寻求保障。对安全的需求有时与生存需求难分先后。当一个人面临生命的威胁时，任何事物都不如求得安全那么重要。不过，在当今社会，寻求经济上的安全与保护以及社会地位上的安全具有了前所未有的重要意义。

3．社会需求

在生理和安全需求得到合理的满足后，社会需求就占了主导地位。这种对组织、朋友、家庭的渴望，可以完全支配和影响一个人的行动。孤独的个人总是渴望成为某个群体和组织中的一员，渴望同他人建立一种友好的关系。人既希望得到他人的爱，也希望给予别人友情与爱护。

4．尊重需求

尊重的需求是指人们的自尊得到满足，在社会中有一定的地位，受到人们认可的需求。这是属于较高一层的需求。马斯洛认为所有正常的人都有自尊心和荣誉感，希望有一定的社会地位和自我表现的机会，博得别人的尊敬，得到社会的尊重和认可，使自尊心得到满足。

5．自我实现的需求

这是人类最高层次的需求。所谓自我实现的需求是指人们希望在社会生活中能充分体现自己的价值和能力。这种价值常常反映在社会或组织对自己的承认方面。

马斯洛所提出的这 5 个层次的需求，是按照从低级到高级的顺序来排列的，只有在低级的需求得到满足以后才会产生高一级的需求，但绝不等于产生了高一级的需求，低级需求就不存在了。在一般情况下，高层次需求是与低层次需求并存的，只不过在并存的状况下，低层次需求所产生的动力和强度以及影响力有所下降而已。马斯洛的需求层次理论揭示了一般情况下人的需求层次。掌握"需求理论"可以使谈判人员找出与谈判双方都相联系的需求，并引导谈判人员对对方的需求加以分析和重视。

2.1.3　需求层次理论与商务谈判

1．商务谈判中需求的存在

所谓商务谈判需求，是指商务谈判人员的谈判客观需求在其头脑中的反映。商务谈判是谈判各方为获取各自利益进行交锋的过程，各方都想从对方那里获取自己利益需求的满足：一方要谋求自己的利益就必须给对方以一定的利益补偿，这样，就需要设身处地站在对方角度探求了解对方的需求和欲望，就需要有让步，即所谓的"将欲取之，必先予之"。

因此可以说，商务谈判是谈判双方为了各自利益（也是为了共同利益）所进行的谋求合作的过程。

需求是谈判活动的动力和目的，但绝不是纯粹的、单一的。为了进一步了解影响谈判进行和最后结果的各种需求，可以把需求划分为两类：一类是谈判的具体需求；另一类是谈判人员的需求。

（1）谈判的具体需求。

这类需求是产生谈判的直接原因和谈判所要达到的第一目标，相对比较具体，可以协商调整的幅度比较小。例如，中外企业合资的谈判，往往中方需求的是外方的技术、资金，而外方需求的是中国廉价的土地、劳动力和庞大的市场，这类具体需求是通过谈判来满足或基本得到满足的。

（2）谈判人员的需求。

谈判人员的需求并不是谈判的直接动力和目的，但谈判人员是谈判活动的当事人和直接操作者，他的需求通过对当事人的行为活动的影响决定着谈判的成功与否。这里谈判人员的需求主要是指谈判人员的生理、安全、社交、自尊和自我实现的需求。当然，每个谈判人员都具有多种层次的个人需求，并希望通过自己的努力来更好地满足各层次的需求。但谈判人员作为一类特定的角色，在满足顺序从低层次到高层次的需求的同时，往往又由于这样那样的原因，突出在某一方面的需求。

2．需求层次理论在商务谈判中的应用

需求层次理论不仅揭示了商务谈判对人类生存发展的必然性和必要性，同时也是人们在商务谈判中获胜的理论依据。灵活地掌握和运用需求层次理论，可以为满足谈判人员的各层次需求提供条件。

（1）必须较好地满足谈判人员的生理需求。

在谈判中，人的生存需求体现为对吃、穿、住、行等方面的要求。谈判当事人的生理需求并不是进行谈判的直接动力和原因，但却直接关系着谈判的成功与否。对于谈判人员而言，如果连最基本、最起码的生理需求都得不到满足，必然会影响到谈判的进程。

（2）尽可能地为谈判人员营造一个安全的谈判氛围。

安全包括谈判人员的人身、财产安全，地位的安全以及谈判内容的安全。例如，商务谈判人员出于信用安全的考虑，通常乐意与老客户打交道；在与新客户打交道时往往会心存顾忌，对其主体资格、财产、资金、信誉等状况会较为关注。因此，在谈判中应采取措施打消对方在这些方面的顾虑。

（3）内求团结、外求友好，满足谈判人员对爱与归属的需求。

归属的需求在谈判中具体表现为：对友情、对建立双方友好关系的希望；对本组织的依赖并希望加强组织内部的团结与凝聚力。前者是对外的希望与要求，后者是对内的希望与要求。

谈判从一定的意义上来说，就是要对双方的利益进行划分，因而常常使谈判双方的关系处于紧张或对立的状态中。但是，就一般人的天性来讲，是不愿意在一种紧张对立的环境中进行活动的。人们追求友情，希望在友好合作的氛围中共事。谈判人员应该持有一种友好合作的心态，利用一切机会促成和发展与对方的友好关系。比如相互宴请、赠送礼品等都是不错的加强相互之间合作关系的方式。

谈判小组是一个目标非常明确的组织，其任务与活动本身决定了其内部人员之间必须保持高度的团结协作。只有一致对外，才能实现组织的目标。在谈判过程中，由于对谈判的方

针、方案、策略与战术等问题每个人都有自己的看法，因此，在谈判小组内部，应该让成员各自充分发表自己的意见，尽量吸取各种意见中科学合理的成分，而不是不加分析地全盘肯定或否定某一种意见，以免该成员对组织的感情由内疚变为冷漠和疏远。

在谈判中，内求团结、外求友好，这样才能满足谈判人员对爱与归属的需求。无论是内部的团结，还是外部的友好关系，只要受到损害，都会直接影响到谈判目标的实现。

（4）尊重对方，使对方获得尊重的需求得到满足。

在谈判时要使用谦和的语言和态度，注意满足对手尊重和自尊的需求。商务谈判人员一般都有很强的尊重需求。谈判人员得不到应有的尊重往往是导致谈判破裂的原因。有着强烈尊重需求的人，当自尊心受到伤害而感觉到没面子时，在心理防卫机制的作用下，很可能会出现攻击性的敌意行为，或者是不愿意继续合作，这会给谈判带来很大的障碍。

获得尊重的需求在谈判中具体体现为：要求在人格、地位、身份、学识与能力上得到尊重和欣赏。

① 谈判中对谈判人员人格的尊重主要包括：不使用侮辱性的语言，言辞有礼貌，不对谈判人员进行人身攻击，谈判中的问题对事不对人。

② 谈判中对谈判人员身份、地位的尊重主要是：处事、接待的礼节要符合一定的规格要求，特别是在双方谈判人员的级别职务上要讲究对等。

③ 谈判中对谈判人员学识与能力的尊重主要是：在谈判中不要有意无意或直接间接地指责对方的学识浅薄、能力低下或胡搅蛮缠，当己方获得谈判胜利时也不要讥笑对方无能，要承认对方的学识与能力可能并不比你差，只不过你运气好一点，上帝帮了你一把而已。

谈判中，尊重对方，使对方获得尊重的需求得到满足，这对于己方来说是有益的。一个受人尊重、或者为别人所尊重的人，会竭力保持自尊。有时这种"尊重"的束缚使得他不能去做不受人尊重的事。

（5）追求谈判目标的实现。

自我实现的需求在谈判中具体体现为：为本方争取尽可能多的利益，以在谈判中取得的成就或成绩来体现自己的价值。对于对手自我实现的需求，在不影响满足自己需求的同时，也尽可能使之得到满足。

（6）了解对手的主导需求。

了解对手的主导需求因素，采取灵活的反应措施和对策。根据需求层次理论，任何人或组织，在某一时期一般都会有某一种或几种需求是占主导地位的需求，即主导需求。主导需求是一段时期内突出表现的需求。一般来说，谈判人员当前的主导需求、需求满足的状况（或未满足的程度）、需求满足的可替代性等因素都影响着谈判的行为。分析谈判对手的需求时要考虑到这些方面。

首先，了解谈判对手的主导需求，可针对对手的需求采取适当的措施，让其需求得到一定的满足，以便在谈判过程中能有效地减少或排除障碍，适时地推进。例如，考虑到谈判对手的主导性需求是交易上的安全需求，作为卖方可向买方显示产品的可靠性，做出有关的销售和服务方面的承诺；作为买方要提供资金信用等方面的证明和采用适当措施确保货款支付等信用的履行，想办法解除对手这方面的心理顾虑，取得他们的信任。

其次，了解谈判对手的主导需求，可以根据其主导需求采取相应的策略，刺激其欲望，激发其动机，诱导其谈判心理。可据此设计报价或还价，使报价或还价在照顾我方利益的同时仍具有有效满足对方主导需求的吸引力、诱惑力，使对方始终保持谈判的热情和积极性。

2.2 利用谈判中的个体心理与群体心理

谈判主体是由谈判人员个体所组成的，谈判就是通过谈判人员个体之间的接触和交流来进行的。因此，要想了解和把握对方的谈判思想，就必须了解人的个体心理过程和个性心理特点。谈判有时是一对一的个体谈判，而更多的则是有许多人参加的集体谈判。单独的个体与群体中的个体有着不同的心理特征。因此，不仅要研究谈判中的个体心理，也要研究谈判中的群体心理。

2.2.1 谈判中的个体心理

个体心理是指个别主体即具体的个人的心理。所谓谈判人员的个体心理就是指谈判者在谈判过程中所具有的心理。

1. 谈判中常见的个体心理

（1）文饰心理。

一个人用对自己最有利的方式来解释一件事情，就是文饰心理在起作用。狐狸与葡萄的故事众所周知："嘿，算了吧，葡萄说不定是酸的，我才不想要呢!"其实狐狸对葡萄想得很厉害，只是当它意识到葡萄是可望而不可及时，为了自我安慰，掩饰一无所获的失败感，说它根本不想要。这便是文饰。各种各样的谈判中，少不了有"文饰"的心理现象。对方把他的要求或条件描述的天花乱坠，就如摊位上的个体户，为了推销他的东西，说的"天上有，地下无"一样，都是文饰心理在起作用。

（2）压抑心理。

一个人在自己有意识的思想中，排斥那些使他感到厌恶或痛苦的情感和事物，就叫做"压抑"。在人们的生活中，令人不愉快的事或不愿承担的义务就常常会被"忘掉"。弗洛·伊德认为这种"遗忘"实际上是人们的有意识的行为，而不是偶然自发的。在谈判中人们对那些自己不愿意接受的条件总是拖了又拖，就是"压抑"的心理在起作用。在谈判中遇到这种情况，应该分析对方是否对谈判的条件、甚至谈判的本身不满意，以便想方设法释放对方的"压抑"心理。

（3）移植心理。

人们往往迁怒于无辜者让他们当出气筒或替罪羊，这是移植心理在起作用。这种心理，正如替罪羊的典故，古代犹太教每年一度赎罪祭，由大祭师用双手按在羊头上，表示全民族的一切罪行都已由这头羊承担，然后把羊赶入旷野——人的一切罪孽就都被带走了。移植心理在谈判中时有出现。倘若对方有平白无故、莫名其妙的情绪变化，很可能就是移植心理在起作用。

（4）投射心理。

一个人把自己的动机加在别人的头上，他就是在"投射"。这经常是一种无意识的行为。

"以小人之心度君子之腹"就是一种投射心理在作怪的典型表现。在谈判中，有时会遇到一些欺诈成性的对手，事后这些人往往会以"人人都在骗人，人人都在被骗"的理由来为自己辩解，这就是用投射心理来安慰自己。

（5）角色心理。

角色心理又称"角色扮演"心理，是指一个人有意识地掩盖了自己的真面目，扮演成另外一种人的一种行为方式。也就是说，虽然只有两个人在谈判，却至少有4种角色穿插其中，一方是你的真实身份和所扮演的谈判角色，另一方是对手的真实身份和对手扮演的谈判角色。由于谈判角色是由上级和环境决定的，因此有时会与真实身份发生冲突。例如，你的真实身份认为，对手的谈判条件是合理的，而根据上级的要求，你却不得不加以坚决地反对。其实，不管谈判角色扮演得多么好，出于人的本性和弱点，都会在谈判中不知不觉地流露出一些真实的思想来，掌握这种心理知识对谈判非常有用。高明的谈判人员不会被对手的谈判角色所迷惑，而是善于从对手的一举一动中发现对手的真实思想，从而占据谈判中的有利地位。

2．个体心理因素在谈判中的作用的分析

（1）感知。

感知是人脑对直接作用于感觉器官的客观事物或人的整体反应，是谈判人员个体心理过程的主要成分之一。谈判人员感知的好坏是影响谈判成功与否的重要因素。当谈判人员的感知与客观情况一致时，可以说该谈判人员已经认识到了客观事物的整体，或者说对客观事物的看法是比较全面的。但事实上谈判人员的感知受到自己的经验、知识、价值观和需求等因素的影响。感知具有以下几个特性：

① 感知的选择性。人们对作用于自己的感觉器官的客观事物，往往是根据各自的经验、兴趣、身份、地位、职业等有选择地认知其中的一部分。了解了感知的这一特性之后，在商务谈判中就应该认真地了解对手的经历、兴趣、身份等做认真的研究分析。这样在发表己方的意见时，就能使对方不至于产生理解上的偏差，使谈判工作能顺利地进行。

② 感知的需求。不少谈判人员由于个人对某一方面的特殊需求，在交易中会产生对某事物的优点看得较多，其不足方面则看得较少，有意无意歪曲事实，以达到自己预期的目的。这在心理学上称为"感知的需求"。特别是谈判新手，他们往往比较急切地渴望谈判能够成功，因为这是其第一次亮相，涉及上级以及同事对他的胆识与能力的评价问题，为了不致空手而归，他宁可在谈判中多做些让步，也要争取谈判成功。

③ 成见效应。即以过去的认识看待新认识的事物，从而产生偏见。谈判人员往往爱把自己的经验教条化，以不变应万变，对谈判的类型、谈判的对象以及交易的具体情况不加分析和区别，结果造成认知上的错误。

（2）情感。

心理学表明，人类行为无一不包含复杂的心理因素，并表现为理性与情感的对立与统一。同样，在商务谈判的过程中，更是自始至终包含着情感的对抗与交流。了解谈判中的情感因素，有利于在商务谈判中把握自己，了解别人，从而正确地应用情感策略，掌握谈判的主动权。谈判中的主要情感表现有以下几种。

① 喜。当谈判双方都抱着乐于合作的态度与对手谈判时，或是双方的谈判人员都感到

谈判的议程、谈判的阶段成果合情合理、平等互利，或是谈判结果使双方都满意时，就会产生一种喜悦的心情。比如，在谈判中一方自觉比别人略胜一筹时，就会沾沾自喜。

② 怒。怒在谈判中分为两种：一是不满，二是愤怒。当谈判中意见发生分歧时，就会对对方产生一种不满情绪，如果这种情绪不能加以很好的控制，使不满转变为愤怒，就有可能使矛盾激化，进而导致谈判的破裂。

③ 忧。忧是谈判中一种顾虑和愁闷的情感。谈判人员的这种情感贯穿在谈判全过程中，几乎从谈判开始起就产生这种情感，特别是当问题变得愈来愈棘手时，更会忧心忡忡。

④ 惊。惊是谈判中惊讶与奇怪的情感，主要出现在始料不及的事情发生之时。如对手提出某个特别要求或做出不合逻辑的论证时，就会给人以惊讶的感觉。

⑤ 悲。悲是谈判中伤心与委屈的情感，主要表现在失守与委屈之时。

⑥ 惧。惧是谈判中一种畏缩害怕的情绪。如对方讨价还价后，己方如何出价，出在什么水平，使人压力很大，从而产生惧怕。另外，当对方实力雄厚，态度强硬时也会情不自禁地产生惧怕心理。

上述 6 大情感主要通过面部表情、身段动作和语言的变化表现出来。谈判双方一方面应注意观察对方种种变化，及时地掌握对方的内心情感。

另一方面也可以利用人的情感特点，采用一定的情感策略进行感情投资。纽约著名的语言学家李特登说过："人们都愿意说自己只受理智的支配，但其实，整个世界都被感情所转移。"在谈判过程中，谈判高手并不希望改变人性，而只是利用人性的特点来实现自己的目标。为了把对手变为合作的伙伴，谈判高手总是把谈判过程与其他过程交织在一起进行。如在正式会谈之外，会有参观、访问、宴会、娱乐活动等，善于利用这些活动建立双方的友谊和情感，这为顺利地进行谈判创造积极的条件。

（3）个性。

在心理学中，个性是指具有一定倾向的、比较稳定的、本质的心理特征的总和。具体表现为人的行为方式。选择合适的谈判人员，首先应对谈判人员的个性要有一个全面的了解，同时，这对了解对方的谈判人员也是非常重要的。商务谈判中体现谈判人员个性的主要有以下几个因素：

① 气质。

气质是指人的心理的动力方面特征的总和。是指人生来就具有的稳定的心理特征。这里所说的气质与人们在日常生活中所指的"某人很有气质"的气质含义是不同的，后者所指的气质是指一个人的风格、风度以及职业特点等。人的这种具有先天性的气质是具有个体差异的，其差异是由于人的神经类型的差异造成的。

具体而言，气质是指人的心理的动力方面特征的总和。它决定着人的心理活动进行的速度、强度、指向性等方面。人有许多不同的气质特征，这些特征并不是有规则地互相联系的。心理学家认为人有 4 种较为典型的气质类型：多血质、胆汁质、黏液质和抑郁质。纯粹属于这 4 种典型气质类型的人很少，大多都是混合类型。

出于谈判的需要，要根据对方谈判人员的气质特征、气质类型来选择己方谈判人员和采取相应的谈判策略。如谈判对手属于胆汁质，则这类人急躁、外向，对外界富有挑战特点，但却往往缺乏耐力，一旦扼制住其突如其来的气势，其气势就会很快丧失。我方则可以采取马拉松式的战术，避其锐气，攻击弱点，以柔克刚。

② 性格。

性格是指人对客观现实的态度和行为方式中经常表现出来的稳定倾向。性格是个性中最重要和显著的心理特征。一个人对某些事物的态度，在其生活经验中巩固起来，并形成习惯性的反应，形成习惯了的行为方式，这就构成了他的性格特点，而且有其长处和不足。在商务谈判中每一种性格倾向都可能有其长处和不足。

急性子的人——虽不拖泥带水，但易急于求成，急中容易出差错，被人钻空子。

慢性子的人——在商务谈判中反应慢，但把性格中的弱点隐藏起来，就可表现得像老练的谈判高手一样。

性格温善的人——待人以善意，但用在商务谈判时，就显得幼稚、单纯，易轻信人，缺乏识别人的能力，往往经不起对方的谎言或试探。

性格泼辣的人——外露，勇于争辩，但他们往往语言尖刻，不给人以面子，也不给自己留有退路。谈判不仅取决于谈判方所处的优势谈判地位，而且取决于谈判人员的个性和魅力。在谈判过程中，善于发挥每个人性格的优势作用，掩盖其弱点，是争取谈判成功的一个关键。

③ 能力。

能力一般是指顺利完成某一活动所必需的主观条件。能力是直接影响活动效率，并使活动顺利完成的个性心理特征。

商务谈判是一项重要的经济活动，是谈判双方为了各自的需求而在一定的主客观条件基础上所进行的"讨价还价"的活动。这种"讨价还价"的活动，需要个体有较强的综合能力。

首先，观察能力。观察是人的有目的、有计划、系统的、比较持久的知觉。观察能力是能够随时而又敏锐地注意到有关事物的各种极不显著但却重要的细节或特征的能力。敏锐的观察力可以有助于很好地洞察事物的本来面貌，使得通过捕捉到与事物本质相联系的某些"蛛丝马迹"，洞察对手的心理状态、意图。作为一个谈判人员，在云谲波诡的商务谈判中，必须具备良好的观察力，才能在商务谈判的独立作战或群体作战中明察秋毫，审时度势，避开险难，探索行动的方向和路子，寻求突破。

其次，决断能力。谈判是项相当独立的现场工作方式。很多事务的决断需要在谈判现场做出，这就需要谈判人员具备良好的对事务的判断和决策能力。决断能力表现在谈判人员可以通过对事物现象的观察分析，能够由此及彼，由表及里，去粗取精，去伪存真，排除各种假象的干扰，了解事物的本质，作出正确的判断；表现在能及早地洞察存在的问题或关键所在，准确地预见事物发展的方向和结果；表现在综合运用各种方法、手段，对不同条件、不同形势下的问题能及时做出正确的行为反应和行动选择。谈判人员的决断能力与了解掌握科学的判断和决策的有关知识方法有关，与一定的专业实践经验的积累有关，谈判人员应注意在学习和实践这两个方面下工夫，提高自身的决断能力。

再次，语言表达能力。谈判，主要借助语言形式进行。语言作为谈判和交际的手段，谈判人员必须提高自身的语言表达能力。语言有口头语言和文字语言，都应该学好、用好。语言表达能力的提高，一要注意语言表达的规范，要增强语言的逻辑性；二要注意语言表达的准确性，必须语音纯正，措辞准确，言简意赅；三要讲究语言的艺术性，表现在语言表达的灵活性、创造性和情境适用性上。语言是沟通的主要工具，要提高沟通的能力，就必须有效地克服语言沟通的障碍，提高语言表达技巧，要注重无声语言、暗示性语言、模糊语言、幽默语言、情感语言的运用。谈判人员不仅要熟练地运用本国语言（包括某些主要的方言），还应精通外语。除此以外，谈判人员还应善于运用和理解身体语言，以增强谈判的沟通能力和理解能力。

最后，应变能力。商务活动的一个重要特点就是带有较大的不确定性。这种不确定性就要求从事商务活动的人员要有应付不确定性的准备以及办法，要有临场应变的能力。所谓应变能力，是指人对异常情况的适应和应付的能力。商务谈判中，经常会发生各种令人意想不到的异常情况。当这些异常事件、情况出现时，一旦谈判人员缺乏处理异常情况的临场应变能力，就有可能招致谈判失败或不利的后果。处变不惊，是一个优秀的谈判人员应具备的品质。面对复杂多变的情况，谈判者要善于根据谈判情势的变化修订自己的目标和策略，冷静而沉着地处理各种可能出现的问题。应变能力需要创造力的配合。如购货方担心采用信用证方式交易会让售货方取得货款而不支付货使自己遭受损失，售货方为使生意可以谈成，可以创造性地提出一些可以预防以上问题发生的办法促成交易，提出由购货方指定一个中立的第三方作为检查员，在售货人的工厂对即将发运的货物进行检查，货物合格后，才能按照信用证规定付款，这种做法使购货方得到保护。

（4）态度。

① 态度的概念。

态度是指人心理上对其接触的客观事物对象所持有的看法，并以各种不同的行为方式表露出来。人们在对某一事物做出赞成或反对、肯定或否定的评价时会表现出某种反应的倾向性，即心理学上所说的定势作用。所以，一个人的态度不同，就会影响到他所看到、听到、想到和要做的事，从而产生明显的个体差异。因此，一个人的态度会对他的行为产生指导性的推动作用。

在任何一场商务谈判中，谈判双方都会表明自己的态度。商务谈判中的态度是非常重要的，因为，只要谈判的双方对谈判项目持积极合作的态度，这场谈判就成功了一半。精明的谈判人员会十分恰当地表示自己的态度，同时也会设法挖掘对方的真实态度，使对方的态度发生偏离和转变，以在谈判中保持优势。

态度包括认识、情感和意向3个要素。

认识是指带有评价意义的叙述。叙述的内容包括个人对某个对象的认识、理解、赞成或反对。在商务谈判中表现为对谈判事项的认识及对谈判中出现的问题的理解、赞成或反对。

情感是指个人对于态度对象的情感体验，如尊敬与轻视、同情与挑剔、喜欢与厌恶等。商务谈判中表现为对谈判事项重视与轻视、感兴趣和不感兴趣等。

意向是指个人对态度对象的反映意向，又称为行为的准备状态，也就是对态度对象做出某种反应。在商务谈判中表现为对谈判事项，比如对方提出的条件或要求是准备让步，还是准备拒绝；对最后谈判结果是准备承认签约还是否定等。

在商务谈判中人们对事物的态度的3个要素是相互一致的。例如，当外商对我国某地区的投资环境报有积极的态度时，这就证明了他对该地区的认识评价较好，情感上很感兴趣，在意向上也有投资的倾向。假如没有其他因素影响他的态度，他会作进一步的考察，直至决定投资。

② 偏见——不正确的态度。

偏见是个人对他人或事物持有的与事实相偏离的态度。偏见有这样一些特征：

首先，偏见是以有限的或不正确的信息来源为基础的。例如通过道听途说就可能形成积极的或消极的偏见。

其次，偏见含有先入为主的判断。有了偏见的人即使面对相反的事实也听不进去，不愿意改变或修正原来的判断。

最后，偏见有过度美化或丑化的倾向。一个怀有偏见的人常常是由于晕轮作用的倾向，往往"抓住一点，不及其余"，对态度对象极易进行美化或丑化。

③ 态度的转变。

态度形成之后比较持久，但也不是一成不变的，会随着外界条件的变化而改变，从而形成新的态度。态度的转变有两个方面，一是方向的转变，如对某一事物原先的态度是消极的，后来变得积极了；一是强度的转变，如原先对某些事物有些犹豫不决，后来变得坚定不移，这就是强度的变化。

态度是否能转变要依存于一定的条件。

首先，原有态度与要求改变的态度之间的距离的大小。态度变化的难易要看两者差距的大小。这说明，要转变一个人的态度取决于他后来的态度如何。如果两者的差距太大，往往是难以改变的。在商务谈判中，如果双方的态度和立场相距甚远，就不能期望通过施加压力，在短时间内使对方的态度和立场发生大的变化，要有足够的耐心慢慢施加压力和影响，使对方一步步地转变态度。

其次，积极参加活动可以转变态度。要改变一个人的态度，必须引导他积极参与有关的活动。如谈判双方对交易涉及的某单位情况不了解时，我方就可以通过组织一些进餐、考察活动来改变对方的认识，使其态度发生变化。

最后，语言表达者的地位与权威也可以转变态度。一方的谈判人员本身有无权威，对于谈判对方态度的转变关系很大。一般来说，人越有权威，他所表达的意见就越具有影响力，迫使对方转变态度的压力也就越大。另一方面，在商务谈判中，谈判人员若采取诚实、友好的态度，必然使对方产生可信感，从而能够促使对方态度转变，直至成交。否则，态度不友好，满嘴虚伪空话，说得再好听，对方也认为心不诚，也就很难改变其态度。

3．谈判人员的心理类型及其应对

不同的职位与年龄，不同的谈判阶段，谈判人员的心理状态是不同的。在成功信念的心理要素的支配下，如以追求目标为划分标准，那么，谈判人员的心理类型可分为以下几种。

（1）权力型。

这类谈判人员对成绩的追求是狂热的，常常无视别人的反应和感觉，根本不考虑对方的需求和要求，为了取得最高成就会不惜任何代价。为了达到预期的目标，这类谈判人员可能会强使权力，甚至不近人情。也正因为这样，他们有可能一度攫取很多的果实，并因此而获得更大的权利，结果反而纵容了其狂热性。

显然，权力型谈判人员是谈判桌上的劲敌。对于以追求"双赢"为目的的谈判人员来说，危险在于：如果你顺从他，他必然把你剥夺得一干二净；如果你反抗他，则谈判很容易就陷入僵局甚至破裂，而这并不是你所希望的结果。面对这种两难的处境，双方都应该事先认真而大胆地制订自己的策略和具体的实施计划，尤其是从对手的需求目标出发决定自己的策略。要从总体上把握对手的个性特征、需求特征和主要弱点，要充分利用对手的弱点，削弱对手的长处。例如，在与权力型谈判人员谈判时应充分利用对方的弱点：

① 表现出极大的耐心，认真倾听，以柔克刚。

② 让其夸夸其谈，发号施令，对他表示格外的尊敬，关键时刻有意冷处理他，与他若即若离，使他有失落感。

③ 冷眼旁观，无动于衷。

（2）成功型。

这类谈判人员十分注意谈判前预定的目标，在谈判中强烈追求目标的实现，为了达到目的会十分努力，并且视实现程度的高低为谈判成果的大小。此类谈判人员的办事方法很隐蔽、手段精巧，讨价还价时能迎合对手的兴趣，经常能在不知不觉中说服对方。具有这种心理的谈判人员有以下几种：

① 年轻人初入本行，急于表现自己的才干，以求青睐。应对此类谈判人员要以鼓励为主，随时给以"高帽"，即使对手表现出明显的失误和幼稚，也要称赞他"能干"，使其干劲十足地沿着你所设计的路线走下去。

② 年长者，有很多的工作经验，把谈判成功看作是给自己的荣誉和为自己的地位增光添彩。由于这类谈判人员有资历、有影响，有能力在谈判中决定一些问题，因此对付这一类的谈判人员应充分利用这个条件，给其多出难题，不要怕造成冲突，当然，他很有可能准备了多副"王牌"来对付你，所以，你也必须做好充分的准备，否则，被"宰"的就是你而不是他。

③ 谈判人员对事业、对公司热爱，对上级和老板忠诚，有很强的责任感。这类谈判人员是最为强劲的对手。对付这类谈判人员，首先应"以原则对原则"，注意保持双方的感情距离，不与对手过于近乎；其次，在不激怒对手的情况下，在态度上保持进攻性，并通过己方娴熟的谈判技巧使对手明白：谈判双方各有所需，且都是谈判的行家里手。

（3）关系型。

这类关系型谈判人员重视谈判目标，但更重视上级、老板、同事对自己的看法，以及与谈判对手的关系。这类谈判人员不愿接受挑战，不愿意冒谈判陷于僵局、濒临破裂的风险，更不愿意为谈判的尴尬局面负任何责任。在谈判中多次请示上级，希望得到上级的认可。对付此类谈判人员，一方面要将复杂问题尽可能分割成多个独立的小问题，诱导其表态；另一方面，在谈判重大问题时，要以强硬的态度全面出击，使其手忙脚乱。

2.2.2　谈判中的群体心理

群体心理是指由若干个人组成的为实现共同目标利益而相互依赖、相互作用、彼此影响的群体在社会活动中所表现出来的心理行为倾向。

1．谈判群体的特点

心理学认为，群体是一个介于组织与个人之间的，由若干个人组成的，为实现群体目标而相互联系、相互影响的，遵守共同规范的人群结合体。

谈判小组作为一个群体具有以下几个特点：

① 群体成员的数量多于 2 人，上限虽不确定但人数一般不多，因而属于小群体。

② 该群体属于正式群体。其建立的原因不是出于成员之间的私人感情或共同的兴趣或爱好，而是由组织通过正式的文件或命令规定建立的。谈判群体具体的领导人员一般都是指定的，而非自然形成的。

③ 谈判群体有着明确的任务和目标，成员之间也有着明确的职责分工。

④ 谈判群体成员之间以工作联系为主，同时有着直接的人际交往和接触，存在感情上的交流关系。

⑤ 谈判群体内部有严明的纪律约束。

2．谈判群体的效能

（1）谈判群体的效能的概念。

所谓谈判群体的效能是指谈判群体的工作效率和工作成果。谈判群体效能的高低从其内部来看，主要取决于两个方面：①群体内部每个成员的效能；②群体内部的关系状态。

谈判小组作为一个群体，其任务和目标是要通过每个成员的工作去完成的。因此，每个成员的工作能力、工作效率和工作成果如何直接影响到谈判小组的工作效率和工作成果。但群体成果并不是个体成果的简单集中或相加，把谈判小组内每个成员的效能加起来并不等于谈判小组的效能。这是因为，在谈判小组内部各成员之间的相互影响与作用可能具有正效应，但也可能具有负效应。正效应使成员之间密切配合，从而产生放大效应——群体的效能大于成员个体效能的简单相加；反之，负效应则使得群体效能小于成员个体效能之和。

（2）影响谈判群体效能的因素。

① 谈判群体的结构。群体的结构是指群体成员的组成成分，可分为年龄结构、能力结构、知识结构、专业结构、性格结构以及观点、信念结构等。群体的结构就是指这些结构的有机组合。群体成员的结构对群体的工作效率有很大的影响。群体成员搭配得当，会使群体协调一致，紧密团结，提高工作效率；群体成员搭配不当，会使群体涣散，经常发生冲突，降低工作效率。

② 谈判群体的规范与压力。谈判群体的规范是指群体所确立的行为标准，群体内的每个成员都必须遵守这些规范。群体的规范可能是正式规定的，也可能是非正式的、约定俗成的。群体规范的形成受模仿、暗示、顺从等心理因素的制约，而群体规范一旦形成，又使群体成员在行为、情绪和态度上趋于一致。群体的规范也会导致群体的压力。当群体中某个人的意见和行为与众不同时，他就会感觉到这种压力。群体压力体现在两方面，一方面对于群体成员的不良行为，它可以促使其改正；另一方面，对于群体成员的有益的意见和独创精神又会造成压制的负效果。因此，正确运用群体压力可以提高谈判群体的效能。

③ 谈判群体的决策程序。当谈判群体遇到问题需要决策时，如何进行决策，即决策的方式也会影响到谈判群体的效能。谈判群体内的决策方式有两种：个体决策和群体决策。个

体决策是由谈判群体中的领导人做出决定,事先不征询其他成员的意见。而群体决策则是在充分讨论、广泛征求意见的基础上,由领导人集中大家的意见做出决策。实践表明,群体决策与个体决策相比,准确性比较高,但耗时长,决策速度较慢;个人决策的速度快,但准确性低。虽然在群体决策中可能出现某些不良倾向和问题,但是群体决策能够使成员充分参与群体活动,对共同决定的计划和目标形成较高的责任感和义务感,从而大大推动群体工作的效能。

④ 谈判群体的内聚力。谈判群体的内聚力是指谈判群体对其成员的吸引力,主要是指谈判群体内部的团结。一般来说,高内聚力的谈判群体中,成员的士气和满意度比较高,内聚力将有助于谈判群体任务的完成。谈判群体内聚力的高低,受到许多因素的影响,这里只能讨论一些主要的因素。

第一,谈判群体的领导方式。不同的领导方式对群体内聚力有不同的作用。根据德国心理学家勒温(Lewin)的研究,"民主"型的领导方式能使成员之间更加友爱,成员的思想更活跃,群体的内聚力更高。

第二,外部影响。一些研究表明,外来的威胁会增强群体成员间的价值观念,从而提高群体的内聚力。

第三,谈判群体内部的奖励方式与目标结构。在谈判群体内部,因为存在着群体目标与成员个体目标两个层次上的追求,将个体与群体目标相结合的奖励方式有利于增强谈判群体的内聚力。群体成员的目标如果互不关联,就容易降低群体内聚力;相反,把个人和集体的目标有机结合起来,就会增强集体观念和内聚力。

3.如何争取群体效能的最大化

要争取群体效能的最大化,就必须从影响群体效能的各种因素着手,主要应做好以下几项工作:

(1)首先要准确地选拔谈判小组的人选,优化谈判群体的结构。国外心理学家长期研究了群体结构的同质和异质问题。所谓同质是指群体成员在能力、性格、年龄、知识等各方面都比较接近。所谓异质是指群体成员在上述各方面都迥然不同。研究表明,在完成简单任务时,同质结构的群体效率高,而在完成复杂的任务时,异质结构的群体的效率高。因此,谈判小组的结构应根据谈判任务的不同来进行确定,以组建一个高效率的谈判群体。

(2)注意充分利用群体压力的优点,以有利于发挥群体成员的积极性、主动性和创造性。

(3)根据谈判的实际情况选择适当的决策方式。当情况紧迫,需要快速解决问题时,应采用个人决策方式;当情况复杂但并不紧急时,应采用群体决策的方式,以提高决策的质量。

(4)选择适当的群体领导方式和群体内部的奖励方式,增强群体的内聚力。

2.3　提高谈判人员的心理素质与应对心理挫折

谈判人员的心理素质要求是由谈判活动的特点和谈判领域的客观要求决定的。谈判人员的心理素质既需要艰苦的锻炼和培养,又必须在参与社会生活实践中成熟和再提高。当然,谈判人员的心理素质再好,也有遭遇心理挫折的时候,因此关注谈判人员的心理挫折也是重点。

2.3.1 谈判人员应具备的心理素质

1．崇高的事业心、责任感

崇高的事业心和责任感是指谈判人员要以极大的热情和全部的精力投入到谈判活动中，以对自己的工作高度负责的态度和必胜的信念去进行谈判活动。只有这样，才能在谈判中会全力以赴，认真负责，本着对自己负责、对别人负责、对集体负责的原则，克服一切困难，顺利完成谈判任务。

2．坚定的信心

信心，就是相信自己的实力和能力。信心是谈判人员充分施展自身潜能的前提条件。缺乏自信往往是商务谈判遭受失败的原因。没有自信心，谈判人员就难以勇敢地面对压力和挫折，面对艰辛曲折的谈判，只有具备必胜的信心才能促使谈判人员在艰难的条件下通过坚持不懈的努力走向胜利的彼岸。

自信不是盲目的自以为是和惟我独尊。自信是在充分准备、充分占有信息和对谈判双方的实力进行科学分析的基础上产生的信心，相信自己要求的合理性、所持立场的正确性及说服对手的可能性，自信才有惊人的胆魄，谈判时才能做到大方、潇洒、不畏艰难、百折不挠。

3．坚忍不拔的意志

商务谈判不仅是一种智力、技能和实力的比试，更是一场意志、耐性和毅力的较量。有许多重大艰难的谈判，往往不是议论两轮就能完成的。对谈判人员而言，如果缺乏应有的意志和耐心，是很难在谈判中获胜的。意志和耐心不仅是谈判人员应具备的心理素质，也是进行谈判的一种方法和技巧。

商务谈判的状况有各种各样，有时是非常艰难曲折的，谈判人员必须有抗御挫折和打持久战的心理准备。这样，耐心及容忍力是必不可少的心理素质。耐心是谈判人员抗御压力的必备品质和谈判争取机遇的前提。在一场旷日持久的谈判较量中，谁先缺乏耐心和耐力，谁就将失去在商务谈判中取胜的主动权。有了耐心就可以调控自身的情绪，不被对手的情绪牵制和影响，使自己能始终理智地把握谈判的正确方向。有了耐心可以使自己能有效地注意倾听对方的诉说，观察了解对方的举止行为和各种表现，获取更多的信息。有了耐心可以有利于提高自身参加艰辛谈判的韧性和毅力。耐心也是对付意气用事的谈判对手的策略武器，能取到以柔克刚的良好效果。

4．坦诚

威廉·莎士比亚说："首先要真诚面对自己，然后你才能真诚地对待别人，这就像黑夜紧随白天一样。"在商务谈判中，需要双方真诚相待。商务谈判的目的是为了较好地满足谈判双方的需求，是一种交际、一种合作，谈判双方能否相互交往、信任、取得合作，这还取决于谈判双方在整个谈判活动中的为人处世的方式。

可以肯定地说，谈判是一种竞争，而要竞争自然离不开竞争的手段。为此，各种谈判的策略都要充分运用。但是，无论何种谈判都应在坦诚的基础上进行。坦诚的含义包括：谈判是一种和平的磋商过程，而不是胁迫的代名词；谈判的协议要靠谈判人员的信守来保证；谈判人员不仅要重视己方的利益，同时也应充分顾及他方的利益。正如美国前国务卿，著名的谈判专家亨利·基辛格认为的那样："在外行人眼里，外交家是狡诈的，而明智的外交家懂得，他决不能愚弄对手，从长远的观点看，可靠和公平这种信誉是一笔重要资产。"确实，单从实用主义的角度而言，坦诚对于一个谈判人员而言是绝对重要的。如果你的谈判对手从心底不信任你，那么他或她不会告诉你任何重要的信息；如果你被认为是不可信赖的，人们只会告诉你由于你的职位或头衔而必须告诉你的东西，除此之外，你可能甭想再额外得到些什么了。相反，当对方认为你值得信赖时，在谈判中一些空闲的时间，他或她也许会告诉你一些从谈判桌上所无法知道的信息。

【引例 2-1】

甲：瞧，我知道我们的出价是低了点，不过我们对贵公司的产品确实很感兴趣。

乙：可是你们在价格上的态度让人感觉一点通融的余地都没有。

甲：我知道这个。可是，如果贵公司能稍作让步，我们的价码还是会变化的。

这段有趣的对话也许会成为你走向成功的台阶，这不是因为你用阴谋诡计控制了别人，而是因为你受到了信赖。只有当人品正直无可置疑时，秘密和关键的材料才会透露给你。如果你被对方认为是值得信赖的话，你就要尽力维护这一形象，这至少对你与对方的下次谈判是至关重要的。

5．较强的心理适应与调节能力

商务谈判活动是一项斗智比谋的竞赛活动，一名成功的谈判人员应具有良好的心理适应能力与调节能力，以应付各种可能的困难局面。例如，谈判破裂并不是谈判双方所希望的结局，但要有这方面的心理准备，不怕谈判破裂，不怕对方的要挟。退一步来说，即使谈判破裂，由于有了心理准备，也不会太懊丧。有时，你有了谈判破裂的心理准备，反而可以迫使对方就范。

2.3.2　谈判中的心理挫折与应对

商务谈判人员应做好防范谈判挫折的心理准备，对谈判中出现的挫折应能够有效地化解。

1．心理挫折的含义及其对行为的影响

（1）心理挫折的含义。

人们需要的存在，就会引发动机。动机一旦产生便会引导人们的行为指向目标。受各种主客观原因的影响，行为活动有的能达到目标，有的却会受到阻碍。行为活动受到阻碍达不到目标，这就是挫折。

心理挫折是人在追求实现目标的过程中遇到自己无法克服的障碍、干扰而产生的一种焦虑、紧张、愤懑或沮丧、失意的情绪。在商务谈判中，心理挫折造成的情绪上的沮丧、愤怒，会引发与对手的对立和对对手的敌意，容易导致谈判的破裂。

（2）心理挫折的行为表现。

当人遭受心理挫折时，会产生紧张不安的情绪和引发行为上的异常。

① 攻击。攻击是人在遭受挫折时最易表现出来的行为，即将受挫折时产生的生气、愤

怒的情绪向人或物发泄。攻击行为可能直接指向阻碍人们达到目标的人或物，也可能指向其他的替代物。

② 退化。退化是指人在遭受挫折时所表现出来的与自己年龄不相称的幼稚行为。例如情绪上的失控，出现孩子似的无理智行为等。

③ 病态的固执。病态的固执是指一个人明知从事某种行为不能取得预期的效果，但仍不断重复这种行为的行为表现。病态的固执往往受人的逆反心理的影响。人在遭受挫折后，为了减轻心理上所承受的压力，或想证实自己行为的正确性，以逃避指责，在逆反心理的作用下，往往无视行为的结果而不断重复某种无效的行为。

④ 畏缩。畏缩是指人受挫折后失去自信，消极悲观，孤僻不合群，易受暗示，盲目顺从的行为表现。

2. 商务谈判中产生心理挫折的原因

在商务谈判中，谈判人员都会遇到各种各样的问题、困难和阻碍，由此引起谈判人员的心理波动，产生挫折是不可避免的。在商务谈判中，比较容易造成谈判人员心理挫折的因素，主要有以下几点：

① 谈判人员对谈判内容缺乏应有的了解，掌握信息不够，制订出了不合理或不可行的谈判目标，这种情况容易对谈判人员造成心理挫折。例如，你非常喜欢一件衣服，于是决定如果它的价钱不超过300元就买下，当你请售货员帮你取下衣服，然后一边看一边向售货员询价，而售货员漫不经心地说"2780元"。此时对你来讲就会产生很大的心理挫折，从而失去谈判的信心和勇气。

② 由于惯例、经验、典范对谈判人员的影响，谈判人员容易形成思维定式，将自己的思维和方法禁锢起来。对于出现的新情况、新问题仍按照经验、惯例去解决，这样既影响谈判的结果，也容易受到心理挫折。

③ 由于谈判人员自身的某些需求，特别是社会需求和自尊、自我实现的需求没有得到很好的满足或受到伤害时，容易造成心理挫折。

这些只是在商务谈判中容易造成心理挫折的常见因素，除此之外，导致谈判人员产生心理挫折的原因还有很多，有来自谈判过程的，有来自谈判人员本身的，如谈判人员的知识结构、自身能力等。

3. 心理挫折对商务谈判的影响

在商务谈判中，无论是什么原因引起的心理挫折，都会对谈判造成不利的影响。谈判是人与人之间的一项斗智斗勇的交际活动，需要谈判人员全力以赴，始终保持着高度的敏感性和思辨能力。任何形式的心理挫折和心理波动都必然会分散谈判人员的注意力，造成反应迟钝、判断能力下降，而这一切都会使谈判人员不能充分发挥自己的潜力，从而无法取得令人满意的谈判结果。

4. 心理挫折的预防和应对

商务谈判是一项艰辛而困难重重的工作。谈判时遇到的困难很多，困难多就容易遭遇失败，有失败就会有挫折。心理挫折会引发谈判人员的情绪上的沮丧，从而产生对谈判对手的敌意，容易导致谈判破裂。因此，商务谈判人员应对商务谈判中客观的挫折有心理准备，应做好对心理挫折的防范，对自己所出现的心理挫折能及时、有效地加以化解，并对谈判对手出现心理挫折而影响谈判时有较好的应对办法。

（1）心理挫折的预防。

① 消除引起客观挫折的原因。人的心理挫折是伴随着客观挫折的产生而产生的。如果能减少引起客观挫折的原因，也可以减少心理挫折。

② 提高心理素质。一个人遭受客观挫折时是否体验到挫折，与他对客观挫折的容忍力有关，容忍力较弱的人比容忍力较强的人更易感受到挫折。人对挫折的容忍力又与人的意志品质、承受挫折的经历及个人对挫折的主观判断有关。有着坚强意志品质的人能承受较大的挫折；有较多挫折经历的人对挫折有较高的承受力。为了预防心理挫折的产生，从主观方面来说，就要尽力提高谈判人员的意志品质，提高对挫折的容忍力。

（2）心理挫折的应对。在商务谈判中，不管是我方人员还是谈判对方产生心理挫折都不利于谈判的顺利开展。为了使谈判能顺利进行，对心理挫折应积极应对。

① 要勇于面对挫折。常言道"人生不如意事十有八九"，这对于商务谈判来说也是一样，商务谈判往往要经过曲折的过程，通过艰苦的努力才能达到成功的彼岸。商务谈判人员对于谈判所遇到的困难，甚至是失败要有充分的心理准备，以提高对挫折打击的承受力，并能在挫折的打击下从容应对新变化的环境和情况，做好下一步的工作。

② 摆脱挫折情境。相对于勇敢地面对挫折而言，这是一种被动应对挫折的办法。遭受挫折后，当商务谈判人员再无法面对挫折情境时，通过脱离遭受挫折的环境、人际圈或转移注意力等方式，可让情绪得到修补，使其能以新的精神状态迎接新的挑战。美国著名成功教育学家、心理学家戴尔·卡耐基就曾建议人们在受到挫折时用忙碌来摆脱挫折情境，驱除焦虑的心理。

③ 情绪宣泄。情绪宣泄是一种利用合适的途径、手段将受挫后的消极情绪释放排泄出去的办法。其目的是把因挫折引起的一系列生理变化产生的能量发泄出去，消除紧张状态。情绪宣泄有助于维持人的身心健康，形成对挫折的积极适应，并获得应对挫折的适当办法和力量。

情绪宣泄有直接宣泄和间接宣泄两种。直接宣泄有流泪、痛哭、怨气发泄等形式，间接宣泄有活动释放、诉说等形式。有专家认为，面对谈判对方的愤怒、沮丧和反感，一个好办法就是给对方一个能够发泄情绪的机会，让对方把心中郁闷的情绪和不满发泄出来，让他把话说完。让对方发泄情绪，可借此了解对方的心理状况，以便有针对性地展开说服工作。

小结

根据需求理论，人们之所以要进行谈判，是因为有一定的需求，而需求的满足往往要通过谈判才能实现。所以，谈判的过程就是满足人们需求的过程。需求和对需求的满足是商务谈判的基础和动力。

马斯洛的需求层次理论将人的需求划分为5个层次：生理需求、安全需求、社会需求、尊重需求、自我实现的需求，并按照需求满足的先后顺序进行排列。这一理论在谈判中也有所体现。应发现并尊重人在谈判中各个层次的需求。

第三部分 课题实践页

（一）简答题

1. 试分析马斯洛的需求层次理论在商务谈判中的应用。
2. 如何理解谈判中个性对谈判人员的影响？
3. 谈判中如何有效地转变对手的态度？
4. 试分析在谈判中如何实现群体效能的最大化？
5. 谈判人员应该具备怎样的心理素质才能胜任谈判工作？

（二）选择题

1. 你在进行谈判活动时，哪一层次的需要对你的行为影响最大？

A. 完成上级指示，以免受批评　　　　B. 实现自己最佳目标

C. 喜欢与对手打交道　　　　　　　　D. 本职工作的要求

2. 促使你努力实现谈判目标的因素是（ 　　 ）。

A. 优厚的待遇　　　　　　　　　　　B. 项目的规模与重要性

C. 谈判对手的挑战性　　　　　　　　D. 个人的兴趣与专长

3. 你做事情通常（ 　　 ）。

A. 不达目的决不罢休　　　　　　　　B. 进行到什么程度就算什么程度

C. 尽最大努力　　　　　　　　　　　D. 试试看，干不成也有退路

4. 你通常采取什么办法保持你的耐心？

A. 制定严格的时间日程表

B. 时常提醒自己、控制自己

C. 不用什么特别办法，总能保持心绪平稳

D. 采取什么方法也不容易控制情绪

5. 在社交场合中，你（ 　　 ）。

A. 会很快被人们接受　　　　　　　　B. 缓慢地被接受

C. 不容易被接受　　　　　　　　　　D. 孤僻，不合群

6. 三个月前你向非洲某国投标承建某项工程，最近得到该国的通知，你已得标。但要求你按可投总价减低5%。面对这种情况，你首先应当（ 　　 ）。

A. 同意减价5%

B. 同意减价 3%

C. 向该国建议，只有在改变投标条件下，你才愿意考虑减价

D. 杜绝做任何让步

（三）分析题

1. 你在百货大楼的家具商场看中了一套沙发，标价是 2250 元。你算来算去觉得不合适，最多只能付 2000 元。家具商场的经理介绍完这套沙发的优点后，你表示对这套沙发很感兴趣，并指出你只能付 2000 元。经理听后告诉你，他愿以优惠价 2000 元卖给你。此时你的感受是什么？

（1）无法拒绝他的建议。

（2）这是个令人尴尬而又不利的场面。

（3）这是一个让你满意的购买良机。

解析：

2. 假设你在一个推土机设备公司训练推销员。对一个有可能购买你们产品的公司，你训练的推销员先拜访谁？

（1）采购代理商。

（2）公司总经理。

（3）现有设备的司机。

（4）接待员推荐的任何一个人。

（5）商店的服务员。

解析：

3. 你与某个电影制片商签订了一项向他们供应舞台装置的合同。现在他们改变了主意，要求增加各式各样的新东西，且为了快速完成工作还提出了超出合同的额外要求，他们还特别地难为你，要强行削减合同的费用。这样，做这个工作已经无利可图，但该片的制作还没有完成，你应该怎么办？

（1）应立即记下合同中每一项改变了的内容，记下每笔额外的花费，马上把这些告诉电影制片商。

（2）你弄清了全部费用的数目以后，正式提呈这个清单，你有正当的权利收取全部额外费用。

（3）这个清单应把全部各式各样的费用列清楚，按常识你必须通过谈判去解决这个问题。

（4）除非他们同意按期支付这些费用，再商谈余下的交易，否则，以取消合同相要挟，没有你，他们是不可能完成该片制作的。

解析：

课题三　商务谈判的准备

技 能 目 标	知 识 目 标	建 议 学 时
➤ 商务谈判背景调查	（1）了解商务谈判背景调查的内容 （2）能够熟练运用商务谈判背景调查的各种手段	2
➤ 商务谈判的组织准备	（1）了解商务谈判组织的人员构成 （2）能够对商务谈判小组进行有效的管理	2
➤ 商务谈判计划的制订	（1）了解商务谈判计划的重要性 （2）能够制订有效的商务谈判目标 （3）能够进行有效的谈判场景的布置	2

第一部分　案例与讨论

案例　技术转让费调查

法方：我方产品的技术经过 5 年的研制才完成，今天要转让给中方，中方应付费。

中方：有道理，但该费用应如何计算呢？

法方：我方每年投入的科研费为 200 万美元，5 年为 1000 万美元，考虑仅转让使用权，我方计提成费，以 20％的提成率计，即 200 万美元，仅收贵方 20％的投资费，对贵方是优惠的。

中方听后，表示研究后再谈。中方内部进行了讨论，达成如下共识：分头去搜集该公司的产品目录，调查该公司近几年来新产品的推出速度，如推出的新产品多，说明他们每年的科研投入不仅仅为一个产品，可能是多个产品；搜集该公司近几年的会计年报，调查其资产负债状况和损益状况，若利润率高，说明有资金投入科研开发；若利润率低，就没有大量资金投入科研开发；若负债率不高，说明没有借钱，负债率高才有可能借钱。此外，请海外机构的代表查询该公司每年交纳企业所得税的情况，纳税多，说明利润率高，纳税少，说明利润率低。

中方各路人员查了这几方面的信息，分析发现：

（1）该公司每年有 5 种新产品推上市场。

（2）该公司资产负债率很低，举债不高。

（3）该公司利润率不高，每年的利润不足以支持开发费用。

结论是法方每年的投入额是虚的，若投入额为真，则该企业可能是逃税漏税才有资金投入。

在后面的谈判中，中方拿出上述的资料和推断，请法方表态，法方还坚持其所说的为真实数据。中方问对方，怎么解释低负债，怎么解释低利润时，法方无法解释低负债、低利润和高投资的关系，又不能在中方面前承认有逃税，只好放弃原价的要求。

案例讨论

（1）中方如何搜集谈判信息？

（2）中方如何加工谈判信息？

（3）中方如何利用谈判信息？

第二部分 课题学习引导

3.1 商务谈判背景调查

知己知彼，百战不殆；凡事预则立，不预则废。进行一场商务谈判，前期准备工作非常关键。前期准备工作做得充分可靠，谈判人员就会增强自信，从容应对谈判过程中的变化，处理好各种问题，在谈判中处于主动地位，为取得谈判成功奠定基础。事实证明，大部分重要的谈判工作是在准备阶段完成的。商务谈判准备工作一般包括谈判背景调查、谈判组织准备、谈判计划的制订等任务。

3.1.1 商务谈判背景调查的内容

1．对谈判环境因素的分析

谈判是在一定的法律制度和某一特定的政治、经济、文化的社会环境中进行的。它们会直接或间接地影响谈判。

谈判，特别是涉外商务谈判的环境因素包括谈判对手国家的所有客观因素。如它的政治、法律、社会文化、经济建设、自然资源、基础设施、气候条件与地理位置等。

英国谈判专家马什在其所著的《合同谈判手册》中对谈判有关的环境因素概括为以下几类：

（1）政治状况。

① 国家对企业的管理程度，涉及企业自主权的大小。

② 经济的运行机制。如是计划体制，要看企业之间的交易有多少列入国家计划，有没有争取到计划指标。在市场经济条件下，企业自主权较多，可以全权决定交易的取舍。

③ 对方当局政府的稳定性。

④ 政府与买卖双方之间的政治关系。阿拉伯国家有时往往拒绝同那些与以色列有政治经济关系的国家及其企业进行商业贸易。

（2）宗教信仰。该国占主导地位的宗教信仰是什么？在某些国家，宗教影响很大，法律制度是根据宗教教义来制定的，人们的行为是否被认可，要看是否符合宗教精神。

（3）法律制度。该国的法律制度是什么？法律的执行程度，法院受理案件的时间长短等。

（4）商业做法。企业决策的程序如何？是否做任何事情都能见诸文字？律师的作用如何？有没有工业间谍活动？在工作中是否有贿赂现象？如果有，方式如何？有些国家是不行贿就做不成交易的。我们不赞成靠行贿来做生意，但是我们必须了解这些方面的情况。

一个项目是否可以同时与几家公司谈判，并选择最优惠的条件达成交易？如果可以，保证交易成功的关键因素是什么？是否仅仅是价格问题？在几家公司同时竞争一笔生意时，谈判是最复杂、最艰难的，必须要紧紧抓住影响交易成功的关键因素来开展工作，才有成功的希望。

业务谈判的常用语言是什么？如使用当地的语言，有无可靠安全的翻译？合同文件是否可以用两种语言来表示？两种语言是否具有同等的法律效力？谈判是用语言来进行交流，靠语言来表达意思的，因此，必须选择合适的谈判语言。在最后签订合同时，如果使用第三国文字，那么对谈判双方都是公平的。如果不是这样，一般应规定双方的两种文字具有同等效力。

（5）社会习俗。

① 衣着、称呼方面，什么才是合乎规范的标准？

② 是否只能在工作时间谈业务？在业余时间是否也可谈业务？

③ 社交场合中是否应该带配偶？是不是所有的款待、娱乐活动都在饭店、俱乐部等地进行？

④ 送礼的方式、礼品的内容有什么习俗？

⑤ 在大庭广众之下，人们是否愿意接受别人的批评？人们如何看待荣誉、名声等？这涉及双方意见交流的方式和策略。

⑥ 女性是否可参与经营业务？如果参与，是否与男子具有同等的权力？

（6）基础设施与后勤供应系统。

① 该国的人力资源情况，包括劳动力数量、质量。

② 该国的邮电通信、交通运输状况。

2．对谈判对手的调查

对谈判对手的调查是谈判准备工作最关键的一环，如果同一个事先毫无任何了解的对手谈判，会有极大的困难，甚至会冒很大的风险。谈判对手的情况是复杂多样的，主要调查分析对方的身份、资信情况、资本、信用及履约能力、参加谈判人员的权限和谈判目的等情况。

（1）客商身份调查。

首先应该对谈判对手属于哪一类客商了解清楚，避免错误估计对方，使自己失误甚至受骗上当。

① 在世界上享有一定声望和信誉的公司，都要求对方提供准确、完整的各种数据以及令人信服的信誉证明。谈判前要做好充分准备，谈判中要求有较高的谈判技巧，要有充足的自信心，不能一味为迎合对方条件而损害自己的根本利益。

② 享有一定知名度的客商，一般比较讲信誉，占领市场比较迫切，技术服务和培训工作比较好，对技术方面和合作生产的条件比较易于接受，是较好的贸易伙伴。

③ 对待没有任何知名度的客商，要确认其身份地位，深入了解其资产、技术、产品、服务等方面的情况。因为其知名度不高，谈条件不会太苛刻，他们一般希望通过多合作来打出其知名度。

④　对待专门从事中介的客商，要认清他们所介绍的客商的资信地位，防止他们打着中介的旗号行骗。

⑤　对待"借树乘凉"的客商，不要被其母公司的光环所迷惑，对其应持慎重态度。如果是子公司，则要求其出示其母公司授权以母公司的名义洽谈业务的相关文件。母公司拥有的资产、商誉并不意味着子公司也拥有，要警惕子公司打着母公司招牌虚报资产的现象。如果分公司不具备独立的法人资格，公司资产属于母公司，则无权独自签约。

（2）谈判对手资信状况的调查。

对谈判对手进行资信状况的调查研究，是谈判前的准备工作中极其重要的一项。缺少必要的资信状况分析，谈判对手的主体资格不合格或不具备与合同要求基本相当的履约能力，那么所签订的协议就是无效协议或者是没有履行保障的协议，谈判就会前功尽弃，蒙受巨大损失。

对谈判对手资信情况的调查包括两方面的内容：一是对方主体的合法资格；二是对方的资本信用与履约能力。

①　对客商合法资格的审查。

商务谈判的结果是有一定的经济法律关系的，参加一定的经济法律关系而享受权利和义务关系的组织或个人，叫做经济法律关系主体。作为参加商务谈判的企业组织必须具有法人资格。

法人应具备3个条件：一是法人必须有经营场所，组织机构是决定和执行法人各项事务的主体。二是法人必须有自己的财产，这是法人参加经济活动的物质基础与保证。三是法人必须具有权利能力和行为能力。所谓权利能力是指法人可以享受权利和承担义务，而行为能力则是法人可以通过自己的行为享有权利和承担义务。满足了这3方面的条件后，在某个国家进行注册登记，即成为该国的法人。

对对方法人资格的审查，可以要求对方提供有关信息，如法人成立地的注册登记证明、法人所属资格证明、营业执照。此外还要弄清对方法人的组织性质，是有限公司还是无限责任公司，是母公司还是子公司或分公司。因为公司的性质不同，其承担的责任是不一样的。还要确定其法人的国籍，即其应受哪一国家的法律管辖。对于对方提供的证明文件首先要通过一定的手段和途径进行验证。

对客商合法资格的审查还应包括对前来谈判的客商的代表资格或签约资格进行审查；在对方当事人找到保证人时，还应对保证人进行调查，了解其是否具有担保资格和能力；在对方委托第三方谈判或签约时，应对代理人的情况加以了解，了解其是否有足够权力和资格代表委托人参加谈判。

②　对谈判对手资本、信用及履约能力的审查。对谈判对手资本的审查主要是审查对方的注册资本、资产负债表、收支状况、销售状况、资金状况等有关事件。对方具备了法律意义上的主体资格，并不一定具备很强的行为能力。因此，应该通过公共会计组织审计的年度报告、银行、资信征询机构出具的证明来核实。

通过对谈判对手商业信誉及履约能力的审查，主要调查该公司的经营历史、经营作风、产品的市场声誉、与金融机构的财务诚信记录，以及在以往的商务活动中是否具有良好的商业信誉。不少中国公司存在着某些对国际商务活动中风险和信用（资信）认识上的误区，如"外商是我们的老客户，信用应该没问题。""客户是朋友的朋友，怎么能不信任？""对方是大公司，跟他们做生意，放心"等。针对这些误区，应该做到，如"对老客户的资信状况也要定期调查，特别是当其突然下大订单或有异常举措时，千万不要掉以轻心"；"防人之心不可无。无论是何方来的大老板，打交道前先摸摸底细，资信好的大公司不能保证其属下的公司也有良好的资信"等。

③ 了解对方谈判人员的权限。谈判的一个重要法则是不与没有决策权的人谈判。要弄清对方谈判人员的权限有多大，对谈判获得多少实质性的结果有重要影响。不了解谈判对手的权力范围，将没有足够决策权的人作为谈判对象，不仅在浪费时间，甚至可能会错过更好的交易机会。一般来说，对方参加谈判人员的规格越高，权限也就越大；如果对方参加谈判的人员规格较低，我们就应该了解对方参加谈判人员是否得到授权，对方参加谈判的人员在多大程度上能独立做出决定，有没有决定是否让步的权力等。

④ 了解对方的谈判时限。谈判时限与谈判任务量、谈判策略、谈判结果等都有重要关系。谈判人员需要在一定的时间内完成特定的谈判任务，可供谈判的时间长短与谈判人员的技能发挥状况成正比。时间越短，对谈判人员而言，用以完成谈判任务的选择机会就越少，哪一方可供谈判的时间越长，就拥有较大的主动权。了解对方谈判时限，就可以了解对方在谈判中会采取何种态度、何种策略，我方就可制订相应的策略。因此，要注意搜集对方的谈判时限信息，辨别表面现象和真实意图，做到心中有数，针对对方谈判时限制订谈判策略。

⑤ 了解对方谈判人员其他情况。要从多方面搜集对方信息，以便全面掌握谈判对手。例如，对方谈判班子的组成情况，即主谈人背景、谈判班子内部的相互关系、谈判班子成员的个人情况，包括谈判成员的资历、能力、信念、性格、心理类型、个人作风、爱好与禁忌等；对方的谈判目标，所追求的中心利益和特殊利益；对方对己方的信任程度：包括对己方经营与财务状况、付款能力、谈判能力等多种因素的评价和信任程度等。

3．对谈判人员自身的了解

在谈判前的准备工作中，不仅要调查分析客观环境和谈判对手的情况，还应该正确了解和评估谈判人员自身的状况。古人云："欲胜人者，必先自胜；欲论人者，必先自论；欲知人者，必先自知。"没有对自身的客观评估，就不会客观地认定对方的实力。孟子说："知人者智，自知者明。"谈判人员一定要有自知之明。但是自我评估很容易出现两种偏向：一是过高估计自身的实力，看不到自身的弱点；二是过低评估自身实力，看不到自身的优势。自我评估首先要看到自身所具备的实力和优势，同时要客观地分析自己的需要和实现需要缺欠的优势条件。

（1）谈判信心的确立。

谈判信心来自对自己实力以及优势的了解，也来自谈判准备工作是否做得充分。谈判人员应该了解自己是否准备好支持自己说服对方的足够依据，是否对可能遇到的困难有充分的思想准备，一旦谈判破裂是否会找到新的途径实现自己的目标。如果对谈判成功缺乏足够的信心，是否需要寻找足够的信心确立条件，还是需要修正原有的谈判目标和方案。

（2）自我需要的认定。

满足需要是谈判的目的，清楚自我需要的各方面情况，才能制订出切实可行的谈判目标和谈判策略。谈判人员应该认定以下几个问题：

① 希望借助谈判满足己方哪些需要。例如，作为谈判中的买方，应该仔细分析自己到底需要什么样的产品和服务，需要多少？要求达到怎样的质量标准？价格可以出多少？必须在什么时间内购买？卖方必须满足买方哪些条件等；作为谈判中的卖方，应该仔细分析自己愿意向对方出售哪些产品？是配套产品还是拆零产品？卖出价格最低是多少？买方的支付方式和时间如何等。

② 各种需要的满足程度。己方的需要是多种多样的，各种需要重要程度并不一样。要搞清楚哪些需要必须得到全部满足；哪些需要可以降低要求；哪些需要在必要情况下可以不考虑，这样才能抓住谈判中的主要矛盾，保护己方的根本利益。

③ 需要满足的可替代性。需要满足的可替代性大，谈判中己方的回旋余地就大；如果需要满足的可替代性很小，那么谈判中己方讨价还价的余地就很小，当然很难得到预期结果。需要满足的可替代性包含两方面内容：一是谈判对手的可选择性有多大。有些谈判人员对谈判对手的依赖性很强，就会使己方陷入被动局面，常常被迫屈从于对方的条件。分析谈判对手的可选择性要思考这样一些问题：如果不和他谈，是否还有其他可选择的对象？是否可以在将来再与该对手谈判？如果与其他对手谈判可得到的收益和损失是什么？弄清这些问题后，才有助于增强自己的谈判力。二是谈判内容可替代性的大小。例如，如果价格需要不能得到满足，可不可以用供货方式、提供服务等需要的满足来替代呢？眼前需要满足不了，是否可以用长期合作的需要满足来替代？这种替代的可能性大小，要通过认真权衡利弊的评价来确定。

④ 满足对方需求的能力鉴定。谈判人员不仅要了解自己要从对方得到哪些需求的满足，还必须了解自己能满足对方的哪些需求，满足对方需求的能力有多大，在众多的提供同时需要满足的竞争对手中，自己具有哪些优势，占据什么样的竞争地位。

满足自身的需要是参加谈判的目的，满足他人需要的能力是谈判人员参与谈判并与对方合作交易的资本。谈判人员应该分析自己的实力，认清自己到底能满足对方哪些需要，如出售商品的数量、期限、技术服务等。如果谈判人员具有其他企业所没有的满足需要的能力，或是能够比其他企业更好地满足某种需要，那么就拥有更多的与对方讨价还价的优势。

3.1.2　商务谈判背景调查的手段

商务谈判背景调查工作应该坚持长期一贯性，企业应该不间断地搜集各种信息，为制订战略目标提供可靠依据；同时，面对某一具体谈判，又要有针对性地调查具体情况。调查要寻求多种信息渠道和调查方法，使调查的结果全面真实准确地反映真实情况。

1．背景调查的信息渠道

（1）印刷媒体。

印刷媒体主要包括报纸、杂志、内部刊物和专业书籍，从中查找相关的消息、图表、数据、照片来获取有用信息。这个渠道可提供比较丰富的各种环境信息、竞争对手信息和市场行情信息。谈判人员可以通过这些渠道获得比较详细而准确的综合信息。

（2）网络。

网络是 21 世纪非常重要的获取信息的渠道。在网络上可以非常方便快捷地查阅国内外许多公司信息、产品信息、市场信息以及其他多种信息。

（3）电波媒介。

电波媒介即以广播、电视为媒介获取播发的有关新闻资料，如政治新闻、经济动态、市场行情、广告等相关情况。其优点是迅速、准确、现场感强，缺点是信息转瞬即逝，不易保存。

（4）统计资料。

统计资料主要包括各国政府或国际组织的各类统计年鉴，也包括各类银行组织、国际信息咨询公司、各大企业的统计数据和各类报表。它们的特点是材料详尽，可提供大量原始数据。

（5）各种会议。

通过参加各种商品交易会、展览会、订货会、企业界联谊会、各种经济组织专题研讨会来获取信息。特点是信息非常新鲜，要善于从中捕捉有价值的东西。

（6）各种专门机构。

各种专门机构包括国内贸易部、对外贸易部、对外经济贸易促进会、各类银行、进出口公司、本公司在国外的办事处、分公司、驻各国的大使馆等，可以向这些机构了解自己需要的信息。

（7）知情人士。

例如各类记者、公司的商务代理人、当地的华人、华侨、驻外使馆人员、留学生等。

2．背景调查的方法

（1）访谈法。

调查者直接面对访问对象进行问答，包括个别对象采访，也包括召集多人举行座谈。在访谈之前，应准备好一份调查提纲，有针对性地设计一些问题。对访谈对象的回答可以录音或记录，以便事后整理分析。访谈法的特点是可以有针对性地抽样选择访谈对象，可以直接感受到对方的态度、心情和表述。

（2）问卷法。

调查者事先印刷好问卷，发放给相关人士，填写好以后收集上来进行分析。问卷的设计要讲究科学性和针对性，既有封闭式问题又要有开放式问题。问卷法的特点是可以广泛收集相关信息，利于实现调查者的主导意向，易于整理分析，难点在于如何调动被调查者填写问卷的积极性以及保证填写内容的真实性。

（3）查找文献法。

文献法是用于收集第二手资料的方法。可以从公开出版的报纸、杂志、书籍中收集，也可以从未公开的各种资料、文件、报告中收集。文献法的特点是可以收集到比较权威比较准确的信息，但是要注意信息是否陈旧。

（4）电子媒体收集法。

电子媒体指电话、网络、电视、广播等媒体。电子媒体收集信息的作用越来越重要了，通过电子媒体收集信息有许多优点，如传播速度快，可以及时获取最新信息；传播范围广，可以毫不费力地收集到各个国家的重要信息；表现力生动，网络、电视媒体，可以提供声音、图像、文件，提供真实的现场情景，尤其是网络储存的信息相当丰富。

（5）观察法。

观察法就是指调查者亲临调查现场收集事物情景动态信息。观察法可以补充以上几种方法的不足。通过亲自观察得到最为真实可靠的信息。但是这种方法也有局限性，例如受交通条件限制有些现场不能亲自去观察，受观察者自身条件限制，观察难免不全面，也难免受主观意识的影响而带有偏见。

（6）实验法。

实验法即对调研内容进行现场实验的方法。如商务活动的方式运转，商品试销、试购，谈判模拟等方法来收集事物动态信息。实验法比观察法又进一步，可以发现一些在静态时不易发觉的新信息。

3．背景调查的原则

（1）可靠性。

收集的信息要力求真实可靠，要选用经过验证的结论、经过审核的数据和经过确认的事实。不要满足一种方法收集信息，应采用几种方法，从不同角度来反映客观事实，不要凭主观判断做出结论。如果收集的信息不可靠甚至是错误的，就会给谈判工作埋下隐患，造成不可估量的损失。

（2）全面性。

背景调查的资料力求全面系统，应该从整体上反映事物的本质，不能仅仅依靠支离破碎的信息来评估某些事物。尤其对一些重要信息，如经济环境、市场状况、商品销售情况、谈判对手的实力和商誉情况，在时间上和空间上都会存在差异，只有将调查工作做得更全面一些，才能保证所获得信息的完整准确性。

（3）可比性。

调查资料要具备可比性。一方面可以横向比较，针对同一问题收集多个资料，就可以在比较中得出正确的结论；另一方面可以纵向比较，例如市场行情、产品销售状况、企业商誉情况等，有了不同时期的资料，就可以通过事物的过去分析其现在和未来的发展趋势，找出事物发展的规律性。

（4）针对性。

背景调查工作是一项内容繁杂的工作，需要耗费大量的精力和时间，短时间内不可能把所有的背景都调查清楚。要将与谈判有最密切联系的资料作为重点调查内容，要将最急需了解的问题作为优先调查内容，这样才能提高调查工作效率，争取时间，占据主动。

（5）长期性。

背景调查既是谈判前的一项准备工作，又是企业的一项长期任务。在企业经营管理工作中重视信息的作用，建立完善的信息收集网络，不间断地将各种重要信息随时进行收集存档，就可以为企业的经营、商务谈判不失时机地提供各种决策依据。如果平时不重视信息收集工作，事到临头匆匆忙忙搞调查，就很难保证调查工作的周密和完善。从这个角度来看，背景调查工作不仅仅是谈判人员的临时任务，而应该是企业各方面都要承担的长期任务。

4．资料的加工整理

① 要将收集的资料进行鉴别和分析，剔除某些不真实的信息、某些不能有足够证据证明的信息、某些带有较多主观臆断色彩的信息，保存那些可靠的、有可比性的信息，避免造成错误的判断和决策。

② 要在已经证明资料可靠性的基础上将资料进行归纳和分类。将原始资料按时间顺序、问题性质、反映问题角度等分门别类地排列成序，以便于更明确地反映问题的各个侧面和整体面貌。

③ 将整理好的资料做认真的研究分析，从表面的现象探求其内在本质，由此问题推理到彼问题，由感性认识上升到理性认识，然后提出有重要意义的问题。

④ 将提出的问题作出正确的判断和结论，并对谈判决策提出有指导意义的意见，供企业领导和谈判人员参考。

⑤ 写出背景调查报告。调查报告是调查工作的最终成果，对谈判有直接的指导作用。调查报告要有充足的事实、准确的数据，还要有对谈判工作起指导作用的初步结论。

3.2　商务谈判的组织准备

知识经济时代是一个人才主权时代。一个国家的国际地位，一个企业的市场竞争力，关键在人才。由于商务谈判的本质是人际关系的一种特殊表现，所以在商务谈判活动中，人的重要性更为凸显。现代企业如果想在谈判上掌握主动权，就必须关注谈判队伍的建设。

3.2.1　谈判组织的构成

1．谈判人员配备

配备各类精通本专业的人员组成一个素质过硬、知识全面、配合默契的谈判队伍。每一个谈判人员不仅精通自己专业的知识，对其他领域的知识也比较熟悉，这样才能彼此密切配合，如商务人员懂得一些法律、金融方面的知识；法律人员懂得一些技术方面的知识；技术人员懂得商务和贸易方面的知识等。

（1）谈判队伍的领导人。

负责整个谈判工作，领导谈判队伍，有领导权和决策权。有时谈判领导人也是主谈人。

（2）商务人员。

由熟悉商业贸易、市场行情、价格形势的贸易专家担任，负责商务贸易的对外联络工作。

（3）技术人员。由熟悉生产技术、产品标准和科技发展动态的工程师担任，在谈判中负责对有关生产技术、产品性能、质量标准、产品验收、技术服务等问题的谈判，也可为商务谈判中价格决策作技术顾问。

（4）财务人员。

由熟悉财务会计业务和金融知识，具有较强的财务核算能力的财会人员担任。主要职责是对谈判中的价格核算、支付条件、支付方式、结算货币等与财务相关的问题把关。

（5）法律人员。

精通适用经济贸易的各种法律条款，以及法律执行事宜的专职律师、法律顾问或本企业熟悉法律的人员担任。职责是做好合同条款的合法性、完整性、严谨性的把关工作，也负责涉及法律方面的谈判。

（6）翻译。

由精通外语、熟悉业务的专职或兼职翻译担任，主要负责口头与文字翻译工作，沟通双方意图，配合谈判运用语言策略，在涉外商务谈判中翻译的水平将直接影响谈判双方的有效沟通和磋商。

除了以上几类人员之外，还可配备其他一些辅助人员，但是人员数量要适当，要与谈判规模、谈判内容相适应，尽量避免设置不必要的人员。

2.谈判人员的分工与配合

谈判人员的分工是指每一个谈判人员都有明确的分工，都有自己适当的角色，各司其职。谈判人员的配合是指谈判人员之间思路、语言、策略的互相协调，步调一致，要确定各类人员之间的主从关系、呼应关系和配合关系。

（1）主谈与辅谈的分工与配合。

所谓主谈是指在谈判的某一阶段，或针对某些方面议题的主要发言人，或称谈判首席代表；除主谈以外的小组其他成员处于辅助配合的位置上，称为辅谈或陪谈。

主谈是谈判工作能否达到预期目标的关键性人物，其主要职责是将已确定的谈判目标和谈判策略在谈判中得以实现。主谈的地位和作用对其提出了较高的要求：深刻理解各项方针政策和法律规范，深刻理解本企业的战略目标和商贸策略，具备熟练的专业技术知识和较广泛的相关知识，有较丰富的商务谈判经验，思维敏捷，善于分析和决断，有较强的表达能力和驾驭谈判进程能力。有权威气度和大将胸怀，并能与谈判队伍中的其他成员团结协作，默契配合，统领谈判队伍共同为实现谈判目标而努力。

主谈必须与辅谈密切配合才能真正发挥主谈的作用。在谈判中己方一切重要的观点和意见都应主要由主谈表达，尤其是一些关键的评价和结论更得由主谈表述，辅谈决不能随意发表个人观点或与主谈不一致的结论。辅谈要配合主谈起到参谋和支持的作用。例如，在主谈发言时，自始至终都应得到辅谈的支持。这可以通过口头语言或肢体语言做出赞同的表示，并随时拿出相关证据证明主谈观点的正确性。当对方集中火力，多人多角度刁难主谈时，辅谈要善于让主谈摆脱困境，从不同角度反驳对方的攻击，加强主谈的谈判实力。当涉及辅谈所熟知的专业问题时，辅谈应给予主谈更详尽、更充足的证据支持。例如进行合同技术条款谈判时，专业技术人员和法律人员应从技术的角度和法律的角度对谈判问题进行论证，给予主谈有力的支持。当然在谈判合同的商务条款时，有关商务条件的提出和对方条件的接受与否都应以商务主谈为主。主谈与辅谈的身份、地位、职能不能发生角色越位，否则谈判就会因为己方乱了阵脚而陷于被动。

（2）"台前"和"台后"的分工与配合。

在比较复杂的谈判中，为了提高谈判的效果，可组织"台前"和"台后"两套班子。台前人员是直接在谈判桌上谈判的人员，台后人员是不直接与对方面对面地谈判，而是为台前谈判人员出谋划策或准备各种必需的资料和证据的人员。一种台后人员是负责该项谈判业务的主管领导，可以指导和监督台前人员按既定目标和准则行事，维护企业利益。也可以是台前人员的幕后操纵者，台前人员在大的原则和总体目标上接受台后班子的指挥，敲定谈判成交时也必须征得台后人员认可，但是台前人员在谈判过程中仍然具有随机应变的战术权力。另一种台后人员是具有专业水平的各种参谋，如法律专家、贸易专家、技术专家等，他们主要起参谋职能，向台前人员提供专业方面的参谋建议，台前人员有权对其意见进行取舍或选择。当然台后人员不能过多、过滥，也不能过多地干预台前人员，要充分发挥台前人员的职责权力和主观能动性，及时地、创造性地处理好一些问题，争取实现谈判目标。

3.2.2 谈判组织的管理

要使谈判取得成功，不仅要组建一个优秀的谈判组织，还要通过有效的管理，使谈判组织提高谈判力，使整个组织朝着正确的方向有效地工作，实现谈判的最终目标。谈判组织的管理包括谈判组织负责人对谈判组织的直接管理和高层领导对谈判过程的宏观管理。

1. 谈判组织负责人对谈判组织的管理

（1）谈判组织负责人的挑选和要求。

谈判组织负责人应当根据谈判的具体内容和参与谈判人员的数量和级别，从企业内部的有关部门中挑选，可以是某一个部门的主管，也可以是企业的最高领导。谈判组织负责人并不一定是己方主谈人员，但他是直接领导和管理谈判队伍的人。在选择组织负责人时要考虑以下几点：

① 具备较全面的知识。谈判负责人本身除应具有较高的思想政治素质和业务素质之外，还必须掌握整个谈判涉及的多方面知识。只有这样才能针对谈判中出现的问题提出正确的见解，制订正确的策略，使谈判朝着正确的方向发展。

② 具备果断的决策能力。当谈判遇到机遇或是遇到障碍时，能够敏锐地利用机遇，解决问题，做出果断的判断和正确的决策。

③ 具备较强的管理能力。谈判负责人必须具备授权能力、用人能力、协调能力、激励能力、总结能力，使谈判队伍成为具备高度凝聚力和战斗力的集体。

④ 具备一定的地位。谈判负责人要具备权威性，有较大的权力，如决策权、用人权、否决权、签字权等；要有丰富的管理经验和领导威信，能胜任对谈判队伍的管理。谈判负责人一般由高层管理人员或某方面的专家担任，最好与对方谈判负责人具有相对应的地位。

（2）谈判组织负责人的管理职责。

① 负责挑选谈判人员，组建谈判队伍，并就谈判过程中的人员变动与上层领导取得协调。

② 管理谈判队伍，协调谈判队伍各成员的心理状态和精神状态，处理好成员间的人际关系，增强队伍凝聚力，团结一致，共同努力，实现谈判目标。

③ 领导制订谈判执行计划，确定谈判各阶段目标和战略策略，并根据谈判过程中的实际情况灵活调整。

④ 主管己方谈判策略的实施，对具体的让步时间、幅度，谈判节奏的掌握，决策的时机和方案做出决策安排。

⑤ 负责向上级或者有关的利益各方汇报谈判进展情况，获得上级的指示，贯彻执行上

级的决策方案，圆满完成谈判使命。

2．高层领导对谈判过程的宏观管理

（1）确定谈判的基本方针和要求。

在谈判开始前，高层领导应向谈判负责人和其他人员指出明确的谈判方针和要求，使谈判人员有明确的方向和目标。必须使谈判人员明确这次谈判的使命和责任是什么，谈判的成功或失败将会给企业带来怎样的影响，谈判的必达目标是什么，满意目标是什么，谈判的期限是什么，谈判中哪些是可以由谈判人员根据实际情况自行裁决，权限范围有多大，哪些问题必须请示上级才可以决定。每个谈判者对以上诸问题要做到心中有数、目标明确。

（2）在谈判过程中对谈判人员进行指导和调控。

高层领导应与谈判人员保持密切联系，随时给予谈判人员指导和调控。谈判内外的情况在不断发展变化。谈判桌上有些重要决策需要高层领导批准；有时外部形势发生变化，企业决策有重大调整，高层领导要给予谈判人员及时指导或建议，发挥出指挥谈判队伍的作用。一般来说，在遇到下述情况时，就有关问题与谈判人员进行联系是十分必要的。

① 谈判桌上出现重大变化，与预料的情况差异很大，交易条件变化已超出授权范围时，需要高层领导做出策略调整，确定新的目标和策略。

② 企业本部或谈判人员获得某些重要的新信息，需要对谈判目标、策略做重大调整时，高层领导应及时根据新信息做出决策，授权谈判班子执行。

③ 谈判人员发生变动时，尤其是主谈发生变动时，要任命新的主谈，并明确调整后的分工职责。

（3）关键时刻适当干预谈判。当谈判陷入僵局时，高层领导可以主动出面干预，可以会见谈判对方高层领导或谈判人员，表达友好合作意愿，调解矛盾，创造条件使谈判走出僵局，顺利实现理想目标。

3.3 商务谈判计划的制订

谈判计划的制订对谈判起着举足轻重的作用,制订周密细致的谈判计划是保证谈判顺利进行的必要条件。

3.3.1 商务谈判计划的要求

1．商务谈判计划的合理性

商务谈判计划要有一定的合理性，必须建立在周密细致的调查和准确科学分析的基础上，真正体现出企业的根本利益和发展战略，并能对谈判人员起到纲领性的指导作用。但是谈判计划的合理性要体现在以下几方面。

（1）"合理"只能是相对合理，而不能做到绝对合理。现实中任何一个可行方案都难以达到绝对合理的要求。这是由于制订计划前所掌握的资料和各类信息不可能绝对准确和全面，对社会环境、经济环境、谈判对手的评价和预测不可能绝对正确，谈判过程中会发生偶然因素的影响，会出现意外的变化，谈判人员的思想水平、认识能力都有一定的局限性。所以很难制订出一个绝对合理的谈判计划，所谓谈判计划的合理性只能是一个相对概念。

（2）"合理"是一个应从理性角度把握的概念。任何谈判都不可能追求十全十美，也不容易达到最满意的目标。幻想没有任何妥协和让步而获得全盘胜利是不现实的。谈判不能以最理想的方案为目标，而只能以比较令人满意的目标作为评估标准。如果符合国家的大政方针，符合企业的根本利益，有利企业的长远合作和发展，满足谈判实践的要求，能够在确保可接受的最低限度的基础上，实现期待目标值，这就是一个合理的计划。

（3）"合理"是谈判双方都能接受的合理。谈判计划虽然是己方人员制订的计划，但是这个计划应该在和对方进行过多次接触和交流后，双方在一些关键性问题达成共识后制订的，因此计划的合理性已经渗入对方的意愿。而且计划目标能否实现，谈判策略能否奏效，让步幅度是否合适等，这些必须受到对方态度的影响。只顾己方利益和条件不考虑对方各种因素，那么这个计划的合理性是没有可靠保证的。

2．商务谈判计划的实用性

商务谈判计划内容力求简明、具体、清楚，要尽量使谈判人员很容易记住其主要内容和基本原则。谈判计划中涉及的概念、原则、方法、数字、目标一定要明确，不要因为概念含糊不清而导致理解上的混乱。计划的内容还要做到具体，不能过于空泛和抽象，不要有过多的夸张、描绘、情感语言，内容具体才便于在谈判中操作运用。

3．商务谈判计划的灵活性

谈判过程中各种情况都可能发生突然变化，要使谈判人员在复杂多变的形势中取得比较理想的结果，就必须使谈判计划具有一定的灵活性。谈判人员在不违背根本原则的情况下，根据情况的变化，在权限允许的范围内灵活处理有关问题，取得较为有利的谈判结果。谈判计划的灵活性表现在谈判目标有几个可供选择的目标；策略方案根据实际情况可选择某一种方案；指标有上下浮动的余地，还要把可能发生的情况考虑在计划中，如果情况变动较大，原计划不适合，可以实施第二套备用计划。

3.3.2　商务谈判计划的内容

商务谈判计划的内容主要包括谈判目标、谈判策略、谈判议程以及谈判人员的分工职责、谈判地点等。其中，比较重要的是谈判目标的确定、谈判策略的布置和谈判议程的安排等内容。

1．谈判目标的确定

谈判目标是指谈判要达到的具体目标，是指明谈判的方向和要达到的目的和企业对本次谈判的期望水平。商务谈判的目标主要是以满意的条件达成一笔交易，确定正确的谈判目标是保证谈判成功的基础。

谈判的目标可以分为3个层次：

（1）最低限度目标。最低限度目标是在谈判中对己方而言毫无退让余地，必须达到的最基本的目标。对己方而言，宁愿谈判破裂，放弃商贸合作项目，也不愿接受比最低限度目标更低的条件。因此，也可以说最低限度目标是谈判人员必须坚守的最后一道防线。

（2）可以接受的目标。可以接受的目标是谈判人员根据各种主观、客观因素，经过对谈判对手的全面评估，对企业利益的全面考虑、科学论证后所确定的目标。这个目标是一个区间或范围，己方可努力争取或作出让步的范围，谈判中的讨价还价就是在争取实现可接受的目标，所以可接受目标的实现，往往意味着谈判取得成功。

（3）最高期望目标。最高期望目标是对己方最有利的一种理想目标，实现这个目标，将最大化地满足己方利益。当然己方的最高期望目标可能是对方最不愿接受的条件，因此很难得到实现。但是确立最高期望目标是很有必要的，它激励谈判人员尽最大努力去实现高期望目标，也可以很清楚地评价出谈判最终结果与最高期望目标存在多大差距。在谈判开始时，以最高期望目标作为报价起点，有利于在讨价还价中使己方处于主动地位。

谈判目标的确定是一个非常关键的工作。首先，不能盲目乐观地将全部精力放在争取最高期望目标上，而很少考虑谈判过程中会出现的种种困难，造成束手无策的被动局面。谈判目标要有一点弹性，定出上、中、下的谈判目标，再根据谈判实际情况调整目标。其次，所谓最高期望目标不仅有一个，可能同时有几个目标，在这种情况下就要将各个目标进行排队，抓住最重要的目标努力实现，而其他次要目标可以让步，降低要求。最后，己方最低限度目标要严格保密，除参加谈判的己方人员之外，绝对不可透露给谈判对手，这是商业机密。如果一旦疏忽大意透露出己方最低限度目标，就会使对方主动出击，使己方陷于被动。

2．谈判策略的部署

谈判目标明确后，就要拟定实现这些目标所采取的基本途径和策略。谈判策略包括多种策略，如开局策略、报价策略、磋商策略、成交策略、让步策略、打破僵局策略、语言策略等，要根据谈判过程可能出现的情况，事先有所准备，心中有数，在谈判中灵活运用。

3．谈判议程的安排

谈判议程的安排对谈判双方都非常重要，安排谈判议程本身就是一种谈判策略，必须高度重视这项工作。谈判议程一般要说明谈判时间的安排和谈判议题的确定。谈判议程可由一方准备，也可双方协商确定。谈判议程包括通则议程和细则议程，前者由谈判双方共同使用，后者供己方使用。

（1）时间安排。时间安排即确定谈判在什么时间举行、多长时间、各个阶段时间如何分配、议题出现的时间顺序等。谈判时间的安排是谈判议程中的重要环节。如果时间安排得很仓促，准备不充分，匆忙上阵，心浮气躁，很难沉着冷静地在谈判中实施各种策略；如果时间安排得很拖拉，不仅会耗费大量的时间和精力，而且随着时间的推延，各种环境因素都会发生变化，还可能会错过一些重要的机遇。从"时间就是金钱，效益就是生命"观点来看，精心安排好谈判时间是很必要的。

① 在确定何时开始谈判、谈判计划多长时间结束时要考虑以下几个因素：

● 谈判准备的程度。如果已经做好参加谈判的充分准备，谈判时间安排得越早越好，而且也不怕马拉松式的长时间谈判；如果没有做好充分准备，不宜匆匆忙忙开始谈判。

● 谈判人员的身体和情绪状况。如果参加谈判的人员多为中年以上的人，要考虑他们的身体状况能否适应较长时间的谈判。如果身体状况不允许，可以将一项长时间谈判分割成几个较短的时间段来谈判。

● 市场形势的紧迫程度。如果所谈项目与市场形势密切相关，瞬息万变的市场形势不允许长时间的谈判。

● 谈判议题的需要。对于多项议题的大型谈判，不可能在短时间内解决问题，所需的时间相对会长一些；对于单项议题的小型谈判，则力争在较短时间内达成一致。

② 谈判过程中时间的安排要讲策略。

● 对于主要的议题或争执较大的焦点问题，最好安排在总谈判时间的五分之三时提出来，这样既经过一定程度的交换意见，有一定的基础，又不会拖得太晚而显得仓促。

● 合理安排好己方各谈判人员发言的顺序和时间，尤其是关键人物、关键问题的提出应选择在最成熟的时机，当然也要给对方人员足够的时间来表达意向和提出问题。

● 对于不太重要的议题、容易达成一致的议题可以放在谈判的开始阶段或结束阶段，把大部分时间用在关键性问题的磋商上。

● 己方的具体谈判期限要在谈判开始前保密，如果对方摸清己方的谈判期限，就会在时间上用各种方法拖延，待到谈判期限快要临近时才开始谈正题，迫使己方为急于结束谈判而匆忙接受不理想的结果。

（2）确定谈判议题。谈判议题就是谈判双方提出和讨论的各种问题。确定谈判议题先要明确己方要提出哪些问题，要讨论哪些问题。要把所有问题全盘进行比较和分析：哪些问题是主要议题，列入重点讨论范围；哪些问题是非重点问题；哪些问题可以忽略。这些问题之间是什么关系，在逻辑上有什么联系；还要预测对方可能提出哪些问题，哪些问题是己方必须认真对待、全力以赴去解决的；哪些问题是可以根据情况做出让步；哪些问题是可以不予以讨论的。

（3）通则议程与细则议程的内容。

① 通则议程：通则议程是谈判双方共同遵照使用的日程安排，一般要经过双方协商同意后方能正式生效。在通则议程中，通常应确定以下一些内容：

● 谈判总体时间及各分阶段时间的安排。

● 双方谈判讨论的中心议题，尤其是第一阶段谈判的安排。

● 列入谈判范围的各种问题，问题讨论的顺序。

● 谈判中各种人员的安排。

● 谈判地点及招待事宜。

② 细则议程：细则议程是对己方参加谈判的策略的具体安排只供己方人员使用，具有保密性。其内容一般包括以下几个方面：

● 谈判中的统一口径，如发言的观点、文件资料的说明等。

● 对谈判过程中可能出现的各种情况的对策安排。

● 己方发言的策略，如何时提出问题，提什么问题，向何人提问，谁来提问，谁来补充，谁来回答对方问题，谁来反驳对方提问以及什么情况下要求暂时停止谈判等。

● 谈判人员更换的预先安排。

● 己方谈判时间的策略安排，谈判时间期限。

4．商务谈判地点的选定

商务谈判地点的选定一般有 3 种情况：一是在己方国家或公司所在地谈判；二是在对方所在国家或公司所在地谈判；三是在谈判双方之外的国家或地点谈判。在不同地点谈判均有其各自的优点和缺点，需要谈判人员充分利用地点的优势，克服地点的劣势，变不利为有利，变有利为促使谈判成功的因素。

（1）在己方地点谈判。

① 对己方的有利因素。

● 谈判人员在家门口谈判有较好的心理态势，自信心比较强。

● 己方谈判人员不需要耗费精力去适应新的地理环境、社会环境和人际关系，从而可以把精力更集中地用于谈判。

● 可以选择己方较为熟悉的谈判场所进行谈判，按照自身的文化习惯和喜好布置谈判场所。

● 作为东道主，可以通过安排谈判之余的活动来主动掌握谈判进程，并且从文化上、心理上对对方施加潜移默化的影响。

● "台前"人员与"台后"人员的沟通联系比较方便，谈判队伍可以非常便捷地随时与高层领导联络，获取所需资料和指示，谈判人员心理压力相对比较小。

● 谈判人员免去车马劳顿，以逸待劳，可以以饱满的精神和充沛的体力去参加谈判。

● 可以节省去外地谈判的差旅费用和旅途时间，提高经济效益。

② 对己方的不利因素。

● 不易与公司的工作彻底脱钩，经常会由于公司的其他事务需要解决而干扰谈判人员，分散谈判人员的注意力。

● 由于离高层领导近，联系方便，谈判人员会产生依赖心理，对一些问题不能自主决断而频繁地请示领导，会造成谈判中失误和被动。

● 己方作为东道主要负责安排谈判会场以及谈判中的各种事宜，要负责对客方人员的接待工作，安排宴请、游览等活动，所以谈判成本较大。

（2）在对方地点谈判。

① 对己方的有利因素。

● 己方谈判人员可以全身心地投入谈判，避免主场谈判时来自工作单位和家庭事务等方面的干扰。

● 在高层领导规定的范围内，更有利于发挥谈判人员的主观能动性，减少谈判人员的依赖性。

● 可以实地考察对方公司的情况，获取直接的信息资料。

● 己方省却了作为东道主所必须承担的招待宾客、布置场所、安排活动等项事务。

② 对己方的不利因素。

● 由于与公司相距遥远，某些信息的传递、资料的获取比较困难，某些重要问题不易与高层领导及时磋商。

● 谈判人员对当地的环境、气候、风俗、饮食等方面会出现不适应，再加上旅途劳累、时差不适应等因素，会使谈判人员的身体状况受到不利影响。

● 在谈判场所的安排、谈判日程的安排等方面处于被动地位，己方也要防止对方过多安排旅游景点等活动而消磨谈判人员的精力和时间。

（3）在双方地点之外的第三地谈判。

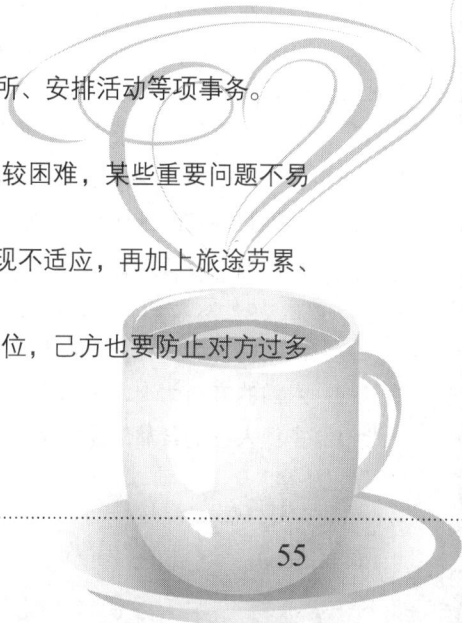

① 对双方的有利因素。在第三地谈判，对双方来讲是平等的，不存在偏向，双方均无东道主优势，也无作客他乡的劣势，策略运用的条件相当。

② 对双方的不利因素。

- 双方首先要为谈判地点的确定而谈判，地点的确定要使双方都满意也不是一件容易的事，在这方面要花费不少时间和精力。
- 第三地点谈判通常被相互关系不融洽、信任程度不高的谈判双方所选用。

（4）在双方所在地交叉谈判。

有些多轮谈判可以采用在双方所在地轮流交叉谈判的办法。这样的好处是对双方都是公平的，也可以各自考察对方的实际情况，各自都担当东道主和客人的角色，对增进双方相互了解，融洽感情是有好处的。

5．商务谈判场景的布置。

（1）商务谈判场所的选择。商务谈判场所的选择应该满足以下几方面要求：

- 谈判室所在地的交通、通信方便。
- 环境优美安静，避免外界干扰。
- 生活设施良好，使双方在谈判中不会感觉到不方便、不舒服。
- 医疗卫生、安保条件良好，使双方能精力充沛、安心地参加谈判。
- 作为东道主应当尽量征求客方人员的意见，达到客方的满意。

（2）商务谈判场所的布置。较为正规的谈判场所可以有3类房间：一是主谈室，二是密谈室，三是休息室。

- 主谈室的布置。主谈室应当宽大舒适，光线充足，色调柔和，空气流通，温度适宜，使双方能心情愉快、精神饱满地参加谈判。谈判桌居于房间中间。主谈室一般不宜装电话，以免干扰谈判进程，泄露有关的秘密。主谈室也不要安装录音设备，录音设备对谈判双方都会产生心理压力，难以畅所欲言，影响谈判的正常进行。如果双方协商需要录音，也可配备。
- 密谈室的布置。密谈室是供谈判双方内部协商机密问题单独使用的房间。最好靠近主谈室，有较好的隔音性能，室内配备黑板、桌子、笔记本等物品，窗户上要有窗帘，光线不宜太亮。作为东道主，绝不允许在密谈室安装微型录音设备偷录对方的密谈信息。作为客户在外地对方场所谈判，使用密谈室时一定要提高警惕。
- 休息室的布置。休息室是供谈判双方在紧张的谈判间隙休息用的，休息室应该布置得轻松、舒适，以便能使双方放松一下紧张的神经。室内最好布置一些鲜花，放一些轻柔的音乐，准备一些茶点，以便于调节心情，舒缓气氛。

（3）谈判双方座位的安排。谈判双方座位的安排对谈判气氛，对内部人员之间的交流，对谈判双方的工作都有重要的影响。谈判座位的安排也要遵循国际惯例，讲究礼节。通常可安排两种方式就座。

- 双方各居谈判桌的一边，相对而坐。谈判桌一般采用长方形条桌。按照国际惯例，以正门为准，主人应坐背门一侧，客人则面向正门而坐；若谈判桌窄的一端面向正门，则以入门的方向为准，右边坐客方人员，左边坐主方人员。主谈或负责人居中而坐，翻译安排在主谈人右侧紧靠的座位上，其他人员依职位或分工分两侧就座。

这种座位安排方法适用于比较正规、比较严肃的谈判。好处是双方相对而坐，中间有桌子相隔，有利于己方信息的保密，一方谈判人员相互接近，便于商谈和交流意见，也可形成心理上的安全感和凝聚力。不利之处在于人为地造成双方对立，容易形成紧张、呆滞的谈判气氛，对融洽双方关系有不利的影响，需要运用语言、表情等手段缓和这种紧张对立气氛。

● 双方人员混杂交叉就座。可用圆形桌或不用桌子，对方在围成一圈的沙发上混合就座。这种就座方式适合于双方比较了解、关系比较融洽的谈判。好处是双方不表现为对立的两个阵营，有利融洽关系，活跃谈判气氛，减轻心理对立情绪。不利之处是双方人员被分开，每个成员有一种被分割被孤立的感觉。同时也不利于己方谈判人员之间协商问题和资料保密。

总之，谈判场景的选择和布置要服从谈判的需要，要根据谈判的性质、特点，根据双方之间的关系、谈判策略的要求而决定。

**小结**

"知己知彼，百战不殆"，商务谈判不是战争，但是作为一个谈判人员要在谈判中能够占据主动，必须对谈判双方作深入的调查，才能够获得预期的利益。

商务谈判背景调查的内容：①对谈判环境因素的分析；②对谈判对手的调查；③对谈判者自身的了解。

谈判人员应该配备：①谈判队伍领导人；②商务人员；③技术人员；④财务人员；⑤法律人员；⑥翻译。

商务谈判计划的内容：①谈判目标的确定；②谈判策略的部署；③谈判议程的安排；④谈判地点的选择；⑤谈判场景的安排。

谈判目标可分为最低限度目标、可以接受的目标和最高期望目标 3 个层次。

第三部分　课题实践页

（一）简答题

1. 商务谈判信息搜集的途径有哪些？
2. 制订谈判目标有什么作用？

（二）选择题

1. 谈判准备过程中必须进行的情况分析有（　　　）。

A. 自身分析，市场分析　　　　　　B. 自身分析，对手分析
C. 市场分析，环境分析　　　　　　D. 环境分析，对手分析

2. 国际商务谈判人员的知识面涉及（　　　）等方面。

A. 金融、贸易、工程、技术、机械　　B. 语言、文字、法律、技术、交通
C. 金融、贸易、财务、法律、心理　　D. 银行、交通、技术、财务、心理

3. 对谈判环境的调查分析中，经济运行机制属于（　　　）因素。

A. 商业习惯　　　B. 政治状况　　　C. 财政金融状况　　　D. 社会习俗

4. 国际商务谈判中政治因素有（　　）。

A. 政局稳定性　　　　　　　　B. 经济运行机制

C. 国家对企业的管理程度　　　D. 政策背景

5. 谈判对手的资料搜集主要有（　　）。

A. 对手资信情况　　　　　　　B. 谈判双方实力

C. 对手的谈判期限　　　　　　D. 贸易客商类型

6. 制订谈判方案的基本要求有（　　）。

A. 简明扼要　　　B. 具体　　　C. 灵活　　　D. 抽象

7. 谈判准备阶段的工作有（　　）。

A. 收集信息　　　　　　　　　B. 询盘

C. 制订谈判方案　　　　　　　D. 模拟谈判　　　E. 发盘

8. 选择自己所在单位作为谈判地点的优势有（　　）。

A. 便于侦察对方　　　　　　　B. 容易寻找借口

C. 易向上级请示汇报　　　　　D. 方便查找资料与信息

E. 便于专心谈判

（三）分析题

1. 假设你是一家公司的营销经理，正和两位旅游代办人谈判，你已告诉他们公司将要订60人的床位，费用限度也告诉了他们。但你还希望得到一些额外服务，如免费观光旅行，飞机上和旅馆中增加席位等，在对方并没有做出任何承诺的情况下，你将怎样处理？

（1）首先向对方提出你的最高要求。

（2）首先向对方提出你的最低要求。

（3）把你的要求全盘托出，让对方去区别处理。

（4）说出来就行，怎么提问都无所谓。

解析：

2.　假设你是那位期望与上述公司做生意的旅游代办人。公司方面已经向你提出了他们的要求。你应该怎样处理?

（1）如果对方把生意给你做,你就答应他们的要求。

（2）先设法弄清对方的所有条件。

（3）把你的全部条件向对方全盘托出。

（4）告诉对方事情没有谈判的余地。

解析:

课题四　商务谈判开局

技 能 目 标	知 识 目 标	建 议 学 时
➤　掌握开局阶段的主要任务	（1）能够进行具体问题的说明 （2）能够建立适当的谈判气氛 （3）能够进行开场陈述 （4）能够做出谈判角色定位 （5）能够开好预备会议	2
➤　了解开局阶段气氛的营造	（1）了解影响开局气氛的因素 （2）分析谈判气氛的类型 （3）掌握开局气氛的作用 （4）能够营造合适的开局气氛	2
➤　熟练应用商务谈判开局策略	（1）能够掌握保留式开局策略的运用 （2）能够掌握一致式开局策略的运用 （3）能够掌握坦诚式开局策略的运用 （4）能够掌握进攻式开局策略的运用 （5）能够掌握挑剔式开局策略的运用	2

第一部分　案例与讨论

案例　独一无二的姓氏

美国某公司承包了一项建筑工程——在一个特定的日子之前，在费城建一座庞大的办公大厦。开始计划进行得很顺利，不料在接近完工阶段，负责供应内部装饰用的铜器承包商突然宣布：他无法如期交货。这样一来，整个工程都要耽搁了！要付巨额罚金！要遭受重大损失！于是，长途电话不断，双方争论不休。一次次交涉都没有结果。这家公司只好派高先生前往纽约。

高先生一走进那位承包商的办公室，就微笑着说："你知道吗？我一下火车就查阅电话簿想找你的地址，结果巧极了，在布洛克林巴，有你这个姓的只有你一个人。"

"我一向不知道。"承包商兴致勃勃地查起电话簿来。"不错，这是一个很不平常的姓。"他有些骄傲地说："我这个家族从荷兰移居纽约，几乎有 200 年了。"他继续谈论他的家族及祖先。当他说完后高先生就称赞他居然拥有一家这么大的工厂，承包商说："这是我花了一生的心血建立起来的一项事业，我为它感到骄傲，你愿不愿到车间里去参观一下？"高先生欣然而往。在参观时，高先生一再称赞他的组织制度健全，机器设备新颖，这位承包商高兴极了。他声称这里有一些机器还是他自己发明的呢！高先生马上又向他请教：那些机器如何操作？工作效率如何？到了中午，承包商坚持要请高先生吃饭。他说："很多客户都需要铜器，但是很少有人像你这样对这一行感兴趣的。"

到此为止，你一定注意高先生一次也没有提起此次访问的真正目的。

吃完午餐，承包商说："现在，我们谈谈正事吧。自然，我知道你这次来的目的。但我没有想到我们的相会竟是如此愉快。你可以带着我的保证回到费城去，我保证你们要的材料如期运到。我这样做会给另一笔生意带来损失，不过我认了。"

高先生轻而易举地获得了他所急需的东西。最终那些器材及时运到，使大厦在契约期限届满的那一天完工了。

案例讨论

（1）高先生采用了什么开局策略？营造了何种开局氛围？

（2）本案例对你有何启示？

第二部分　课题学习引导

4.1　开局阶段的主要任务分析

开局是实质性谈判的第一个阶段。在这一阶段，谈判的双方开始进行初步接触、互相熟悉，并就此次会谈的目标、计划、进度和参加人员等问题进行讨论，在尽量取得一致的基础上就本次谈判的内容分别发表陈述。

开局阶段主要是指谈判双方见面后，相互介绍、寒暄以及就谈判内容以外的话题进行交谈的那段时间和经过。谈判开局是商务谈判的起点，俗话说："万事开头难"，"良好的开端，是成功的一半"。开局的好坏在很大程度上决定着整个谈判的走向和发展趋势。因此，一个良好的开局是谈判成功的基础。这一阶段的主要目标是谈判双方人员互相交流，创造友好合作的谈判气氛，对谈判议程和相关问题达成共识，从而为进入实质性谈判阶段打下基础。为达到以上目标，开局阶段主要有几项基本任务：

（1）具体问题的说明。

（2）营造适当的谈判气氛。

（3）开场陈述。

（4）谈判角色定位。

（5）开好预备会议。

4.1.1　具体问题的说明

所谓具体问题的说明主要包括了谈判的目标、计划、进度、人员的问题，可将其概括

为"4P"。

（1）目标（Purpose）。

说明双方为什么坐在一起，通过谈判要达到什么目的。

（2）计划（Play）。

即会谈的议程安排，如讨论的议题，双方约定共同遵守的规程等。

（3）进度（Pace）。

会谈进行的速度，即日程安排。

（4）人员（Personalities）。

谈判双方对每个成员的正式介绍，包括姓名、职务及在谈判中的作用、地位等。

4.1.2　营造适当的谈判气氛

谈判气氛会影响谈判人员的情绪和行为方式，进而影响到谈判的发展。谈判气氛受多种因素的影响，其中谈判人员对谈判气氛的影响是最直接的。在商务谈判开局阶段，一项重要的任务就是发挥谈判人员的主观能动性，营造良好的谈判开局气氛。谈判开局气氛一般是通过双方相互介绍、寒暄，以及双方接触时的表情、姿态、动作、说话的语气等方面的相互作用而形成的。谈判开局气氛的营造既表达双方谈判者对谈判的期望，也表达出谈判的策略特点，因此也为谈判双方互相摸底提供了重要信息。

1．要塑造良好的第一印象

形成洽谈气氛的关键时间是短暂的不超过几分钟。实际上，从双方走到一起准备洽谈时，洽谈的气氛就已经形成了，而且将会延续下去，以后很难改变。因为这时，热烈或冷漠、合作或猜疑、友好或防范等情绪已经出现了；行动已经表现出不是轻松便是拘谨。

当然，洽谈气氛不仅受最初几秒钟内发生的事情的影响，还受到双方见面之前的预先接触，以及洽谈中的接触的影响。但是，开始见面形成的印象，比之前见面形成的印象强烈得多，甚至会很快取代以前的印象。

有时，在洽谈过程中，气氛会有所发展，甚至恶化。但是，洽谈之初营造的气氛是最重要的，因为这种气氛奠定了洽谈的基础，其后虽然会有变化，但不会明显地朝着积极的方向发展。

2．营造洽谈气氛不能靠故意做作

要建立良好的洽谈气氛，本着诚挚、合作、轻松而又认真的态度，并以平等互利、友好合作作为谈判的基本原则准备谈判。否则，难以想象谈判会出现什么结果。

3．开局阶段应轻松

在开局阶段，最重要的工作就是确立开局的目标。所谓开局的目标，是一种与谈判的终极目标紧密相联又相互区别的初级目标，即应该创造出一种怎样的谈判气氛，使谈判双方能尽快地协调一致。因此，谈判开始时的话题最好是松弛的、非业务性的。比如，双方可以随便聊聊以下内容：

——会谈前各自的经历。如应邀进行的游览、曾经到过的地方、接触过的人等，以及业务外的话题，如足球、冰球、高尔夫球等，甚至（只要不给对方带来不快）早上的新闻摘要。

——私人问候。表现出真正关心他人的情况，不带任何威胁的语调。例如，开始可以这

样说:"您好,"然后谈一些仅限于私人间的话题,如"这个周末我钓鱼去了,我很喜欢钓鱼,你周末是怎么度过的?"

若彼此有过交往的,可以先叙述一下以往的共同经历和取得的成功。

4.1.3 开场陈述

谈判双方各自陈述己方的观点和愿望,并提出倡议,陈述己方对问题的理解,即己方认为谈判应涉及的问题及问题的性质,己方希望取得的利益和谈判的立场。陈述的目的是使对方理解己方的意愿,既要体现一定的原则性,又要体现合作性和灵活性。然后,双方各自提出各种设想和解决问题的方案,并观察双方合作的可靠程度,在符合商业准则的基础上寻求实现双方共同利益的最佳途径。

特别是对以前从未打过交道的谈判双方来说,除了尽力营造良好的谈判气氛外,还有一个非常重要的任务,就是通过对己方情况的介绍将一些有价值的、对己方有利的信息传递给对方,显示自己的实力,达到交流的深入,对双方最终达成协议都有重要意义。

【引例4-1】

A公司是一家实力雄厚的房地产开发公司,在投资的过程中相中了B公司所拥有的一块极具升值潜力的地皮。而B公司正想通过转让这块地皮获得资金,以将其经营范围扩展至国外。于是,双方精选了久经沙场的谈判干将,对土地转让问题展开谈判。

A公司代表:"我公司的情况你们可能也有所了解,我公司是××公司和××公司(均为全国著名的大公司)合资创办的,经济实力雄厚,近年来在房地产开发领域业绩显著。我们去年开发的××花园收益很不错,听说你们的周总也是我们的买主啊。你们市的几家公司正在谋求与我们合作,想把其手里的地皮转让给我们,但我们没有轻易表态。你们这块地皮对我们很有吸引力,我们准备把原有的住户拆迁,开发一片居民小区。前几天,我们公司的业务人员对该地区的住户、企业进行了广泛的调查,基本上没有什么阻力。时间就是金钱啊,我们希望以最快的速度就这个问题达成一致意见。"

B公司代表:"很高兴与你们有合作的机会。我们之间以前虽没有打过交道,但对你们的情况还是有所了解的。我们遍布全国的办事处也有多家住的是你们开发的房子,这可能也是一种缘分吧。我们确实有出卖这块地皮的意思,但我们并不急于脱手,因为除了你们公司外,××、××等一些公司也对这块地皮表示了浓厚的兴趣,正在积极地与我们接洽。当然了,如果你们的条件比较合理,价钱比较合理,我们还是愿意优先与你们合作的,可以帮助你们简化有关手续,使你们的工程能早日开工。"

4.1.4 谈判角色定位

在谈判双方的初次接触中,通过无声信息的传递和有声信息的沟通,彼此会对对方形成各自的印象,如对方的表象认识、言谈举止、着装打扮、习惯等,以及本性推断:是自信还是自卑;是精力旺盛还是疲惫不堪;是轻松愉快还是高度紧张等。精明的谈判人员往往依据这些印象,来确立自己在谈判中的形象,形成自己的角色定位。

例如,一个谈判对手是西方人,他目光直视,握手有力,而且用右手与你握手时,左手还会放在你的肩膀上，说明此人精力充沛（"这个人太精干了——我最好小心一点"）；或者说明他权力欲很强（"这是一种过激的举动，他想控制我"）。那么，你就应该相应地采取"文火慢攻"的方式来确立自己的谈判形象。

同样地，如果对方是一个衣着传统、拖泥带水、时间观念差的人，你则应警惕"他想拖垮你"，必须确定自己的主动攻击性角色，并设法以巧取胜。

因此，在进入真正的谈判之前，谈判人员应做好各个方面周密、细致的工作，注意个人形象，并认真研究分析对方的行为；同时，最重要的是在谈判中以诚待人、行为端庄、谦虚、说话态度诚恳、言之有理、以理服人；平等互利、真诚合作、处事灵活、遇变不惊，始终维护来之不易的良好洽谈氛围和己方在谈判中业已确立的地位。

4.1.5　开好预备会议

在商务谈判中，常常需要在正式谈判前召开预备会议，以确定一些谈判内容以外的双方都关心的共同问题。因此，开好预备会议也是开局阶段的主要任务之一。

预备会议的目的是使双方明确本次谈判的目标以及为此目标共同努力的途径和方法，以便为此后各阶段奠定基础。预备会议的内容一般是双方就谈判目标、计划、进度和人员等内容进行洽商。所谓目标是指本次谈判的任务或目的；计划是指为了谈判目标所设想采取的步骤与措施，其内容包括待讨论的议题以及双方必须遵守的规程；进度是指双方谈判进展的速度或是谈判前预计的谈判速度；人员是指双方谈判小组的单个成员的情况，包括其姓名、职务以及在谈判中的地位与作用等。上述问题必须在进入正题之前就定好。

一般来讲，预备会议是由东道主主持并首先发言，但这并不意味着客方处于被动地位，实际上双方的地位是平等的，且必须依赖相互间的真诚合作，方能开好预备会议。因此，应尽量做到以下几点：

① 在开始开会时，彼此都应使会议有一个轻松的开局。

② 享受均等的发言机会。

③ 要有合作精神，在会议期间应给对方足够的机会发表不同的意见，提出不同的设想。同时，要尽量多提一些使双方意见趋向一致的问题，并可反复重申已取得的一致意见。

④ 提问和陈述要尽量简练。

⑤ 要乐于接受对方的意见。

4.2　开局阶段气氛的营造

谈判气氛是谈判人员之间的相互态度，能够影响谈判人员的心理、情绪和感觉，从而引起相应的反应。因此，谈判气氛对整个谈判过程具有重要的影响，其发展变化直接影响整个谈判的前途。

4.2.1　影响开局气氛的因素

万事开头难，开局形成的第一印象影响着谈判全过程的谈判气氛。良好的气氛一般在谈判开始的瞬间就形成了。商务谈判开局的气氛会受到一些无声和有声因素的影响。

1．无声因素

无声因素主要是指谈判人员的仪表、仪态和各种无言表达出的风度和气质。

（1）服饰因素。

服饰因素指不同的谈判场合由于谈判人员穿着的服饰不同，关系到与整个环境是否匹配，从而影响着谈判的气氛。正如意大利明星索非亚·罗兰所说："你的衣服往往表明你是属于哪一类的人，它们代表着你的个性，一个和你见面的人往往会自觉不自觉地根据你的衣着来判断你。"因此，谈判人员的服饰应该做到美观、大方、整洁。但由于经济状况和文化习俗各异，各国、各地区、各民族的衡量标准也不尽相同，也应视具体情况而定。

人的形象所起的作用，主要是第一印象的作用。这种心理倾向，得到了社会心理学家的科学验证。因此，在谈判的初始阶段，注重自己的衣着打扮，给人以良好的第一印象，是很重要的。

那么，怎样的衣着打扮才有利于谈判的成功呢？

① 要与谈判性质一致。谈判，是一个内涵极为丰富的词汇。如果是正式谈判，谈判人员应当穿得正式些，以表示对这次谈判的重视和充分的准备；如果是非正式谈判，谈判人员的衣着则可轻松些。

② 要与身份一致。谈判人员要根据自己的身份来选择衣着。一个人的穿着超过了自己的社会地位，容易给人做作的感觉。一个人的穿着低于自己的社会地位，往往给人平易近人的感觉。穿着上的原则是趋低不趋高。

③ 要与环境一致。豪华或简朴，高雅或平俗，均要考虑与谈判环境的一致性，即对等性。超越环境氛围的刻意打扮，往往使对手感到你的做作；低于环境氛围的穿着打扮，会使你感到局促不安，甚至自惭形秽、丧失信心。

④ 忌穿全新衣服。有人认为在正式谈判中，穿着新衣服可表现豪华和对对手的敬意。其实却表现出寒酸和怯场。服饰是"自我的延长"，刚买的服饰，一来表现你专为这次谈判而破费的良苦用心，而不是一种日常生活水平的自然表现；二来往往和身体无法产生切贴感，而使你的动作显得笨拙；三来表现你刻意打扮的动机——紧张、拘谨、不安、怯场。最好的做法是把新买的服饰先在家里穿上几天，或经过一次洗涤，使自己和新服装互相协调后再穿入正式谈判场所。谈判场合以穿九成新的服饰为最好。

⑤ 创自我标志。经常出入谈判场所的人，如能把某一种服饰作为自己的标志，那就在服饰打扮上有一劳永逸之功。例如，斯大林的烟斗、阿拉法特的阿拉伯头巾和军服、撒切尔夫人的长裙、芝加哥银行家法森的红色领带。他们的稳定性标志性服饰，表明充分的自信心和风格，同时也节省了变换服饰的时间，还可以避免因变换服饰引起猜想和议论。名人是这样，普通人也是这样。因为普通人也有一个知名圈，只不过普通人的知名圈比名人小而已。

（2）目光因素。

一个人对谈判气氛的形成所产生的影响并非一定表现为明显的言与行。一个眼神，一束目光，一个微小的动作，都可能反映出本质的东西。"眼睛是心灵的窗户"，就是说人的心理变化会通过目光表示出来。那么通过对目光变化的捕捉，就可知晓对方的心理状况。如果谈判人员进入会场时径直、大方，并以开诚布公，善意友好的姿态出现在对方面前，特别是他的目光非常可信、可亲和自信，那么就会向谈判对方传递一种友善的信息。

2．有声因素

有声因素是指谈判双方见面时相互介绍、寒暄、交谈一些题外话时向对方所传递的信息，这也是影响谈判气氛的一个重要方面。谈判双方要建立一个良好的、和谐的气氛，就要注意说话时的语声语调。在交流中尽量使对方感到亲切、自然，这样有助于缩短双方的距离，创造融洽的谈判气氛。

4.2.2　谈判气氛的类型

在商务谈判中，洽谈气氛各具特色，主要表现为以下几种类型：

（1）积极友好、和谐融洽的谈判气氛；

（2）平静、严肃、拘谨的谈判气氛；

（3）松弛、缓慢、旷日持久的谈判气氛。

不同的洽谈气氛对于谈判效果是有一定影响的。某种谈判气氛可以在不知不觉中把谈判朝着某个方向推进。如热烈的、积极的、合作的气氛，会把谈判向达成一致意见的方向推进；而冷淡的、对立的、紧张的气氛则会把谈判推向一个严峻而困难的境地。

4.2.3　开局气氛的营造

谈判双方见面后的短暂接触，对谈判气氛的形成具有关键性的作用。虽然随着双方接触的频繁和谈判不断深入，谈判气氛会产生一定的变化，但它主要还是取决于双方刚一见面时的目光接触、走路姿势、手势、随便的问话及说话的语调等。在谈判的开局阶段，谈判人员应把工作重点放在营造一个和谐的、友好的、轻松的、积极进取的谈判气氛上。

1．礼貌、尊重的气氛

谈判双方在开局阶段要营造出一种尊重对方、彬彬有礼的气氛。在谈判的开局阶段可以有高层领导参加，以示对对方的尊重。谈判人员的服饰仪表要整洁大方，无论是表情、动作还是说话语气都应该表现出尊重、礼貌。不能流露出轻视对方，以势压人的态度，不能以武断、蔑视、指责的语气讲话。使双方能够在文明礼貌、相互尊重的气氛中开始谈判。

2．自然、轻松的气氛

开局初期常被称为"破冰"期。谈判双方抱着各自的立场和目标坐到一起谈判，极易出现冲突和僵持。如果一开局气氛就非常紧张、僵硬，可能会过早地造成情绪激动和对立，使谈判陷入泥坑。过分的紧张和僵硬还会使谈判人员的思维偏激、固执和僵化，不利于细心分析对方的观点，不利于灵活地运用谈判策略。所以，谈判人员在开局阶段首先要营造一种平和、自然、轻松的气氛。例如，随意谈一些轻松话题，松弛一下紧绷着的神经，不要过早与对方发生争论，语气要自然平和，表情要轻松亲切等。

3．友好、合作的气氛

开局阶段要使双方有一种"有缘相知"的感觉，双方都愿意友好合作，都愿意在合作中共同受益。因此谈判双方实质上不是"对手"，而是"伙伴"。基于这一点，营造友好、合作的气氛并不仅仅是出于谈判策略的需要，更重要的是双方长期合作的需要。尽管随着谈判的进行会出现激烈的争辩或者矛盾冲突，但是双方是在友好合作的气氛中去争辩，不是越辩越远，而是越辩越近。因此，要求谈判人员真诚地表达对对方的友好愿望和对合作成功的期望，此外，热情的握手、热烈的掌声、信任的目光、自然的微笑都是营造友好合作气氛的手段。

4．积极进取的气氛

谈判毕竟不是社交沙龙，双方谈判人员都肩负着重要的使命，都要付出巨大的努力去完成各项重要任务，双方都应该在积极进取的气氛中认真工作。谈判人员要准时到达谈判场所，仪表端庄整洁，精力要充沛，充满自信，坐姿要端正，发言要响亮有力，要表现出追求进取、追求效率、追求成功的决心，无论有多大分歧，有多少困难，相信一定会获得双方都满意的结果。谈判就在这样一种积极进取、紧张有序、追求效率的气氛中开始。

4.3 商务谈判的开局策略

任何商务谈判都是在特定的氛围中开始的，因而，谈判开局策略的实施都要在特定的谈判开局气氛中进行，谈判开局的气氛会影响谈判开局策略，与此同时，谈判的开局策略也会反作用于谈判气氛，成为影响或改变谈判气氛的手段。所以，当对方营造了一个不利于己方的谈判开局气氛时，谈判人员可以采用适当的开局策略来改变这种气氛。

4.3.1 商务谈判的开局策略

谈判开局策略是谈判人员谋求谈判开局中有利地位和实现对谈判开局的控制而采取的行动方式或手段。介绍几种典型的、基本的谈判开局策略。

1．一致式开局策略

所谓一致式开局策略，是指在谈判开始时，为使对方对自己产生好感，以协商、肯定的方式，创造或建立起对谈判的"一致"的感觉，从而使谈判双方在友好愉快的气氛中不断将谈判引向深入的一种开局策略。

【引例4-2】

1972年2月，美国总统尼克松访华，中美双方将要展开一场具有重大历史意义的国际谈判。为了创造一种融洽和谐的谈判环境和气氛，中国方面在周恩来总理的亲自领导下，对谈判过程中的各种环境都做了精心而又周密的准备和安排，甚至对宴会上要演奏的中美两国的民间乐曲都进行了精心挑选。在欢迎尼克松一行的国宴上，当军乐队熟练地演奏起由周总理亲自选定的《美丽的亚美利加》时，尼克松总统简直听呆了，他绝没有想到能在中国的北京听到他如此熟悉的乐曲，因为，这是他平生最喜爱的并且指定在他的就职典礼上演奏的家乡乐曲。敬酒时，他特地到乐队前表示感谢。此时，国宴达到了高潮，而一种融洽而热烈的气氛也同时感染了美国客人。一个小小的精心安排，赢得了和谐融洽的谈判气氛，这不能不说是一种高超的谈判艺术。

美国总统杰弗逊曾经针对谈判环境说过这样一句意味深长的话："在不舒适的环境下，人们可能会违背本意，言不由衷。"英国政界领袖欧内斯特·贝文则说："根据他平生参加的各种会谈的经验，在舒适明朗、色彩悦目的房间内举行的会谈，大多比较成功"。

【引例4-3】

日本首相田中角荣在20世纪70年代为恢复中日邦交正常化到达北京，他怀着等待中日最高首脑会谈的紧张心情在迎宾馆休息。迎宾馆内气温舒适，田中角荣的心情也十分舒畅，与随从的陪同人员谈笑风生。他的秘书早饭茂三仔细看了一下房间的温度计，显示是"17.8℃"。这一田中角荣习惯的"17.8℃"使得他心情舒畅，也为谈判的顺利进行创造了条件。

《美丽的亚美利加》乐曲、"17.8℃"的房间温度，都是人们针对特定的谈判对手，为了更好地实现谈判的目标而进行的一致式谈判策略的运用。

一致式开局策略的运用还有一种重要途径，就是在谈判开始时以问询方式或补充方式诱导谈判对手走入你的既定安排，从而在双方间达成一种一致和共识。所谓问询方式，是指将答案设计成问题来询问对方，所谓补充方式，是指借对对方意见的补充，使自己的意见变成对方的意见。

2．保留式开局策略

保留式开局策略是指在谈判开局时，对谈判对手提出的关键性问题不作彻底、确切的回答，而是有所保留，从而给对手造成神秘感，以吸引对手步入谈判。

【引例4-4】

江西省某工艺雕刻厂原是一家濒临倒闭的小厂，经过几年的努力，发展为产值200多万元的规模，产品打入日本市场，战胜了其他国家在日本经营多年的厂家，被誉为"天下第一雕刻"。有一年，日本3家株式会社的老板同一天接踵而至，到该厂定货。其中一家资本雄厚的大商社，要求原价包销该厂的佛坛产品。这应该说是好消息。但该厂想到，这几家原来都是经销韩国和其他地区产品的商社，为什么不约而同地到本厂来定货？他们查阅了日本市场的资料，得出的结论是本厂的木材质量上乘，技艺高超是吸引外商定货的主要原因。于是该厂采用了"待价而沽"、"欲擒故纵"的谈判策略。先不理那家大商社，而是积极抓住两家小商社求货心切的心理，把佛坛的梁、榴、柱分别与其他国家的产品做比较。在此基础上，该厂将产品当金条一样争价钱、论成色，使其价格达到理想的高度。首先与小商社拍板成交，造成那家大客商产生失落货源的危机感。那家大客商不但更急于定货，而且想垄断货源，于是大批定货，以致定货数量超过该厂现有生产能力的好几倍。

该厂谋略成功的关键在于其策略不是盲目的、消极的。首先，该厂产品确实好，而几家客商求货心切，在货比货后让客商折服；其次，是巧于审势布阵。先与小客商谈，并非疏远大客商，而是牵制大客商，促其产生失去货源的危机感。这样定货数量和价格才有大幅增加。

注意在采取保留式开局策略时不要违反商务谈判的道德原则，即以诚信为本，向对方传递的信息可以是模糊信息，但不能是虚假信息。否则，会将自己陷于非常难堪的局面之中。

保留式开局策略适用于低调气氛和自然气氛，而不适用于高调气氛。

3．坦诚式开局策略

坦诚式开局策略是指以开诚布公的方式向谈判对手陈述自己的观点或想法，从而为谈判打开局面。坦诚式开局策略比较适合于有长期的业务合作关系的双方，以往的合作双方比较满意，双方彼此又互相比较了解，不用太多的客套，减少了很多外交辞令，节省了时间，直接坦率地提出自己一方的观点、要求，反而更能使对方对己方产生信任感。

【引例 4-5】

北京某党委书记在同外商谈判时,发现对方对自己的身份持有强烈的戒备心理。这种状态妨碍了谈判的进行。于是,这位党委书记当机立断,站起来向对方说道:"我是党委书记,但也懂经济、搞经济,并且拥有决策权。我们摊子小,实力不大,但人实在,愿真诚与贵方合作。咱们谈得成也好、谈不成也好,至少您这个外来的'洋'先生可以交一个我这样的中国的'土'朋友。"寥寥几句肺腑之言,一下子就打消了对方的疑虑,使谈判顺利地向纵深发展。

坦诚式开局策略可以在各种谈判气氛中应用。这种开局方式通常可以把低调气氛和自然气氛引向高调气氛。

4. 进攻式开局策略

进攻式开局策略是指通过语言或行为来表达己方强硬的姿态,从而获得谈判对手必要的尊重,并借以制造心理优势,使得谈判顺利地进行下去。进攻式开局策略通常只在这种情况下使用,即:发现谈判对手在刻意制造低调气氛,这种气氛对己方的讨价还价十分不利,如果不把这种气氛扭转过来,将损害本方的切实利益。

【引例 4-6】

日本一家著名的汽车公司在美国刚刚"登陆"时,急需找一个美国代理商来为其推销产品,以弥补他们不了解美国市场的缺陷。当日本公司准备同美国的一家公司就此问题进行谈判时,日本公司的谈判代表因路上塞车迟到了。美国公司的代表抓住这件事紧紧不放,想要以此为手段获取更多的优惠条件。日本公司的代表发现无路可退,于是站起来说:"我们十分抱歉耽误了您的时间,但是这绝非我们的本意,我们对美国的交通状况了解不足,所以导致了这个不愉快的结果,希望我们不要再因为这个无所谓的问题耽误宝贵的时间了,如果因为这件事怀疑到我们合作的诚意,那么,我们只好结束这次谈判,我认为,我们所提出的优惠代理条件在美国是不会找不到合作伙伴的。"日本代表的一席话说得美国代理商哑口无言,美国人也不想失去一次赚钱的机会,于是谈判顺利地进行下去了。

进攻式开局策略可以扭转不利于己方的低调气氛,使之走向自然气氛或高调气氛。但是,进攻式开局策略也可能使谈判陷入僵局。

5. 挑剔式开局策略

挑剔式开局策略是指谈判开局阶段,对对手的某项错误或礼仪失误严加指责,使其感到内疚,从而达到营造低调气氛,迫使对手让步的目的。

【引例 4-7】

巴西一家公司到美国去采购成套设备。巴西谈判小组的成员因为上街购物耽误了时间。当他们到达谈判地点时,比预定时间晚了 45 分钟。美方代表对此极为不满,花了很长时间来指责巴西代表不遵守时间,没有信用,并表示如果这样下去的话,以后很多工作很难合作。巴西代表对此感到理亏,只好不停地向美方代表道歉。谈判开始以后美方代表似乎还对巴西代表迟到一事耿耿于怀,弄得巴西代表手足无措,说话处处被动。无心与美方代表讨价还价,对美方代表提出的许多要求也没有静下心来认真考虑,匆匆忙忙就签订了合同。

等到合同签订后,巴西代表平静下来,头脑不再发热时才发现自己吃了大亏,上了美方的当,但已经晚了。

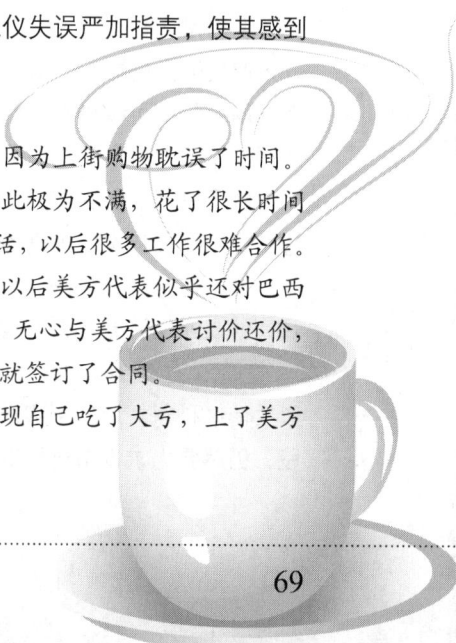

美国代表成功地使用挑剔式开局策略，迫使巴西代表在自觉理亏，来不及认真思考的情况而匆忙签下对美方有利的合同。

4.3.2 策划开局策略应考虑的因素

不同内容和类型的商务谈判，需要有不同的开局策略与技巧与之对应。结合不同的谈判项目，采取恰当的策略与技巧进行开局，需要考虑以下几个因素。

1. 谈判双方之间的关系

根据谈判双方之间的关系来决定营造怎样的开局气氛，采用怎样的语言及内容进行交谈，以及何种交谈姿态。具体有以下 4 种情况：

① 谈判双方过去有过业务往来，且关系很好，那么，这种友好关系应该作为双方谈判的基础。这种情况下，开局阶段的气氛应是热烈的、友好的、真诚的、轻松愉快的。己方谈判人员在语言上应该是热情洋溢的；在内容上可以畅谈双方过去的友好合作关系，或双方人员之间的交往，亦可适当地称赞对方的进步与发展；在姿态上应该是比较自由、放松、亲切的，从而可以较快地将话题引入实质性谈判。

② 谈判双方过去有过业务往来，但关系一般，那么，开局的目标仍然是要争取思想一致。

③ 谈判双方过去有过业务往来，但对对方的印象不佳，那么，开局阶段的气氛应该是严肃的、凝重的。语言上，在注意讲礼貌的同时，应该是比较严谨的，甚至可以带一点冷峻；内容上，可以对过去双方业务关系表示出不满意、遗憾，以及希望通过本次交易磋商能够改变这种状况，也可谈论一下途中见闻、体育比赛等中性话题；在姿态上，应该是充满正气并注意与对方保持一定的距离。在适当的时候，可以慎重地将话题引入实质性谈判。

④ 谈判双方在过去没有进行任何业务往来，本次为第一次业务接触，那么在开局阶段，应力争创造一个友好、真诚的气氛，以淡化和消除双方的陌生感，以及由此带来的防备甚至略含敌对的心理，为实质性谈判奠定良好的基础。因此，在语言上，应该表现得礼貌友好，但又不失身份；内容上，多以途中见闻、个人的任职情况、负责的范围、专业经历等进行一般性的询问和交谈。

2. 双方谈判人员个人之间的关系

谈判是人们相互之间交流思想的一种行为，谈判人员个人之间的感情会对谈判的过程和效果产生很大的影响。如果双方谈判人员过去有过接触，并且还结下了一定的友谊，那么，在开局阶段即可畅谈友谊地久天长。同时，也可回忆过去交往的情景，或讲述离别后的经历，还可以询问对方家庭的情况，以增进双方之间的个人感情。实践证明，一旦双方谈判人员之间发展了良好的私人感情，那么，提出要求、做出让步和达成协议就不是一件太困难的事。通常还可降低成本，提高谈判效率。

3. 双方的谈判实力

就双方的谈判实力而言，不外乎以下 3 种情况：

① 双方谈判实力相当，为了防止一开始就强化对方的戒备心理和激起对方的敌对情绪，以致使这种气氛延伸到实质性阶段而使双方为了一争高低，造成两败俱伤的结局，在开局阶段，仍然要力求创造一个友好、轻松、和谐的气氛。己方谈判人员在语言和姿态上要做到轻

松而不失严谨、礼貌而不失自信、热情而不失沉稳。

② 己方谈判实力明显强于对方，为了使对方能够清醒地意识到这一点，并且在谈判中不抱过高的期望值，从而产生威慑作用。同进，又不至于将对方吓跑，在开局阶段，在语言和姿态上，既要表现得礼貌友好，又要充分显示出己方的自信和气势。

③ 己方谈判实力弱于对方，为了不使对方在气势上占上风，从而影响后面的实质性谈判，开局阶段，在语言和姿态上，一方面要表示出友好，积极合作；另一方面也要充满自信，举止沉稳、谈吐大方，不使对方产生轻视心理。

 **小结**

开局阶段主要是指谈判双方见面后，相互介绍、寒暄以及就谈判内容以外的话题进行交谈的那段时间和过程。主要工作包括具体问题的说明、营造适当的谈判气氛、开场陈述、谈判角色定位、开好预备会议。

具体问题的说明：所谓具体问题的说明主要包括了谈判的目标、计划、进度、人员的问题，可将其概括为"4P"。

在商务谈判开局阶段，一项重要的任务就是发挥谈判人员的主观能动性，营造良好的谈判开局气氛。

开场陈述是谈判双方各自陈述己方的观点和愿望，并提出倡议，陈述己方对问题的理解，即己方认为谈判应涉及的问题及问题的性质、地位，己方希望取得的利益和谈判的立场。

谈判角色定位指的是：在洽谈双方的初次接触中，通过无声信息的传递和有声信息的沟通，彼此之间会对对方形成各自的印象，如对方的表象认识、言谈举止、着装打扮、习惯等以及本性推断。

开好预备会议。在商务谈判中，常常需要在正式谈判前召开预备会议，以确定一些谈判内容以外双方都关心的共同问题。

第三部分　课题实践页

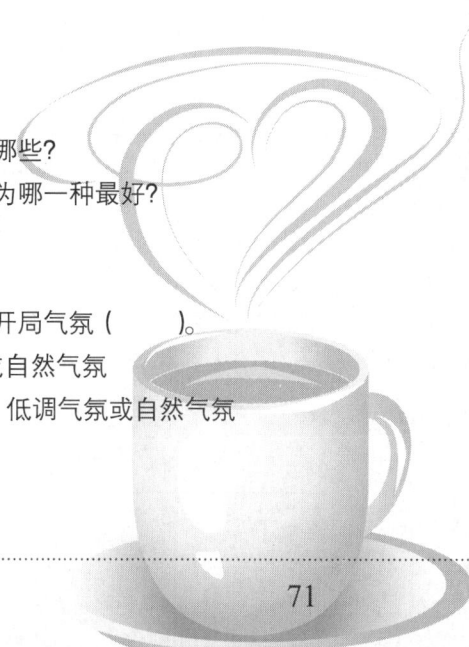

（一）简答题

1. 商务谈判开局阶段的主要工作有哪些？

2. 商务谈判开局策略有哪些，你认为哪一种最好？

（二）选择题

1. 一致式开局策略适用于这种谈判开局气氛（　　）。

A. 高调气氛或低调气氛　　　　　　B. 高调气氛或自然气氛

C. 低调气氛或自然气氛　　　　　　D. 高调气氛、低调气氛或自然气氛

2. 挑剔式开局策略适用于这种谈判开局气氛（　　）。

A. 高调气氛或低调气氛　　　　B. 高调气氛或自然气氛

C. 低调气氛或自然气氛　　　　D. 高调气氛、低调气氛或自然气氛

（三）分析题

1. 某外商提供的货物中有一部分有瑕疵，你曾数次要求他提出解决办法，但他却置之不理，此时你应该怎么办？

（1）对整批货的货款止付。

（2）对含瑕疵的那一部分货品的货款止付。

（3）对外商提出妥协条件。

（4）向外商提出索赔。

解析：

2. 你是某零件的供应商。某日你接到某买主电话，要你立即赶赴机场去跟他商谈有关大量采购的事宜，你在他登机前 15 分钟赶到。他向你表示，假若你能以最低价格供应，他愿意同你签订一年的供需合同。这种情况下你将如何处理？

（1）提供最低的价格。

（2）提供稍高于最低价格的价格。

（3）提供比最低价格高许多倍的价格。

（4）祝他旅途愉快，并告诉他你将先同他的下属联系，希望他回来后能再确定具体价格。

解析：

课题五　商务谈判磋商

技　能　目　标	知　识　目　标	建议学时
➤　摸底	（1）能准确掌握摸底阶段的特征 （2）能熟练运用摸底阶段的技巧	2
➤　商务谈判僵局的处理	（1）认识谈判僵局产生的原因，能正确对待谈判僵局 （2）能熟练运用僵持阶段策略	2
➤　让步	（1）能正确对待谈判中的让步 （2）能熟练运用谈判中的让步策略	2

第一部分　案例与讨论

案例　狼追雪橇的故事

　　好多年以前，当第一批行商跑到北极圈以北的土著居住区去兜售"文明产物"，如电冰箱、防晒霜和冰镇啤酒时，以殷勤好客著称的当地居民，曾对他们表示过热烈的欢迎。这些行商乘坐满载商品的狗拉雪橇从一个居民点走向另一个居民点，四处兜售。与这些家伙相伴而来的是种种"文明"的恶习，而其中之一便是臭名昭著的"善意让步"。

　　起初，当地土著没有看清这些新朋友带来的恶习中所包含的害处，生活还是照常进行。麻烦开始于他们教会了这些新来者在旅途中如何捕猎食物。造成灾难的行为开始还不很明显，但愈演愈烈，终至不可收拾，到了非加以制止不可的地步。

　　冰镇啤酒商边尔恩·麦克肯泽，据说他拥有瑞典血统或苏格兰血统（传说各异，也许是个混血种也说不定）。有一天下午他在冰天雪地里忽然发现后面出现了一头狼，距离自己约几英里。这时他刚猎到一头鹿，正在费力地往雪橇上拖。听到狼嚎声越来越近，吓得他连忙收拾帐篷，赶着雪橇向最近的居民点逃跑。雪橇负载太重，他那一百多斤的身躯，加上雪橇上满载着的货物和刚猎到的鹿，累得狗群呼哧呼哧地直喘粗气。

　　狼越来越近（他发誓说已能听到它的呼吸声了），这该怎么办？

　　他突然灵机一动："狼一定是饿了，想吃鹿肉！雪橇再也跑不快啦，何不割下点鹿肉喂狼？"对，就是这个主意！他庆幸妈妈生下了自己这么个机灵儿子。

　　他认为狼吃上了肉自然不会再玩命地追，那自己就能趁机跑回居民点了。

　　他在飞驰的雪橇上割下一块鹿肉，扔向后面的饿狼。心想，这头鹿大得很，扔掉一小块不算回事，可是却能捡回一条命呀！

开始果然一切不出所料。狗群跑得更欢，雪橇驶得更快。他不禁有点飘飘然起来，琢磨起进了居民点后该怎么大侃其机智脱险的故事了。

只可惜好景不长，狼又追上来了。听上去好像不止一只，可能2只、3只也说不定！

这可怎么办？吓得他的心都要从嗓子眼里蹦出来了。心想只怕一块肉不够3只饿狼吃，赶忙割下3块肉向后面扔去——也不知道那另外两只狼是从哪儿来的。

反正鹿身上有的是肉，除去喂狼的以外还足够自己吃，管它呢！据他后来说，这回雪橇还没有跑上几百码，就又听到狼追了上来，而且不止3只！另外还有几只正从树林里发疯似地猛蹿出来！

他一边像电影里常见到的那样大声吆喝着催赶狗群，一边大块大块地扔肉块。

没过多久，边尔恩的鹿肉已扔得一干二净，而狼群却越来越多，已超过百只了。幸而鹿肉扔完时，他也钻进了居民点。真是好险呀，生死只差一步！

他算是捡回了一条命。尽管当初只是想扔掉一块肉，而结果却落得个点滴不剩，但总还是件值得庆幸的事。于是他在逃生之余又吹开了牛，说狼毕竟没有自己聪明！

自古以来，当地从没听说过有狼追雪橇的事。一只也没有，更别说是成百只狼了。边尔恩的故事把他们听得直摇脑袋，以为是城里来的骗子在吹牛皮。

而那些行商则认为大长见识，纷纷往雪橇上大带鹿肉，以便途中遇到狼时有法逃生。

于是这便成了灾祸的根源。

接下来的半年里，边尔恩及其同行在四处兜售冰箱、防晒霜和啤酒时，一见到狼就大扔鹿肉，认为这是对付狼的一大发明，真是聪明透顶！这帮人在冻土地带虽然未能发财，但也的确从未听说有丧身狼嘴的。

当他们看到土著居民群集起来用枪逼迫自己收拾起包裹离开时，那种震惊简直超出了想象！这是怎么回事呢？他们绝望地发问："难道不是我们带来了文明的礼物吗？"可是土著不为所动，依旧神色凛然地将他们驱上独木舟。

晒得黑黝黝的头目一边从冰箱里拿出啤酒犒劳同胞，一边不屑地回答："不错，你们带来了文明，可是那狼群呢，又该怎么说？"一句话问得他们全都犯起了糊涂。

边尔恩说："狼群？这事和狼群有什么相干？我和我的伙计们谁也没有惹过狼呀？我们不是还想了好多办法不让狼接近海湾吗？""是你们教给狼只要肚子饿就去追雪橇的！"

这件事对我们所有的人全是惨痛的教训。为了铲除祸根，土著人赶跑了所有的行商。从此，饿狼追赶雪橇除了能迎来一阵空啤酒罐的痛击外什么也得不到，它们也就再也不去追赶雪橇而是老老实实地去觅食了。

案例讨论

（1）什么是让步，目的是什么？

（2）善意的让步是如何实施的？商务谈判中可行吗？

第二部分 课题学习引导

5.1 摸 底

在谈判的摸底阶段，谈判双方旁敲侧击，窥测对方的意图，双方互相了解对方的期望。谈判高手擅长于从对方表面的陈述中找出其真正的意图，并隐藏自己的期望。下面介绍适用于摸底阶段的一些策略。

5.1.1 投石问路

买主的任务是要根据他所能合法取得的资料，来做最佳的商业判断。"投石问路"这个策略，便是取得资料的一种好方法。运用这种策略，买主往往可以从卖主那儿得到通常不易获得的资料。买主知道的成本、价格等方面的资料越多，就越能做出较好的选择。

下面的举例，通常能问出很有价值的资料。

① 假如我方订货的数量增加呢？

② 假如我方和你延长合同期限呢？

③ 假如我方自己提供原材料并进行技术支持呢？

④ 假如我方要购买好几种产品，不只购买一种呢？

⑤ 假如我方一次性付款，你们在价格上能提供什么优惠？

任何一块"石头"，都能使买主进一步了解卖主的商业习惯和动机。

"投石问路"这个策略，迫使卖主进退两难。面对许多买主提出的看似无害的问题，想要拒绝回答是不容易的。所以，许多卖主宁愿降低价格，也不愿意接受这种疲劳轰炸式的询问。

反过来，站在卖主的立场上，聪明的卖主在买主投出"石头"、要求"假如"的资料时，要仔细考虑后再答复。以下的建议能帮助你如何给买主更好的答复。

① 你不妨通过与对方有关人员的交往，探出买主真正的意图。

② 永远不要对"假如"的询问马上回答，有的问题应该思考清楚了再回答。

③ 如果买主投出一个"石头"，最好以立刻要求对方订货作为条件。

一个精明的卖主，可以将买主所投出的"石头"变成一个很好的机会。针对买主这种想知道更多资料的要求，可以趁机向买主提出自己的建议。例如，多订几年合同、更多数量的订货、购买备用零件等。

"投石问路"可以使买主和卖主达成某些交易。

5.1.2 虚张声势

玩扑克牌的技巧适用于商务谈判吗？我们知道，玩扑克牌时有许多技巧，虚张声势就是其中的一种。扑克牌游戏，如同商务谈判一样，千万不能先露出自己的底牌或者预先表示出自己的期望。

在商贸或外交中，做虚伪陈述的道德问题，常引起人们争论。一般地说，谈判者陈述时不能含糊其辞，叫人捉摸不定。但是，我们必须辩证地看问题，如果有些问题不宜正面具体回答，可以回答得概括、原则一些。当回答一个令人发窘的问题时，所给予的回答应该是简短的。从表面上看，似乎已经完全回答了对方的问题，答案中的确包含某种程度的真实性，而且可以面对任何的挑战来证明其中每个字的正确性，但实际上并没有任何资料的补充，甚至可以说什么也没有回答。有时我们也可以应用这种技巧。

发表讲话或文告与做虚伪的陈述是不同的，商务谈判中的虚张声势是一种策略。但是绝对要禁止，而且应处罚下述行为：一派胡言、贿赂对方、利用电子装置窃听对方的秘密或是威胁对方身体和家庭的安全。高层的主管必须分清楚，为了挖掘事实所用的合法与非法手段的界限。

在激烈竞争的市场中，商务谈判人员值得并应注意以下事情：

（1）选择具有商业道德的人，与对方交易时尽可能采取诚实的策略。

（2）永远不要原谅违法而且做得看似利落的撒谎行为或者完全虚伪的陈述，并对撒谎行为坚持严厉的处罚手段，使对方不敢妄为。

（3）多听别人的意见，不要过分自信。

（4）避免过分热心地挖掘事实。

一个优秀的谈判人员应保持高度的警觉。可以通过询问对方一些我们早已知道答案的重要问题，来衡量对方是否诚实。从对方的反应和回答里，便可以探知许多事情。

虚张声势虽然不能说绝对是不道德，却很冒险。喜欢虚张声势的人可能会因此失去对方的信任。所以，我们认为，最好还是诚实经商，那就是了解商务的内在规律。在商场上，有这样一句话："少就是多"，代表着一种很聪明的哲学。也就是说，卖价虽低，然而生意却能源源不绝，从而积少成多。

5.1.3 善用统计数据

在摸底阶段，对于对方所运用的统计数据，应时时小心。大约在50年前，某国的有关机构一直都依靠银行提供的财务报表来了解政府公债的发行和交易情况，而货币供给量的重要决策大都是以这些统计数据为根据做出的。50年后，该国政府决定审查报表是否适宜，研究的结果却发现，这些财务报表竟毫无效用。在审查之前，每个人都盲目相信银行提供的资料是正确的。因为一般人认为，银行应该知道自己在做些什么事情，但是他们真的知道吗？

统计数据本身并没有好坏可言。挖掘得愈深，愈能显出它的真正意义。隐藏在数字里的，可能是故意制造出来的事实、解释、假设和个人的价值判断以及几个愚笨的错误。所以，对于统计数据要保持审慎的怀疑态度。

5.1.4 混水摸鱼

所谓混水摸鱼，是指谈判人员故意把水搅混，从中取利，也称"搅和"战略。

对手在摸底阶段很可能采取"搅和"战略。其做法是：先扰乱对方的思路，让对方精疲力竭，使一个简单的谈判变得十分复杂，然后借对方精神不佳之际，达到自己的目的。

使用这种策略的目的是：①看对方是否已有充分准备，是否愿意了解不熟悉的问题；

②促使对方更辛苦地工作，有时甚至可以趁机打探对方在压力下保持理智的能力；③转移对方的视线，分散对方对关键问题的注意力；④ 把某一议题的讨论暂时搁置起来，以便对有关问题做更深入的了解、探知或查询更多的信息资料；⑤ 作为缓兵之计，以另寻其他对策，研究更妥善的办法。

有矛就有盾，要对付这种战略，首先要具备自信心。以下这些"矛"，也许是对付"搅和"策略的"盾"：

（1）要有勇气说"我不了解"。

（2）坚持必须按议程逐项讨论。

（3）记住，对手很可能和你一样感到困惑不解。还要注意你可能会犯的错误。

防御的要诀是在你尚未充分了解之前，不要讨论任何问题。耐心和勇气会帮助你对付善于搅和的人，把事情一件一件地弄清楚，不要让对方有混水摸鱼的机会。

5.2 商务谈判僵局的处理

谈判僵局是商务谈判过程中出现难以再顺利进行下去的僵持局面。在谈判中谈判双方各自对利益的期望或对某一问题的立场和观点存在分歧，很难达成共识，而又都不愿做出妥协向对方让步时，谈判就会出现停顿，即进入僵持状态。

5.2.1 谈判僵局产生的原因

1．立场观点的争执

谈判双方各自坚持自己的立场观点而排斥对方的立场观点，形成僵持不下的局面。在谈判过程中如果双方对各自立场观点产生主观偏见，认为己方的观点是正确合理的，而对方是错误的，并且谁也不肯放弃自己的立场观点，这时往往会出现争执，陷入僵局。双方真正的利益需求被这种立场观点的争论所搅乱，而双方又为了维护自己的面子，不但不愿做出让步，反而用否定的语气指责对方，迫使对方改变立场观点，谈判就变成了不可相容的对立。谈判人员出于对己方立场观点的维护心理往往会产生偏见，不能冷静尊重对方观点和客观事实。双方都固执己见排斥对方，而把利益忘在脑后，甚至为了"捍卫"己方的立场观点而以退出谈判相要挟。僵局处理不好就会破坏谈判的合作气氛，浪费谈判时间，甚至伤害双方的感情，最终使谈判走向破裂。立场观点争执所导致的僵局是比较常见的，因为人们很容易在谈判时陷入立场观点的争执不能自拔而使谈判陷入僵局。

2．面对强迫的反抗

一方向另一方施加强迫条件，被强迫一方越是受到逼迫，就越不退让，从而形成僵局。一方占有一定的优势，他们以优势者自居向对方提出不合理的交易条件，强迫对方接受，否则就威胁对方。被强迫的一方出于维护自身利益或是维护尊严的需要，拒绝接受对方强加于己方的不合理条件，反抗对方强迫。这样双方僵持不下，使谈判陷入僵局。

3．信息沟通的障碍

谈判过程是一个信息沟通的过程，只有双方实现正确、全面、顺畅的沟通，才能互相深入了解，才能正确把握和理解对方的利益和条件。但是实际上双方的信息沟通会遇到种种障碍，造成信息沟通受阻或失真，使双方产生对立，从而陷入僵局。

信息沟通障碍指双方在交流信息过程中由于主客观原因所造成的理解障碍。其主要表现为：由于双方文化背景差异所造成的观念障碍、习俗障碍、语言障碍；由于知识结构、教育程度的差异所造成的问题理解差异；由于心理、性格差异所造成的情感障碍；由于表达能力表达方式的差异所造成的传播障碍等。信息沟通障碍使谈判双方不能准确、真实、全面地进行信息、观念、情感的沟通，甚至会产生误解和对立情绪，使谈判不能顺利进行下去。

4．谈判人员行为的失误

谈判人员行为的失误常常会引起对方的不满，使其产生抵触情绪和强烈的对抗，使谈判陷入僵局。例如，个别谈判人员的工作作风、礼节礼貌、言谈举止、谈判方法等方面出现严重失误，触犯了对方的尊严或利益，就会产生对立情绪，使谈判很难顺利进行下去，造成很难堪的局面。

5．偶发因素的干扰

在商务谈判期间内有可能出现一些偶然发生的情况。当这些情况涉及谈判某一方的利益得失时，谈判就会由于这些偶发因素的干扰而陷入僵局。例如，在谈判期间外部环境发生突变，某一谈判方如果按原有条件谈判就会蒙受利益损失，于是他便推翻已做出的让步，从而引起对方的不满，使谈判陷入僵局。由于谈判不可能处于真空地带，谈判人员随时都要根据外部环境的变化而调整自己的谈判策略和交易条件，因此这种僵局的出现也就不可避免了。

以上是造成谈判僵局的几种因素。谈判中出现僵局是很自然的事情，虽然人人都不希望出现僵局，但是出现僵局也并不可怕。面对僵局不要惊慌失措或情绪沮丧，更不要一味指责对方没有诚意，要弄清楚僵局产生的真实原因是什么，分歧点究竟是什么，谈判的形势怎样，然后运用有效的策略技巧突破僵局，使谈判顺利进行下去。

5.2.2　僵持阶段及其施压

商务谈判的僵持阶段，是谈判双方实力和智慧较量的攻坚阶段。这一阶段，双方都会相互挑剔对方的毛病，以设法削弱对手。

1．雷霆之怒

有人曾分析过俄罗斯人的谈判策略，转述如下，供分析参考。

在谈判中，某些俄罗斯人常常无理地将文件摔在一旁，径直从会议中离席而去。甚至会做出人身攻击的无礼举动，这一切都是一种激怒对方的手段。谁能忘记赫鲁晓夫在联合国会议上，粗鲁地用鞋子敲打桌面？人们无一不为他的暴怒所震惊。一些人继而联想到，如果哪天早晨他觉得不顺心的话，他可能会把整个世界摧毁。

几个月后，有人将赫鲁晓夫用鞋敲击桌面的照片放大，用显微镜仔细观察，赫然发现他的两只脚上都好好地穿着鞋子，这到底是怎么回事？有以下3种可能性：

（1）他可能有3只脚，这似乎不可能。

（2）在早上着装时，他对侍从说："把另外那只鞋装在袋子里，我要用它。"

（3）在会议中他对艾诺瓦维齐部长讲："把你的鞋子脱下来给我，我待会儿要用它。"

很显然，这是一个设计好的诡计。预谋的动作是为了达到顶期的影响。赫鲁晓夫也许达到了他的目的。

当然，敲击桌子并不是唯一使人气愤的方法，其他简单的方式一样可以达到目的。谈判高手的发怒，总是在充分准备的基础上去动用。

美国的赫伯就利用赫鲁晓夫式的愤怒成功地完成了一次交涉。

【引例 5-1】

赫伯先生和他的对手在一家熟悉的饭店里讨论公司计算机的软件计划。双方已经谈到了价钱。

赫伯问道："整个软件计划要多少钱？"

对手答道："坦白地说，24 万的价钱应该是合理的。"

赫伯勃然大怒，大声吼道："你说什么？你疯了吗？你怎能开出 24 万的价钱？你把我当成什么了？"

众人的注视使对手异常窘迫，赫伯却更加提高了音量："你一定是疯了，简直是强盗的行为！"

在大众的注视下，对手异常窘迫，只求与赫伯尽快达成协议，摆脱尴尬处境。很显然，在这种情况下赫伯必然会以低于 24 万的价格成交。

勃然大怒在某些情况下能发挥效用，也许是因为人们在日常生活中早已学会忍耐，习惯于将恐惧、愤怒等情绪埋藏于心中。当你毫无顾忌地发泄愤怒之情时，对手往往难以抵抗愤怒巨浪的攻击，不知所措，甚至不战而降。

2．浪花小调

你有没有与人交涉时对方突然哭起来的经验？这是你的不幸。这时，即使你占据了情理，各项事实完全偏向于你，对方的眼泪却使你不得不做出妥协，而置合同和约定于不顾。否则，你有可能被斥为守财奴或冷血动物。

这种策略与日本的一种民间说唱"浪花小调"有异曲同工之处。"浪花小调"有一部分称做"愁肠"。在这一部分，表演者夸大悲惨的结局，用充满痛苦的语调恳求对方发发慈悲。"浪花小调"式的哀求通过戏剧性的言行表现出来，打动对方的心。其实，这是一种巧妙的、独具匠心的计谋、手段。不仅日本商人在谈判中经常运用这种策略，西方的谈判人员有时也会巧妙地运用。

【引例 5-2】

劳普住在镰仓市内的一幢古老的公馆内，该公馆属于一位日本驻欧某国大使所有，面向大海，四周青松苍翠，房租也不是很贵，唯一的不足是经常漏雨。劳普当初迁来时曾要求不动产老板将房顶和天花板修缮一下，不动产老板答应一定尽力使他住得满意。

不久，一次台风突袭，劳普要求不动产老板帮助修房子，老板答应以后再修。劳普的钢琴和音响全部泡在水中。他再次要求，可实际上只给修了一下天花板，至于屋顶，则未进行修缮。

劳普对这样的住房环境渐渐感到恼怒，但又不知如何去与不动产老板交涉。第二周，他去谈判研究所就他的问题请教了谈判专家罗伯特·M·马奇。罗伯特建议他不妨用更具日本式的方法去试一试。

劳普对罗伯特的建议仔细琢磨一番后，又去见那位老板，并表演起他的戏剧。

他义正辞严地拒绝了对方的让座，同时又反对老板让其他人参加谈判。他反复地诉说着现在无法请朋友来家里做客等困难，最后在"愁肠"部分，他将愤怒和悲哀以及对对方的不信任巧妙地混合在一起。只见他紧盯着那位老板，用手敲击着钢板棚架，泪水汪汪地吼叫道："你是守信用的男子汉吗？"

见此情形，不动产老板惊慌不已，尴尬地连声说："糟糕了，糟糕了。"劳普自始至终强调自己的主张。最后，老板终于承诺履行最初协议所规定的要求。

但是，使用这种策略，有着一种在某方面试图操纵对方的意图，从而会引起一部分人不满。应注意的是，如果你能有效地使用这种策略去呼唤他人的良心，那么反过来，同样你也有可能被他人有效地利用。

3．沉默的力量

奇妙的策略——沉默，它可以像生气、哭泣一样有影响力，而且容易得多。对某些人，在所有情绪上的影响力中，沉默有着最大的影响力。

当一方表现出沉默的态度时，通常让对手感到不安，迫使对手继续说话，从而很容易得到许多不能轻易得到的信息，以达到平衡的状态，充实信息资源。

在僵持阶段，走开是另一种策略。特别是在出乎预料的时候，突然的离席会令对方吃惊，并让留在现场的一方非常沮丧，它使未来的状况模糊不清，不可预测。

假如双方正在就某一问题进行谈判，谈判进行到实质性阶段，双方争执不下，气氛紧张，出现僵局。这时，对方突然离席，我方则应冷静分析目前的状况：对方是否因为愤怒而离开？对方的离开会不会导致谈判破裂？如果谈判破裂，我方是否要采取和解性行动恢复谈判？

在谈判中，暂时躲避对方，常能使对手感到不安。通常，买方较卖方容易躲避对方，而卖方由于害怕买方因此中断生意往来，比较不易躲避。

被躲过的一方通常会寻找适当的途径来重新谈判。例如，由真正的决策人出面；向对方保证，上级已经知道了他的观点；推翻前议；换一个较合适的谈判人员。

在现实生活中，这种欲擒故纵的方法通常用来向居高临下的人求取恩惠。但是，这种欲擒故纵的策略只对那些不合作的人有效。

中国有句古话："大智若愚"，即愚笨就是聪明，而聪明却往往是愚笨。显得非常果断、能干、敏捷、博学或者理智的人并不见得聪明。如果你能了解得缓慢些，少用一点果断力，稍微不讲理些，也许你反而会得到对方更多的让步和更好的价格。

【引例 5-3】

三位日本人代表日本航空公司，就成功地运用这种策略对付了大批的美国公司代表。

美国公司代表以压倒性的资料淹没了日方代表。会议从早上 8 点开始，进行了两个半小时，用了各种的数据资料来询问日方的价钱。

在整个游园式的过程中，三位日方代表只是静静地坐在一旁，一句话也没说。终于，美方的负责人关掉了机器，重新扭亮灯光，转向日方代表："意下如何？"一位日方代表斯文有礼，面带微笑地说："我们看不懂。"

美方代表的脸色忽地变得惨白："你说看不懂是什么意思？什么地方不懂？"

另一位日方代表也斯文有礼，面带微笑地说："都不懂。"

美方代表问:"从哪里开始不懂?"

第三位日方代表以同样的方式慢慢答道:"当你将会议室的灯关了之后。"

美方代表松开领带,斜倚在墙边,喘着气问道:"你们希望怎么做。"

日方代表同声回答:"请你再重复一遍。"

这是谁明智?是谁在愚弄谁?谁又可以将秩序混乱而又长达两个半小时的介绍重新来过一遍?美国公司终于不惜代价,只求达成协议。

因此,绝不要太快了解全意或是急于证明自己的才干,即使你已知道什么是答案,也要多问少答。

更有甚者,当你在接受某人帮助的同时,对方即投入了时间的资本,增加了对称有利的情况。在商务谈判中,看似愚笨的一方往往占到便宜,言语笨拙的往往超过口齿伶俐的。所以,你不妨试着偶尔去说:"我不知道","我不懂","帮帮我","我不清楚你的意思",将这些词句适当地穿插在你的谈判中。

4.出其不意

在谈判的僵持阶段,出其不意是为了给对手施加压力,迫使对手妥协,但对手未必不会采取这种策略。因此,对出其不意之策,谈判人员既要会用,又要能防。

在商务谈判中,可能会遇到如下问题:①对方突然提出新要求或要求做出不合常情的让步,如变更谈判地点;②对方突然变更谈判的截止时间,加速或减缓谈判进程;③对方突然提出特别的规定,运用新的具有支持性的统计数字,故意刁难,对我方的提问含糊其辞;④对方情绪上大起大落,甚至对我方谈判人员进行智力和政治上的人身攻击;⑤对方谈判人员的组成发生变化,如新成员的介入、出现新的高层主管等。

令人惊奇的事物往往会制造不信任和恐惧的气氛,它很可能会阻碍双方意见的交流。当然,这并不是说谈判人员应该透露秘密,秘密是很重要的。应该忧虑的是,令人惊奇的事物会使对方感到很没有面子,使对方陷入尴尬的处境。假如事情演变成这样,双方就可能出现麻烦了。

遇到令人惊奇的事物时,克服震惊最好的办法是让自己有充分的时间去想一想。多听少说或暂时休会。谈判并不是宣战或在法庭上打官司,在没有适当准备之前,最好不要有所行动。

5.煽动

在消费品市场上,经常有人专为卖方做托,且屡禁不止。这种现象,在大的交易场合也不鲜见。例如,你在拍卖会上会发现,总有几个人使价格一再上扬。

假如我们早一点抵达拍卖会场,可以很容易就分辨出他们来。他们是为拍卖会的主管单位工作的,任务就是哄抬价格,他们是一群煽动者。同样,在商务谈判的僵持阶段,买方或卖方恰当运用煽动这个古老的策略,可以迫使对方放弃犹疑不决的态度,达成协议。

卖方煽动通常有两个目的:抬高价格和刺激买方的购买欲望。卖方的煽动行为有:①在商务谈判中,对方暗示有其他买方对产品感兴趣,并欲购买;②向买方指出由于产品供不应求及通货膨胀等因素,产品价格将在近期内有一定幅度的上涨;③强调本产品的不可替代性和稀缺性,向对方指出"存货不多,欲购从速"。

卖方运用煽动的策略，买力也可以运用煽动的策略。买方的煽动策略有：①当产品价格、质量、供货日期等不合意时，告诉卖方将向别的卖主订货；②让卖方加道其他竞争者的存在，甚至可以让卖方之间相互竞争。

煽动策略常用来向卖方试探价格是否可以再降低。让我们看一个船舶商人运用煽动策略试探卖方对较低价格的反应。他先说出某人的价格较低来减少卖方的期望，然后再提出一个稍微高一点的价格，卖方在比较之下，会觉得这个价格还行。

古董商人也会运用煽动策略来提高古董的价格，这个方法非常有效。例如，有一个买主正对某张标价 350 元的古老书画流露出特别的兴趣，这时有两个矮小的老妇人刚好从旁边经过，其今一位老妇人对另外一位说："好可爱的书画，它的价值实在不止 350 元，这张书画是 150 年前或更久以前的呢，真希望我有钱就好了，我会马上买下来。"结果，卖主卖掉了那张 350 元的书画，实际上它可能只值 50 元。买主在不知不觉中被不道德的生意人煽动了。

抵抗煽动策略最好的方法是保持冷静的怀疑态度。

6．黑白脸策略

黑白脸策略又称坏人与好人策略。就是由唱黑脸的人登场，他傲慢无礼、苛刻无比、强硬僵化，让对手产生极大的反感。然后，唱白脸的人出场，以合情合理的态度对待谈判对手，并进行巧妙的暗示。若谈判陷人僵局，那位"坏人"会再度登场。在这种情况下，谈判对手一方面不愿与那位"坏人"再度交手，另一方面被"好人"的礼遇迷惑，而答应他提出的要求。

在谈判场上出现僵局时，上述策略屡见不鲜。

【引例 5-4】

美国富翁霍华·休斯生前曾为了大量采购飞机而亲自与飞机制造商的代表进行谈判。休斯要求在条约上写明他提出的 34 项要求（其中 11 项是没有退让余地的，但这一点并未向对手宣布）。双方各不相让，谈判中硝烟四起，矛盾送出，终于发展到休斯被"踢"出谈判场地的局面。休斯后来派他的私人代表出面谈判，并告诉这位代表，只要争取到 11 项非得到不可的条件，他将感到满意。该代表经过一番谈判，竟然争取到休斯所希望的 34 项要求中的 30 项（包括那 11 项）。当休斯询问怎样取得如此巨大的胜利时，该代表回答："很简单，每当谈不拢时，我都问对方：'你希望与我解决这个问题还是等着霍华·休斯跟你解决，'结果，对方接受了我的要求！"

谈判中的"坏人"可以以各种不同的面目或形式出现在谈判中。他们可能是人，也可能是事情；可能是真的，也可能是假的。律师、会计委员会、董事会等都可能会扮演称职的"坏人"。政策、原则、各种各样的程序则扮演不是人的"坏人"。

黑白脸策略往往在以下情境中使用：①对手缺乏经验；②对手很需要与你达成协议。

假如别人对你使用黑白脸策略，对策可以是：①不理会是"好人"还是"坏人"出面商谈，坚持自己的要求和风格；②以牙还牙，即以"坏人"对付"坏人"，以"好人"对付"好人"；③缺席；④向其上级提出抗议；⑤笑着给他讲霍华·休斯的故事。

7．休会打破僵局

【引例 5-5】

谈判的一方是江苏仪征化纤工业公司，另一方是德国吉玛公司。当时德国吉玛公司派出了以理杨·奈德总经理为首的谈判代表团，而中方的谈判团则以化纤工业公司当时的总经理任传俊为首。这次索赔谈判首先是由中方提起的，索赔的原因是从吉玛公司引进的圆盘反应器有问题。

在第一轮谈判时，中方提出了1100万马克的索赔金额，而德方只赔偿300万马克，显然，这两个数字相距甚远。面对这样的差距，双方久久僵持不下，在这种情况下，任传俊知道如果继续僵持下去那只会能使双方的关系更加紧张，于是他在谈判过程中建议休会，并提议第二天陪理杨·奈德到扬州游览，而对方也以极其友好的态度接受了任传俊的盛情邀请。

在风景宜人、幽静雅致的扬州大明寺内，任传俊对德方代表团介绍说："这里纪念的是一位为了信仰，六渡日本，双目失明，终于到达理想境界的中国唐朝高僧鉴真。今天中日两国人民都没有忘记他。国际上的人们不是常常奇怪日本人的对华投资为什么比较容易吗？其实最重要的原因就是日本人了解中国人的心理，知道中国人重感情重友谊。"接着，他对理杨·奈德笑道："你我是打过很多年交道的老朋友了，除了彼此经济上的利益外，就没有一点儿个人之间的感情吗？"任传俊如此诚恳的态度和感人至深的言语，让理杨·奈德大受感动。在这种情形下，双方重新回到谈判桌上，且关系已经大为缓和。

重新回到谈判桌上的任传俊决定依然以真诚突破谈判的僵局，他开门见山地向对方表示："问题既然出现在贵公司的产品上，那么贵公司就应该以足够的诚意来解决这些问题，如果把太多的时间花费在索赔谈判上那实在是没有必要，你们终归是要赔偿的……"

等任传俊的话音刚落，对方的总经理理杨·奈德就回应道："我公司在贵国中标，总价值才1亿多美元，我无法赔偿过多，总不能赔本做这笔生意吧。"对于这样的回答，任传俊早已预料到了，但他清楚地知道，江苏仪征化纤工程当时是世界上最大的化纤工程，于是他继续说道："据我得到的信息，正是因为贵公司在世界上最大的化纤基地中标，才得以连续在世界其他地方15次中标。这笔账又该怎么算呢？"对方顿时无言以对，任传俊并没有不依不饶，而是诚恳地告诉对方："我们是老朋友了，打开天窗说亮话，你究竟能赔多少？我们是重友谊的，总不能让你被董事长炒了鱿鱼；而你也要为我想想，中国并不富裕，我总得对这里的1万多名建设者有个交代……"

最后，德方同意赔偿中方800万马克，事后，理杨·奈德说："虽然与中方的谈判我们没能占上风，但是我仍然愿意同中国公司继续合作，我觉得这次谈判进行得十分愉快。"理杨·奈德在临走时还热情邀请中方谈判人员到德国去，他说自己会像任传俊在扬州大明寺那样热情。

在谈判陷入僵局之前巧妙地中止谈判，以谈判桌下以适宜的方式来缓和谈判桌上的紧张气氛，当气氛由剑拔弩张渐渐转化为平和愉悦的时候，谈判双方都会根据情况做出适度的妥协，至少在态度上，双方都会表现出相应的宽容和大度，此时双方谈判的继续展开就会相对容易了。

5.3 让　步

在商务谈判磋商阶段，对己方条件做一定的让步是双方必然的行为。如果谈判双方都坚持自己的阵线而不后退半步的话，谈判永远也达不成协议，谈判追求的目标也就无法实现。

谈判人员都要明确他们要求的最终目标，同时他们还必须明确为达到这个目标可以或愿意做出哪些让步，做多大的让步。让步本身就是一种策略，它体现谈判人员用主动满足对方需要的方式来换取己方需要的精神实质。如何运用让步策略，是磋商阶段最为重要的事情。

5.3.1 让步的原则和要求

1．维护整体利益

让步的一个基本原则是：整体利益不会因为局部利益的损失而造成损害，相反，局部利益的损失是为了更好地维护整体利益。谈判人员必须十分清楚什么是局部利益，什么是整体利益；什么是枝节，什么是根本。让步只能是局部利益的退让和牺牲，而整体利益必须得到维护。因此，让步前一定要清楚什么问题可以让步，什么问题不能让步，让步的最大限度是什么，让步对全局的影响是什么……以最小让步换取谈判的成功，以局部利益换取整体利益是让步的出发点。

2．明确让步条件

让步必须是有条件的，绝对没有无缘无故的让步。谈判人员心中要清楚，让步必须建立在对方创造条件的基础上，而且对方创造的条件必须是有利于己方整体利益的。当然，有时让步是根据己方策略或是根据各种因素的变化而做出的。这个让步可能是为了己方全局利益，为了今后长远的目标，或是为了尽快成交而不至于错过有利的市场形势等。无论如何，让步的代价一定要小于让步所得到的利益。要避免无谓的让步，要用我方的让步换取对方在某些方面的相应让步或优惠，体现出得大于失的原则。

3．选择好让步的时机

让步的时机要恰到好处，不到需要让步的时候绝对不要做出让步的许诺。让步之前必须经过充分的磋商，时机成熟了会使让步成为画龙点睛之笔。一般来说，当对方没有表示出任何退让的可能，让步不会给己方带来相应的利益，也不会增强己方讨价还价的力量。己方占据主动时，不能做出让步。

4．确定适当的让步幅度

让步可能是分几次进行的，每次让步都要让出自己一部分利益。让步的幅度要适当，一次让步的幅度不宜过大，让步的节奏也不宜过快。如果一次让步过大，会把对方的期望值迅速提高，对方会提出更高的让步要求，使己方在谈判中陷入被动局面。如果让步的节奏过快，对方觉得轻而易举就可以得到需求的满足，因而认为己方的让步无需负担压力和损失，也就不会引起对方对让步的足够重视。

5．不要承诺做出与对方同等幅度的让步

即使双方的让步幅度相当，但是双方由此得到的利益却不一定相同。不能单纯从数字上追求相同的幅度，可以让对方感到己方也做出了相应的努力，以同样的诚意做出让步，但是并不等于幅度是对等的。

6．在让步中讲究技巧

在关键性问题上力争使对方先做出让步，而在一些不重要的问题上己方可以考虑主动做出让步姿态，促使对方的态度发生变化，争取他的让步。

7．不要轻易向对方让步

商务谈判中双方做出让步是为了达成协议而必须承担的义务。但是必须让对方懂得，己方每次做出的让步都是重大的让步。使对方感到必须付出重大努力后才能得到一次让步，这样才会提高让步的价值，也才能为获得对方的更大让步打下基础。

8．每次让步后要检验效果

己方做出让步后要观察对方的反应。对方表现出的态度和行动是否与己方的让步有直接关系，己方的让步对对方产生多大的影响和说服力，对方是否也可做出相应的让步。如果己方先做了让步，那么在对方做出相应的让步之前，就不能再做让步了。

5.3.2　让步实施策略

1．于己无损策略

所谓于己无损策略是指己方所做出的让步不给己方造成任何损失，同时还能满足对方一些要求或形成一种心理影响，产生诱导力。当谈判对手就其一个交易条件要求我方做出让步时，在己方看来其要求确实有一定的道理，但是己方又不愿意在这个问题上做出实质性的让步，可以采用一些无损让步方式。

例如卖方不愿意在价格上做出让步，则可以在以下几方面做出无损让步。

（1）向对方表示本公司将提供质量可靠的一级产品。

（2）将向对方提供比给予别家公司更加周到的售后服务。

（3）向对方保证给其待遇将是所有客户中最优惠的。

（4）在交货时间上充分满足对方的要求。

这种无损让步目的是在保证己方实际利益不受损害的前提下使对方得到一种心理平衡和情感愉悦，避免对方纠缠某个问题而迫使我方做出有损实际利益的让步。

2．以攻对攻策略

以攻对攻策略是指己方让步之前向对方提出某些让步要求，将让步作为进攻手段，变被动为主动。当对方就某一个问题逼迫己方让步时，己方可以将这个问题与其他问题联系在一起加以考虑，在相关问题上要求对方做出让步，作为己方让步的条件，从而达到以攻对攻的效果。例如，在商务谈判中，当买方向卖方提出再一次降低价格的要求时，卖方可以要求买方增加购买数量，或是承担部分运输费用，或是改变支付方式，或是延长交货期限等。这样一来，如果买方接受了卖方的条件，卖方的让步也会得到相应补偿；如果买方不接受卖方提出的相应条件，卖方也可以有理由不做让步。

3．强硬式让步策略

强硬式让步策略是指一开始态度强硬，坚持寸步不让的态度，到了最后时刻一次让步到位，促成交易。这种策略的优点是在起始阶段坚持不让步，向对方传递己方的坚定信念，如果谈判对手缺乏毅力和耐心，就可能被征服，使己方在谈判中获得较大的利益。坚持一段时间后，一次让出己方的全部可让利益，对方会有"来之不易"的获胜感，会特别珍惜这种收获，不失时机地握手成交。其缺点是由于在开始阶段一再坚持寸步不让，则可能失去成交机会，具有较大的风险性，也会给对方造成没有诚意的印象。因此，这种策略适用于在谈判中占有优势的一方。

4．坦率式让步策略

坦率式让步策略是指以诚恳、务实、坦率的态度，在谈判进入让步阶段后一开始就亮出底牌，让出全部可让利益，以达到以诚制胜的目的。这种策略的优点是由于谈判人员一开始就向对方亮出底牌，让出自己的全部可让利益，率先做出让步榜样，给对方一种信任感，比较容易打动对方采取回报行为。同时，这种率先让步比较容易打动对方，具有强大的说服力，促使对方尽快采取相应让步行动，提高谈判效率，争取时间，争取主动。这种策略的缺点是由于让步比较坦率，可能给对方传递一种尚有利可图的信息，从而提高其期望值，继续讨价还价；由于一次性大幅度让价，可能会失去本来能够全力争取到的利益。这种策略适用于在谈判中处于劣势的一方或是谈判双方之间的关系比较友好，以一开始做出较大让步的方法感染对方，促使对方以同样友好坦率的态度做出让步。使用这一策略要根据实际情况，充分把握信息和机遇，保证主动让步之后己方能得到关系全局的重大利益。

5．稳健式让步策略

稳健式让步策略是指以稳健的姿态和缓慢的让步速度，根据谈判的进展情况分阶段做出让步，争取较为理想的结果。谈判人员既不坚持强硬的态度寸利不让，也不过于坦率，一下子让出全部可让利益。既有坚定的原则立场又给对方一定的希望。每次都做一定程度的让步，但是让步的幅度要根据对方的态度和形势的发展灵活掌握。有可能每次让步幅度是一样的，有可能让步的幅度越来越小，也有可能幅度起伏变化，甚至最后关头又反弹回去。这种策略的优点是稳扎稳打，不会冒太大的风险，也不会一下子使谈判陷入僵局，可以灵活机动地根据谈判形势调整自己的让步幅度。另外，双方要经过多次讨价还价、反复的磋商和论证，可以把事情说得更清楚，考虑得更周全。这种策略运用需要较强的技术性和灵活性，随时观察对方的反应来调整己方让步策略。这种策略的缺点是需要耗费大量的时间和精力才能达到最后成交的目标，而且容易过于讲究技巧，而缺乏坦率的精神和提高效率的意识。当然，商务谈判多数情况习惯运用这种策略。

小结

在摸底阶段，谈判双方旁敲侧击，窥探对方意图，双方互相了解对方的期望。谈判高手善长于从对方表面的陈述中找出其真正的意图，并隐藏自己的期望值。

摸底的策略有投石问路、虚张声势、善用统计数据、混水摸鱼等。

谈判僵局是商务谈判过程中出现难以再顺利进行下去的僵持局面。在谈判中谈判双方各自对利益的期望或对某一问题的立场和观点存在分歧，很难形成共识，而又都不愿做出妥协向对方让步时，谈判进程就会出现停顿，谈判即进入僵持状态。

谈判僵局产生的原因有立场观点的争执、面对强迫的反抗、信息沟通的障碍、谈判人员行为的失误以及偶发因素的干扰。

走出僵局的策略有雷霆之怒、浪花小调、沉默的力量、煽动、黑白脸策略以及休会打破僵局等。

在商务谈判磋商阶段，对己方条件做一定的让步是双方必然的行为。

让步的原则和要求：维护整体利益、明确让步条件、选择好让步时机、确定适当的让步幅度、不要承诺做出与对方同等幅度的让步、在让步中讲究技巧、不要轻易向对方让步以及每次让步后要检验效果。

让步实施策略有于己无损策略、以攻对攻策略、强硬式让步策略、坦率式让步策略以及稳健式让步策略。

第三部分　课题实践页

（一）简答题

1. 磋商阶段有哪些主要工作任务？
2. 摸底的策略有哪些？
3. 走出谈判僵局的策略有哪些？
4. 让步的基本原则是什么？

（二）选择题

1. 最后让步中主要应把握的问题是（　　）。

A. 让步的时间和方式　　　　　　　　B. 让步的方式和幅度

C. 让步的时间和幅度　　　　　　　　D. 让步的幅度和频率

2. 谈判中最容易产生僵局的议题是（　　）。

A. 验收标准　　B. 违约责任　　　　C. 合同价格　　D. 履约地点

3. 谈判信息沟通障碍主要有（　　）。

A. 文化背景差异　　　　　　　　　　B. 语言不通

C. 谈判策略不同　　　　　　　　　　D. 心理因素

4. 打破谈判僵局具体做法有（　　）。

A. 采取横向式谈判　　　　　　　　　B. 改期再谈

C. 更换谈判人员　　　　　　　　　　D. 改变谈判环境

5. 谈判僵局形成的原因主要有（　　）。

A. 信息沟通障碍　　　　　　　　　　B. 外部环境突变

C. 观点分歧较大　　　　　　　　　　D. 人员素质较高

6. 迫使对方让步的主要策略有（　　）。

A. 利用竞争　　B. 最后通牒　　　　C. 撤出谈判　　D. 软硬兼施

（三）分析题

1.（续课题三分析题1）你自己先搭乘飞机去查看接待地情况。那里的事情简直安排得一塌糊涂，虽然你事先已预付了一半款项，但旅馆并没有收到，即使旅馆同意你们住宿，也要

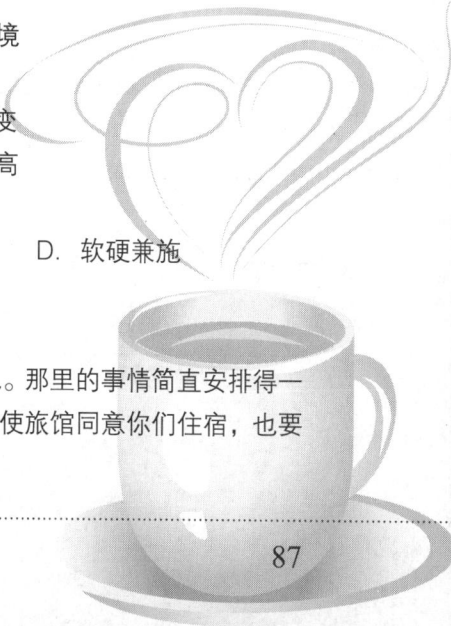

求你先写一份付清这笔款项的保证书,你的团队已经登机,正在旅途中。此时你应当先做什么?

(1)立即向旅馆让步。

(2)按照旅馆的要求,提交你写下的付款保证。

(3)告诉旅馆向旅游代办人要钱。

(4)在要求旅馆满意地提供所有要求服务后,才提交付款保证书。

解析: _____

_____

_____

_____

_____

2. 你是一家啤酒批发商,正与某家零售店的主任进行业务磋商。该主任要求你提供的啤酒每瓶必须削价 0.02 元,否则他们宁可转向其他批发商购买不同品牌的啤酒。该零售店每年 5~10 月份向你订购的啤酒多达 5000 箱,每瓶减价 0.02 元,全年即少收利润达 4000 元。面对他的要求,你将怎么办?

(1)礼貌地拒绝他。

(2)接受他的意见。

(3)提出一些折中的解决办法。

(4)表示你要考虑。

解析: _____

_____

_____

_____

_____

课题六 商务谈判的结束与签约

技 能 目 标	知 识 目 标	建 议 学 时
➤ 寻找结束的时机	（1）能够识别谈判结束的时机 （2）能够把握谈判结束的时机	2
➤ 促成	（1）能够掌握促成的策略 （2）能够在合适的时机使用相应的策略	2
➤ 商务合同的起草与签约	（1）能够在签约前进行相应的技术准备 （2）了解签约过程中以及结束后的注意事项 （3）掌握商务合同谈判的内容	4

第一部分 案例与讨论

案例 坚定的离开

在某城市一个较大的旅馆里，一个定于上午 10 点开始的大型聚会即将开始。聚会的组织者于上午 8：00 就到达了，他发现在同一时间还有两个重要的会议也预定在这家旅馆举行，而他组织的会议已被安排在较差的房间里。他要求旅馆经理到餐厅来见他（而他不先找经理），当着旅客的面，大声而坚定地对经理说，目前的这种情况是不能接受的，他要求得到一间较好的房间，这一点没有什么好争辩的，没有讨论的余地，并希望在 9：30 以前把这一切安排好。说完，便扬长而去，离开了旅馆。经理非常尴尬。这位顾客很清楚这一点，要是经理不设法更换房间，就难免有一些可怕的争执，与会者很快就要到达，届时会乱作一团。要更换房间，就不能迟疑，必须快速行动，以赶在会议组织者返回之前，把一切准备妥当。这位经理就这样别无选择地为对方更换了房间。会议组织者用声明了自己的要求后离去的手法，实现自己的要求。

案例讨论

（1）组织者如何结束了谈判，符合哪个结束谈判的策略？

（2）这一结束方法有哪些使用条件？

第二部分　课题学习引导

6.1　寻找结束的时机

商务谈判该何时结束？是否已到谈判结束的时机？这是商务谈判结束阶段极为重要的问题。谈判人员必须正确判断谈判终结的时机，才能运用好结束阶段的策略。错误的判定可能会使谈判变成"一锅夹生饭"，已付出的大量劳动付之东流。错误的判断也可能毫无意义地拖延谈判成交时机，丧失成交机遇。

6.1.1　从谈判涉及的交易条件来判断

这个方法是指从谈判所涉及的交易条件解决状况来分析判断整个谈判是否进入结束阶段。谈判的中心任务是交易条件的洽谈，在磋商阶段双方进行多轮的讨价还价，临近结束阶段要考察交易条件经过多轮谈判之后是否达到以下 3 条标准，如果已经达到，那么就可判断谈判结束。

1．考察交易条件中尚有余留的分歧

首先，从数量上看，如果双方已达成一致的交易条件占据绝大多数，所剩的分歧仅占极小部分，就可以判断谈判已进入结束阶段。因为量变会导致质变，当达到的共识已经大大超过分歧时，谈判就已经从磋商阶段转为结束阶段，或者说成交阶段。其次，从质量上看，如果交易条件中最关键最重要的问题都已经达成一致，仅余留一些非实质性的无关大局的分歧点，就可以判断谈判已进入结束阶段。谈判中关键性问题常常会起决定性作用，也常常需要耗费大量的时间和精力。谈判是否即将成功，主要看关键问题是否达成共识。如果仅仅在一些次要问题上形成共识，而关键性问题还存在很大差距，是不能判断进入结束阶段的。

2．考察谈判对手的交易条件是否进入己方的成交线

成交线是指己方可以接受的最低交易条件，是达成协议的下限。如果对方认同的交易条件已经进入己方成交线范围之内，谈判自然进入结束阶段。因为双方已经出现在最低限度达成交易的可能性，只有紧紧抓住这个时机，继续努力维护或改善这种状态，才能实现谈判的成功。当然己方还想争取到更好一些的交易条件，但是己方已经看到可以接受的成果，这无疑是值得珍惜的宝贵成果，是不能轻易放弃的。如果能争取到更优惠的条件当然更好，但是考虑到各方面因素，此时不可强求最佳成果而重新形成双方对立的局面，使有利的时机丢掉。因此，谈判交易条件已进入己方成交线时，就意味着谈判结束阶段的开始。

3．考察双方在交易条件上的一致性

谈判双方在交易条件上全部或基本达成一致，且对个别问题如何做技术处理也达成了共识，就可以判断已进入结束阶段。首先，双方在交易条件达成一致，不仅指价格，而且包括对其他相关的问题所持的观点、态度、做法、原则都有了共识。其次，个别问题的技术处理也应使双方认可。因为个别问题的技术处理如果不恰当、不严密、有缺陷、有分歧，就会使谈判人员在协议达成后提出异议，使谈判重燃战火，甚至导致达成的协议被推翻，使前面的劳动成果付之东流。因此，在交易条件基本达成一致的基础上，个别问题的技术处理也达成一致意见，才能判断已进入结束阶段。

6.1.2 从谈判时间来判断

谈判的过程必须在一定时间内结束，当谈判时间即将结束，自然就进入结束阶段。受时间的影响，谈判人员调整各自的战术方针，抓紧最后的时间做出有效的成果。时间判断有以下3种标准：

1．双方约定的谈判时间

在谈判之初，双方一起确定整个谈判所需要的时间，谈判进程完全按约定的时间安排，当谈判已接近规定的时间时，自然进入谈判结束阶段。双方约定多长时间要看谈判的规模大小、谈判内容多少、谈判所处的环境形势以及双方政治、经济、市场的需要和本企业利益。如果双方实力差距不是很大，有较好的合作意愿，紧密配合，利益差异不悬殊，就容易在约定时间内达成协议，否则就比较困难。按约定时间终结谈判对双方都有时间的紧迫感，促使双方提高工作效率，避免长时间地纠缠一些问题而争辩不休。如果在约定时间内不能达成协议，一般也应该遵守约定的时间将谈判告一段落，或者另行约定时间继续谈判，或者宣布本次谈判破裂，双方再重新寻找谈判机会或新的合作伙伴。

2．单方限定的谈判时间

由谈判一方限定谈判时间，随着结束时间的来临，谈判也会随之结束。在谈判中占有优势的一方，或是出于对本方利益的考虑需要在一定时间内结束谈判；或是还有其他可选择的合作者，因此请求或通告对方在己方希望的时限内终结谈判。单方限定谈判时间无疑对被限定方施加某种压力，被限定方可以服从，也可以不服从，关键要看交易条件是否符合己方的谈判目标，如果认为条件合适，又不希望失去这次交易机会，就可以服从，但要防止对方以时间限定向己方提出不合理要求。另外，也可利用对手对时间限定的重视性，向对方争取更优惠的条件，以对方优惠条件来换取己方在时间限定上的配合。如果以限定谈判时间为手段向对方施加不合理要求，会引起对方的抵触情绪，破坏平等合作的谈判气氛，从而造成谈判破裂。

3．形势突变的谈判时间

本来双方已经约定好谈判时间，但是在谈判过程中形势突然发生了变化，如市场行情突变、外汇行情大起或大落、公司内部发生重大事件等，谈判人员突然改变原有计划，要求提前结束谈判。这是由于谈判的外部环境是在不断发展变化，谈判进程不可能不受这些变化的影响。

6.1.3 从谈判策略来判断

谈判过程中有多种多样的策略，如果谈判策略实施后决定谈判必然进入终结，这种策略称为终结策略。终结策略对谈判终结有特殊的导向作用和影响力，表现出一种最终的冲击力量，具有终结的信号作用。常见的终结策略有以下几种：

1．最后立场策略

谈判人员经过多次磋商之后仍无结果，一方阐明己方最后的立场，表明只能让步到某种条件，如果对方不接受，谈判即宣布破裂；如果对方接受该条件，那么谈判成功。这种最后立场策略可以作为谈判结束的判断。一方阐明自己最后立场，成败在此一举，如果对方不想使谈判破裂，只能让步接受该条件。如果双方并没有经过充分的磋商，还不具备进入结束阶段的条件，一方提出最后立场就含有恫吓的意味，让对方俯首听从，这样并不能达到预期目标，反而过早地暴露己方最低限度条件，使己方陷入被动局面，这是不可取的。

2．折中进退策略

折中进退策略是指将双方条件差距之和取中间条件作为双方共同前进或妥协的策略。如谈判双方经过多次磋商互有让步，但还存在残余问题，而谈判时间已消耗很多，为了尽快达成一致实现合作，一方提出一个比较简单易行的方案，即双方都以同样的幅度妥协退让，如果对方接受此建议，即可判定谈判终结。折中进退策略虽然不够科学，但是在双方很难说服对方，各自坚持己方条件的情况下，也是寻求尽快解决分歧的一种方法。其目的就是化解双方矛盾差距，比较公平地让双方分别承担相同的义务，避免在残余问题上过多地耗费时间和精力。

3．总体条件交换策略

双方谈判临近预定谈判结束时间或阶段时，以各自的条件做整体交换以求达成协议。双方谈判内容涉及许多项目，在每一分项目上已经进行了多次磋商和讨价还价。经过多个回合谈判后，双方可以将全部条件通盘考虑，做"一揽子交易"。例如，涉及多个内容的成套项目交易谈判、多种技术服务谈判、多种货物买卖谈判，可以统筹全局，总体一次性进行条件交换。这种策略从总体上展开一场全局性磋商，使谈判进入结束阶段。

6.2　促成谈判及其策略

看到对方结束谈判的意愿后，作为谈判人员还要采用一定的策略，最后促成谈判。

6.2.1　期限策略

期限是一种时间性通牒，可以促使人们采取某种行动。

在商务谈判中，卖方通常借用期限来逼迫买方：①从 7 月 1 日起这种商品将要提高价格；②我方所能提供的优惠条件在半个月内有效；③假如贵公司迟于 6 月 1 日订货，我们将无法在 8 月底之前交货；④假如明天下午 3 点半仍未收到贵公司的订金，我们将与别的客户成交……

买方也常利用期限逼迫卖方：①假如你愿意降低价格，请在下星期三以前告诉我们，否则我们将向其他厂家订货；②请你们尽快确定交货时间，不要迟于本星期四，因为这关系到我们生产计划的落实，否则，我们将向其他供应商订购；③在 5 月 8 日以后，我们将不再接受订单……

期限的作用，在于能使那些犹豫不决的谈判对手，尽快作出决定。一旦对方接受了这个最后期限，双方的谈判就会顺利结束。期限之所以能够起到这个作用，是因为它会使对方感到如不迅速作出决定，他可能会失去这个机会。从心理学角度讲，人们普遍对能够得到的东西不觉得稀罕，而一旦觉得可能要失去某种东西时，这种本来在他看来并不重要的东西会变得很有价值。在谈判中，利用期限策略就是借助人们的这种心理定势而发挥作用的。

但是，期限策略在使用上有先决条件，即只有当对方显露出对你的要求感兴趣，并对达成协议的需要相当强烈的情况下，才可以运用；否则，你想用期限去逼迫对方，对方干脆拉倒不干了。

期限是谈判双方都可以使用的武器，如果你面对的是对方向你设定期限，在这种情况下，你该怎么办？

① 不要泄露自己的期限，别让对手了解你非在那一个时间前完成谈判不可。因为对手一旦获悉你的期限，就有可能拖延谈判时间，直到谈判期限临近时才与你认真谈判。在这种情况下，你因为受时间的束缚，要么拒绝对方的要求，要么接纳不利的条件。

② 要认真研究对方设定期限的动机，并且仔细比较达成协议后双方的得失，由此判断对方所设的期限只是一种压力，还是真的不想再谈下去了。

③ 应该明白，大多数期限并不是真正的期限；在谈判中，大多数期限都是有商量余地的。你不必对期限本身过分敏感，重要的是了解对方的动机和目的。

6.2.2 最后通牒

在商务谈判中，人们总是想像将来自己可能会得到更大的利益，因而对眼前的选择犹豫不决。这时，采用"最后通牒"策略，消除对方对未来的奢望，可促使达成协议。

【引例 6-1】

美国汽车界巨子艾科卡在接手陷入困境的克莱斯勒公司后，觉得必须降低工人的工资。他首先降低高级职员 10％的工资，自己的年薪也从 36 万美元减为 10 万美元。

工会并未答应，双方僵持了一年，最后，形势逼迫艾科卡发出了最后通牒。在一个冬天的晚上 10 点，艾科卡找到工会谈判委员会，对他们说："明天早晨以前你们非作出决定不可，如果你们不帮我忙，我叫你们也不好受，明天上午我就可以宣布公司破产。你们还可以考虑8 个小时，怎么办好，随你们的便。"

艾科卡在其自传中也说："这绝不是谈判的好办法，但是有时候只能这样做。"最后通牒，正是特定情境下的一种谋略。

谈判中的最后通牒不像战争中的最后通牒那样残酷。谈判中的最后通牒，最坏的结果就是终止谈判。

一般说来，谈判人员都不愿终止谈判（无诚意的谈判人员例外）。特别是在商务谈判中，任何一个商人、企业家都明白，自己一旦退出谈判桌，无数个守候在旁的竞争者马上会取代他的位置。但是，"最后通牒"常常被看做是一种威胁，使对手无维护自尊和选择的自由，从而引起对手的不满和反抗。

美国通用电器公司在与工会的谈判中，采用"最后通牒"的谈判策略长达 20 年之久。这家大公司在谈判刚开始时便提出一个工资标准，同时也谨慎地提交一大堆分析表、统计数据和事实，来支持他们的最后工资标准。从 1947～1969 年的 22 个年头里，这个策略一直很有效。但在 1969 年，工人的挫败感累积终于爆发，促成了一场超越经济利益的罢工。因此，一个谈判高手总是十分慎用"最后通牒"。一般来说，只有在下述情况下，才使用"最后通牒"：①谈判人员知道自己处于一个强有力的地位，所有的竞争对手都不具备他的条件，如果交易要继续进行的话，对手只能找他；②谈判人员已试用其他方法均无效，在当时采用这种方法是唯一能使对手改变想法的最后方法；③对方现在所持的立场确已超过自己的最低要求；④你的最后价格在对方的接受范围之内，不然，对手会宁可中断谈判，也不妥协。"最后通牒"奏效的关键在于使对手相信它是最后的、真实的，而不是策略。若对手不相信"最后通牒"会实施，"最后通牒"就会失效。

6.2.3 行动策略

假设主要问题已基本谈妥，谈判双方都可大胆采取行动。当然，采取行动也要讲究策略。

策略之一：将就促成。如果你是需方，可以拿起笔来，或向对方借一支笔起草协议，边写边询问对方喜欢哪一种付款方法。如果你是供方，可以边写边询问对方愿意将货物运送到哪个地点或仓库等。

策略之二：主动提出签约细节。谈判一方主动向对方提出协议或合同中某一具体条款的签订问题。例如，验收条款，可以共同商量验收的时间、地点、方式以及技术要求等。

策略之三：表示结束。谈判一方可以给对方一个购货单的号码、名信片，或者和他握手祝贺谈判成功。这些做法有助于加强对方已经做出的承诺。

在采取行动促成签约结束时必须注意，不要恭维对方。一旦谈判即将结束，切忌恭维对方："这是你所达成的最好协议，你不会感到遗憾的。"这样容易增加对方对你的怀疑，即使是最容易相信别人的人，也会疑惑自己承诺的到底是什么。

6.2.4 恐惧唤醒

有人虽不为利润所动，却要尽量地避免损失。作为买方，你可以向卖方指出，你的慷慨提议，已经超出权限之外了，如果延迟，你的老板可能会不同意。买方还可以向卖方阐明，如果早日签订合同，一切都能够做得更好一些。卖方则可以利用种种策略，例如，时间的限制、存货可能会不够等向买方暗示，以尽快促成对方下决心。

6.2.5 利益诱导

真正的谈判高手会运用自己的全部知识、能力使对手相信，他的建议将给自己带来最大的利益，是最理想的选择。一个谈判高手知道，利益是改变对手想法的重要杠杆。无论你是卖方还是买方，不论你进行什么类型的谈判，你都可以用利益诱导方法使对手同意你的观点和建议。

【引例 6-2】

让我们来看看，美国芝加哥一位富有的慈善家是怎样说服最难说服的对手——美国参议院的。这位慈善家把大量时间和金钱都奉献给心脏病的研究，并获得了一定的知名度。当时，美国参议院的一个委员会正在就建立全国心脏病基金会的可行性进行调查，要求这位慈善家到会作证。慈善家认为这是推进他最热心的事业的一个机会。他请教了一些最优秀的心脏病专家和民间的心脏病研究组织，准备了简明而又材料翔实的演说词。开听证会时，他发现自己被安排在第六个发言作证，前五个人都是著名的专家、医生、科学家以及公共关系专家，这些人终身从事这方面工作。委员会对他们每个人的资格都一一加以盘问，还会突然问："你的发言稿是谁写的？"

当轮到他发言时，他走到参议员们面前说："参议员先生们，我准备了一篇发言稿，但我决定不用它了。因为我怎么能同刚才发表过高见的那几位杰出人物相提并论呢？他们已向你们提供了所有的事实和数据。而我在这里，则是要为你们的切身利益向你们做出呼吁。像你们这样辛劳的人，正是心脏病的受害者。你们正处在生命最旺盛的时期，处在一生事业的顶峰，但是，你们也正是最容易得心脏病的人。也就是说，在社会上享有杰出地位的人员最可能得心脏病。"他一口气说了45分钟，那些参议员似乎还没听够。不久，全国心脏病基金会就由政府创办了，他被任命为首任会长。

利益诱导中的"利"，不应仅仅理解为"钱"。现代社会中的价值标准是多元的，人们在谈判中努力争取的东西是多样的。以利诱导的"利"，可以是一笔钱、一种地位，也可以是一个机会、一种享受等。

首先进入中国咖啡市场的雀巢公司，在广告词中并未讲价廉、营养丰富，而只说"味道好极了"，因而是"馈赠亲友的上好礼品"。这也是一种利益诱导，但这是一种享受之利。

著名的教育思想家卢梭说过："如果你想使年轻的女子喜欢良好的品行，那你就不要一而再、再而三地向她们说：'你们要规矩些。'应该使她们认识到规规矩矩的行为将给她们带来巨大的利益，应该使她们认识到规规矩矩行为的巨大价值，而且使她们喜欢这种行为。仅仅指出在遥远的将来要获得这种利益，那是不够的，必须马上从她们那样年岁的人所有的种种关系中，从她们爱人的性情中，使她们看到这种利益。"年轻女子是这样，别人呢？这里的原理是相通的。一位卖主曾深有体会地说："若是买方对您销售的商品发生兴趣，就必须使他们清楚地意识到在获得您的商品之后能得到的好处。"

6.3 商务合同的起草与签约

6.3.1 商务合同的基本内容

商务合同的种类很多，内容上也有很大的差别。但是，在任何商务合同中，下述内容都是不可缺少的：

1. 合同当事人的名称或姓名、国籍、营业场所或住所
本条款的作用在于明确合同中享有权利和负有义务的法律主体，即履行合同的责任者。
2. 合同签订的日期、地点
合同签订的日期涉及合同生效的问题，除我国有关法律、法规规定应当由国家批准的合同以外，表示合同发生效力的时间，即双方在合同上签字即告生效。
合同签订的地点与适用法律有关。当某个合同没有规定选择适用的法律时，一旦发生争论，一般适用合同缔结地的法律。因此，在我国企业与外商订立商务合同时，应该尽量争取

在中国境内订立。

3．合同的类型和合同标的的种类与范围

合同的"标的"是指合同当事人双方权利和义务共同指向的对象；国际货物买卖中的货物，技术贸易中的技术等。

4．合同标的的技术条件、质量、数量、标准、规格

在确定合同标的的标准时需要注意，标准有许多种。如国际标准（ISO）、国家标准（GB）等，某种标准随着科技与生产的发展还会发生变动。因此，在引用时应该明确以哪个国家的标准为准，并注明该标准的颁布年代和版本。

5．合同履行的期限、地点和方式

合同履行的期限是指合同双方当事人实现权利和履行义务的时间限制。合同履行的地点是指合同双方当事人在什么地点履行各自的义务。合同履行的方式是指合同双方当事人以什么样的方式去履行各自的义务和责任。

6．价格条款、支付金额、支付方式和各种附带费用

价格条款不仅涉及标的的价格，而且还涉及与标的的运输有关的双方的责任、风险的划分问题。

支付方式则涉及能否安全、迅速、完整地实现合同双方当事人的经济利益。

7．合同的转让、变更、解除或终止

合同的转让是指合同主体变化，即当事人一方将合同中的权利和义务全部或部分转让给第三者。它既关系到原当事人双方的权利和义务，又关系到第三者的权利和义务。所以合同能否转让、转让的条件必须在合同中说明。

合同的变更、解除或者终止是维护合同当事人在特定情况下权益的重要手段。

需要注意的是：凡是合同经过国家有关机关批准或者公证的，其变更或解除，都要经过原批准机关和公证机关批准。

8．违反合同的赔偿和其他责任

违反经济合同的责任，是指当事人任何一方由于自己的过错，致使不能履行或不能完全履行经济合同所规定的义务而应该承担的法律责任。简称为违约责任。

承担违约责任必须具备两个前提：一是客观上存在着不履行经济合同义务的事实；二是主观上存在着过错。

6.3.2　商务合同的起草

1．合同首部的起草

合同首部是合同的开始部分，也是合同的重要组成部分，其内容通常易被忽视，然而当争议发生时，这部分内容将起重大法律作用。

（1）合同的名称与编号。

① 合同名称，也就是合同的标题，通常的交易合同名称是销售合同或销售确认书。

② 合同编号，凡是书面合同都应该有一个编号。一方面编号有利于合同管理；另一方面在贸易双方的联系中，如电报、电传、信函等，往往都要引用合同编号，尤其是在国际贸

易中开立信用证、制单、托运等都要引用合同编号。

（2）签约的时间与地点。

在国际贸易中，合同上写明签约地点一项相当重要，因为当履约过程中发生争议时，签约地点就关系到该合同适用哪国法律的问题。如果合同中对该合同所应适用的法律没有作出明确的规定，在发生法律纠纷时，一般应由合同成立地的法律来确定，这时，签约地点的法律就成为合同的依据法。如果合同中未写明签约地点，各国的法律则有不同的解释，有的国家规定适用卖方所在地法律，有的规定适用合同履行地法律，这样就会影响对争议的处理。

（3）合同双方当事人的身份。

合同双方当事人的身份以当事人的名称、地址、营业所在地及其电话、传真号码等来表示。如果当事人是一家股份公司，那么股份公司的名称就是身份证明，该名称包含了当事人的法律地位和当事人代表所被授予的权力范围及性质。例如，当发生诉讼时，由于企业的法律地位不同，债务承担也不一样。具有法人地位的股份有限公司一旦破产，该公司的股东对公司的债务承担仅以其出资为限；而不具有法人地位的合伙企业一旦破产，普通合伙人就必须对企业的债务承担无限责任。所以列明双方当事人的身份是很重要的。在当事人名称书写中应尽量避免姓名、地址、电话号码书写的错误。

（4）签约意图。

关于合同双方签约意图和背景的说明是解释合同主要内容的起点或序曲，要求简明扼要。

（5）有关文件与事项。

① 如果书面合同签订的依据是往来函电，就应在合同首部准确无误地列明双方往来的一切函电。当然，如果双方往来的函电很多时，也可择其重要的列出。

② 如果是通过口头谈判达成的交易，则要注明双方出席的人数、时间、地点。

③ 如果既有函电作依据，又有口头谈判加以确认，则两者均须列明，除非双方约定以前往来的函电无效。

（6）词语注释。

对于合同中所出现的某些比较复杂和容易引起歧义的概念或词语在合同首部给出定义，使整个合同言简意赅。

2．合同主文的起草

（1）商品名称条款。

要注意合同上的商品名称必须与标在商品上的名称相一致，以免引起争议。在国际贸易中，还要注意一般出口商品的名称应与进口国家海关提供的通用商品名称相吻合，以减少海关检查的麻烦。

注意：从表面上看，标的是交易中客观存在着的，并不属于谈判的问题。但是事实却告诉我们，虽然标的只是陈述交易的内容，但存在"货真价实"的标准问题，因而标的条款一定要拟订得明确、完整和确切。

标的条款应包括完整的、通行的名称，数量与质量，产地与出厂时间。例如，1998年在我国曾经发生的一件90元人民币邮购水晶项链的事件，卖方就是在"货真价实"的标准问题上做了手脚。因此，使得不少人由于贪心而上当受骗。

（2）商品品质条款。

① 商品品质表示方法的选择可以适应对方的要求后，就要将商品品质条款定得清楚明白，如凭标准交易的标准名称，要注明该标准的制定年份；凭规格交易时应写明误差或一定的机动幅度。

② 卖方在编写商品质量说明书时，应考虑买方的习惯，在国际贸易中还应考虑所在国的通用标准。对于商品质量的规定，既不应笼统含糊，又不应定得过死。附有说明书的合同应注明商品的品质，卖方的责任就是买方在指定的说明书中所规定的，同时不应要求超越这些规定。

注意：合同条款中的质量在描述时通常应该包括"过去、现在、将来"所做工作的结果。如果是货物，过去是指设计、造型、用材的要求；现在是指性能、外观；将来是指使用寿命、潜在的缺陷等。如果是工程和服务，过去是指设计或工作态度；今天是指工程的性能与效果；将来是指有关的隐患或者可能产生的副作用等。

如果合同不明确产地，供货人可以多方收集同类产品以保证大宗买卖的成交，可以从二流、三流生产商那里以较低收购价获取超额利润，而作为买者有可能花"正宗"的价格买到并非"正宗"的货物。

例如，在计算机的交易中，合同注明要用 IBM 公司的机器，但 IBM 公司的加工厂遍布在世界各地。如果在合同中没有注明产地，那么供应商自然可以从美国，也可以从英国、日本、新加坡等国家以及中国香港、中国台湾等地区的加工厂进货。虽然商标仍然是 IBM 公司的，但铭牌上可能是印上"香港制造"、"台湾制造"，有的部件甚至可能是我国境内企业生产的，并打上了"Made in China"。如果处于中间商的位置就会因此受到用户的非议，蒙受重大的经济损失。如果处于工程承包商的位置，严重时还会影响到工程的质量。还有一些矿产和农作物，因产地不同甚至在品质上有明显的差异，所以这一类货物的购销合同更要注明产地。此外，在合同中还应该注明生产时间。无论是机械、食品、化学品、药品还是其他各类日用品，产品出厂时间是其新旧、性能、寿命等质量指标的一个重要组成部分，在标的条款中也应该予以明确，否则就会在交易中吃亏或陷于长时间的纠纷困扰中。

（3）商品数量条款。

① 首先应根据商品特性和行业习惯，选用合适的计量单位，尽量选用国际度量衡制。

② 对于按重量交易的商品，应说明是按毛重还是净重，即应注明计算重量的方法。

③ 对于实际交货数量与合同数量难于完全相符的商品，应列明交货数量的机动幅度，机动部分如何计价，以及谁来判定这部分的数量等内容。

④ 如果合同中用"约"量来表示商品数量所容许有的机动幅度，则一定要注明这个"约"量的含义究竟是百分之多少，以免引起争议。

注意：合同条款中所采用的数量单位不能用中间性的名称。例如，套、批、某月的需求量等中间性单位名称。因为中间性名称容易引起纠纷，卖方有时用这种方法作价，可使买方处在被动的地位，在发生货物短缺时难以索赔。

（4）商品包装条款。

① 合同中的包装条款，主要应包括货物包装的式样、材料、费用的负担和运输标志。

② 包装费用一般都是计入货价之内，不需另外计收；但如果包装费用较高，需要另外计价收取的，则应在合同中注明包装价格和支付办法。

③ 如果合同规定由买方提供包装和包装材料，则应在合同中进一步规定买方提供的时间和到达卖方的最迟时限，以防买方不按时提供而影响卖方及时交货，造成纠纷。

④ 如果交易的是没有包装的商品，则合同中应注明为散装。

⑤ 一般运输标志是由卖方自行设计决定，并不一定要在合同中订明。有时候买方要求决定运输标志，在此种情况下，不但应该在合同中将买方的运输标志订明，而且还应在合同中规定买方向卖方提出具体运输标志的最后期限以及逾期的补救措施。

⑥ 对于"定牌"包装必须在合同中明确规定：

● 如果买方所提供的商标、牌号侵害了任何第三者的利益，卖方不负侵权之责；

● 不承担冒牌及产品责任法中所规定的有关责任。

（5）商品检验条款。

商品检验是对商品的品质、数量、包装的检验，以确定所交货物是否与合同规定相符。合同中商品检验条款主要应包括检验机构、时间、地点、方法以及检验证书的效力。必须注意，由于检验机构、时间、地点、方法不同，其结果可能不同，所以，必须在合同中作出明确的规定。此外，检验证书是作为收取货款的依据，还是作为证明货物状况的最终依据，也应在合同中作出规定。

（6）产权条款。

对于交易商品的产权，卖方应在合同中给出明确的担保。若在合同中对于交易商品的所有权和工业产权等权利的担保来作规定，则发生纠纷时应按照所适用的国内法和《联合国国际货物销售合同公约》处理。

从法律角度来看，人们只能就拥有合法产权的物品进行交易，否则合同就属于不合法的、不能成立的合同。如果不注意交易中的产权问题，在履约过程中会发生意想不到的纠纷。

【引例 6-3】

我国有一家国际投资公司在海外投资房地产，与国外一位商人谈判，准备将房子建在他的地产上，建成后按一定比例分享房地产的利益。谈判一开始，该商人出示了地产证明，谈判进行得相当顺利。当建筑即将完工时，这位商人的妻子找到我国的国际投资公司，说我们侵权。理由是我方把房子建在属于她的土地上了，并出具了合法的地产证明（原来地产证已在签约前转到该商人夫人的名义下，而该公司在签约时对此未作进一步核对）。由此，她提出了两个解决方案。一是房子造好后，除了她丈夫应得的部分外，再给她若干套房子。二是现在就从她的地产上撤走。由于在合同签约时，没有验明土地的产权证明，结果陷入了相当被动与尴尬的境地。这家公司实在不甘心，于是聘请当地律师打官司。这场官司打了三年多，结果不仅要承担昂贵的律师费，而且由于错过出售房子的时机，房地产价格大跌，导致这家公司最终损失惨重。

产权条款还要求在合同中对工业产权作明确的说明。例如，卖方应声明其对标的所涉及的工业产权的合法性，即不是伪造别人的产品，没有侵权行为。同时，保证对自己的申明应负的经济和法律责任。买方对该条只承担在第三方向卖方提出起诉时保持中立的义务。产权条款无平衡可言，主要由卖方予以保证，不管卖方提何种条件，这一条的基本精神不能改变。

有时卖方提出"买方不能在第三国使用卖方的技术或销售其许可产品，否则第三方起诉时，卖方概不负责"。这实际是卖方在耍讨价还价的手法，限制买方的销售权，减少对自己市场的危害，也可以减少第三方起诉卖方的机会。按情理讲，卖方这样做理由不充分，是一种典型的限制性的商业做法，买方完全可以不接受。但在谈判时，如果卖方有一定的苦衷或难言的理由，买方也应给予以适当考虑，有时从妥协的角度来看也可以这么签订。但是，大前提是不能损害买方已取得的利益。否则的话，就显得不公平和不公正。当然，在技术贸易中有时规定买方不能在第三国使用卖方的技术或销售其许可产品，是卖方对其工业产权的一种保护手段。那么，这时在价格上应对此类限制予以体现，即买方所获价格比没有这项限制条款的价格要低。

（7）价格条款。

① 国际贸易合同中价格条款对价格的规定有如下4种方式：

● 固定价，即将双方谈定的价格订入合同，不得变动。

● 暂定价，即合同中所列价格只适用限定的一段时间，以后由双方协调。

● 滑动价，合同中规定的只是一个基价，同时订有一个价格调整方法的条款，即交货付款时根据情况变化按所定方法对原定的基价作相应的调整。

● 暂不定价，即在合同中只规定定价的办法，暂时不订明价格。

一般多数合同是采用第一种固定价的方式。

② 如果用固定价的价格条款一般有2项内容，一是单价，二是总值。

● 单价。单价包括计量单位和单位价格金额，在国际贸易中还包括计价货币名称和贸易术语等。

● 总值。总值是单价和数量的乘积。总值所使用的货币必须与单价所使用的货币一致。

③ 在国际贸易中，由于外汇汇率的急剧变化可能抵消交易盈利，甚至发生亏本，因此，若使用的计价货币币值不稳，应在合同中订立汇率保值条款。即将计价货币与某种相对稳定的货币挂钩，以避免计价货币汇价下跌的风险；或者在合同中明确，当发生此种情况时有权取消合同。

（8）买卖双方义务条款与贸易术语。

① 任何一份交易合同，买卖双方义务条款是合同的主要条款。通常卖方的义务主要是交付货物，移交与货物有关的单据和转移货物所有权3项。其中最基本的是交付货物，这涉及交付的时间、地点和方法，在合同中必须作出明确的规定。买方的义务主要是收取货物和支付货物价款，这涉及使用何种货币以及支付时间、支付方式等，在合同中也必须作出明确的规定。

② 在国际贸易的合同中，关于价格、买卖双方义务等，通常是用简洁的贸易术语来表示的。贸易术语不仅表明了交易商品的价格构成，而且还表明了买卖双方在货物交接过程中的风险划分、费用负担以及应办手续的责任，同时也确定了合同的性质。因此运用贸易术语的合同可以省略买卖双方义务的条款，同时必须注意合同中其他条款要与之相适应，不要发生抵触。比如采用CIF术语的合同称为CIF合同，在合同的其他条款中就不能出现"货不到，不成交"，或"卖方对货物所承担的风险至目的港"，或"货物务必于××日期到达目的港"

等措辞。因为这些措辞实际上是指目的港交货，与 CIF 合同的性质不符。

（9）交货与装运条款。

交货与装运条款是合同的重要条款，任何一方违约，另一方均可索赔。交货与装运条款主要应包括交货时间、交货地点、交货方式、装运时间、装运方式、装运通知、装运港和目的港等事项。在国际贸易中，交货与装运比较复杂，因此特别应注意下述各点：

① 交货时间与装运时间。在国际贸易中，常用的 FOB 术语、CIF 术语、CFR 术语都是以装运时间作为交货时间，所以在常见的 FOB 合同、CIF 合同、CFR 合同中，只要规定装运时间就等于规定了交货时间，但若使用其他贸易术语，则交货时间与装运时间是不同的，需要分别作出规定。

② 关于装运时间的规定。通常有 2 种方法：

● 规定具体的最迟装运期限。例如最迟装运期不迟于 8 月 31 日。通过规定装运期来规定最迟期限，如装运期为 9～10 月。

● 规定收到信用证后一定时间内装运。例如，规定收到信用证后 30 天内装运。

③ 通常合同中，装运港和目的港只各规定一个，但必要时也可以规定几个。在书写港口名称时，应注意重名港口的问题，比如维多利亚（Victoria）港全世界有 12 个。因此，在书写港口名称时，应写明港口所属国家或地区的名称，以免发生差错。

④ 在大宗货物交易中，可以订上分批装运条款，允许分批装运、分批交货。

⑤ 在运输途径较为曲折、需要几种运输工具或船只互相衔接的，可以订上转运条款，允许转运。

⑥ 为了促使买卖双方互相配合，共同做好货船衔接工作，通常在合同中还应有关于装运通知的相互约定的条款，规定通知的内容、时间与时限。

（10）支付条款。

① 支付金额。一般来说，支付金额就是合同规定的总金额。但若在合同订立时尚未能确定由买方支付附加费，则支付金额就会与总金额不同。所以在支付条款中，规定支付金额的方法是不完全相同的，通常有如下几种规定办法：

● 按发票金额 100% 支付。此种规定多适用于交货前能够确定附加费用的金额以及无附加费或其他浮动费用的交易。

● 规定约数。即在金额前加上"约"字。此种规定法多适用于有溢短装条款的合同。

● 货款按发票金额，附加费等其他费用另行结算。此种规定法适应于交货前无法确定附加费用的交易。例如在国际贸易中，货款按全部发票金额，选港附加费凭支付费用的正本收据向买方收取。

② 各种支付方式的支付条款。

货款的支付，是货物买卖中的一项重要问题。在不同的支付条件下，尽管表面支付的价格总额不变，但对买方的实际支出和卖方的实际收入却可能有很大影响，所以，谈判各方都应努力争取对自身有利的支付条件。为此，需注意以下问题：第一，支付手段。货物买卖中的支付手段分为现金结算和非现金结算两种。其中，大多数采用非现金结算，并应就采用的票据如汇票、本票、支票等作出明确规定。第二，支付时间。支付时间的早晚影响到交易双方的实际收益和风险分担，须根据自身资金周转状况商定具体的支付时间，以免日后出现枝节。对分期付款，须明确首付时间及金额和之后的分期次数及各期的时间与金额；对延期付款，应订明具体的付款时间和进度。第三，支付货币。在国际贸易中，还涉及以何种货币计价和支付的问题。一般情况下，应选择兑换比较方便、币值也较稳定的货币作为计价和支付货币。由于普遍实行浮动汇率制度，在出口谈判中选用汇率呈上浮趋势的"硬货币"，进口谈判中选用汇率呈下浮趋势的"软货币"，则为有利。第四，支付方式。货物买卖中涉及的支付方式主要有汇付、托收和信用证 3 种，每种方式又有多种具体形式。不同的支付方式为买卖双方带来的收益和风险也不同，谈判中应结合双方实力对比、对方资信状况和贸易惯例选择合适的支付方式。

（11）异议与索赔条款。

在国际贸易中，一般合同都订有异议与索赔条款，其主要内容是对货物不符或违约提出异议或索赔时，规定提出异议或索赔的依据、索赔的期限、索赔的方法和索赔的金额。索赔的依据是提出索赔必须具备的证据以及出证的机构。索赔的期限根据货物的不同有长有短，一般规定为货物到达目的地后 30 天或 45 天。

（12）不可抗力与免责条款。

① 不可抗力，指某些非可控的自然或社会力量引起的突发事件。不可抗力可能会影响合同的顺利履行，贸易实践和各国法律均认可不可抗力，但对其细节没有统一规定。为防止交易中某一方任意扩大或缩小对不可抗力范围的解释和维护当事各方的权益，通过磋商并在合同中规定不可抗力条款是必要的。谈判中关于不可抗力条款一般涉及不可抗力事件的范围、出具不可抗力事件证明的机构、事件发生后通知对方的期限以及不可抗力事件后合同的履行和处理等。

② 不可抗力事故引起的后果，主要有 2 种：

● 免除不履行合同的责任。

● 免除延迟履行合同的责任。

因此也常将这种条款称为免责条款。究竟在什么情况下可以不履行合同，在什么情况下只能延迟合同的履行，要视事故对履行的影响程度而定。

（13）仲裁条款。

在国际贸易合同中，一般都订有仲裁条款。即合同双方如发生争议、协商不成时，通过仲裁解决的条款；主要包括仲裁地点、仲裁机构、仲裁程序和仲裁费用，以及裁决效力等。

若贸易双方国家政府间签订的贸易协定中有仲裁条款的，则贸易合同中仲裁条款可以省略；若发生争议，则按协定条款处理。

（14）合同终止条款。

除不可抗力外，还要订明在双方认可的情况下合同可以终止。这就是合同终止条款。常见形式有：

① 规定合同有效期，有效期满自动终止。

② 规定合同任一方可以要求终止合同，只要在规定的期限以前通知对方。

③ 规定由提出终止合同的一方提供赔偿，使合同终止。

（15）特约条款或备注。

这是买卖双方在磋商过程中所达成的一些特殊协议和一些必要的备忘注释。例如，"卖方同意内外包装均不标明'中国制造'字样，但如因此而产生商品责任问题，概由买方负责。""本合同系根据买方×年×月×日电传和卖方×年×月×日电传订立，以前双方来往函电若与本合同不符者，以本合同为准。"……

3．合同结尾的起草

合同结尾部分的内容主要有下列2项：

（1）文字。

在国际贸易中，合同的结尾必须写明合同是以何种文字写成的。若以2种文字写成，则要注明不同文本的效力。国内的合同一般是以中文写成，正本一式两份，双方各执一份。需要时，合同可以有几份副本。

（2）签署。

合同末尾应有签署一栏，双方签字栏内应分别写明企业名称和签署者的职务。双方当事人或法定代表人须在签署栏内本企业名下依法签署，并书写上日期。如有必要合同还可列出见证人，并行副署。双方代表签署以后，合同即宣告成立。

6.3.3　签约

1．谈判记录整理和最后的总结

（1）谈判记录整理。

在最后阶段，双方要检查整理记录，如果双方共同确认记录的正确无误，那么所记载的内容便是起草书面协议（或合同）的主要依据。在商务谈判中，每当一个问题谈妥后，都需要通读双方的记录，查对一致，力求使达成的协议不存在任何含混不清的地方，这在激烈的谈判中更加必要。

（2）最后的总结。

在最后的总结阶段，如果双方尚有悬而未决的争议，那么应对其做出处理。如果所有谈判的成果还没有达到己方的目标，那么应考虑对于未达目标如何在最后一次报价中挽回。此外在最后的总结阶段判断谈判是否进入成交阶段，是否可以达成最后协议时，可以应用成交线来判断。成交线是指双方可以接受的最低成交条件，也是达成协议的下限。当对方所同意的条件总和已进入最后的让步的项目，对于让步幅度，应采用一些特殊的结尾技巧。

2．签约

（1）商务合同条款的拟订。

商务谈判合同一般由约首、主文和约尾3个部分组成。约首是合同的首部，用来反映合同的名称、编号、订约的日期、地点、双方的名称、地址、电报挂号、电传号码，以及序言（表示双方订立合同的意思和执行合同的保证）等内容。约尾是合同的尾部，用来反映合同文字的效力、件数、附件的效力，以及双方签字等。约首和约尾是合同不可缺少的组成部分。约首和约尾不符合要求将防碍合同法律效力的达成。主文即合同的正文部分，也是主体内容部分，应明确记载双方的权利和义务，表现为各项交易条件。由于主文是反映双方交易条件和规定各方权利和义务的部分，所以是合同中最主要、最重要的部分。各项交易条款必须相互衔接一致，防止它们相互之间发生矛盾。在草拟合同时，为了准确地反映各项交易条件，不仅各条款要完备、明确、具体，而且要保证各条款之间不发生矛盾。品质的规定要与检验方法的规定相一致，运费计算的规定要与售价的规定相一致。

（2）合同书写的基本原则。

① 准确表达。

合同条款的书写要准确反映经磋商达成一致意见的各项交易条件。也就是合同的内容应与磋商达成的协议完全一致。在书写合同时，首先应准确表达双方一致的意见，力求使合同能准确地反映各项交易条件。有时，起草人加上自己的意见，修改了文字，对方草率而不加以审校就签字，待合同开始履行时才发现，再修改也不太可能了，签字即意味着承认。

② 商务合同应具备的主要条款。

商务合同应具备的主要条款有：标的（指货物、劳务、工程项目等），数量和质量，价款或者酬金，履行的期限、地点和方式，违约责任等。根据法律规定或按商务合同性质必须具备的条款，以及当事人一方要求必须规定的条款，也就是商务合同的主要条款。在国际商务谈判中，交易涉及的一方是外国（地区），而各国都有自己的法律，但这些法律只能在指定的国家和范围内使用，对其他国家除非双方协商同意，是没有任何约束力和法律作用的，不能成为谈判和签约的法律依据。假若对方提出合同条款应按某国的法律为依据，一般合同上要标明双方适用的法律，即以哪个国家、什么法律为准。这是国际惯例，若双方不做规定则合同是无效的。

（3）签字前的审核。

合同文件撰写好后，在正式签字之前，应做好两件事：一是核对合同文本（两种文字时）的一致性或文本与谈判协议条件的一致性（一种文字时）；二是核对各种批件，比如项目批件、许可证、设备分交文件、用汇证明、订货卡片（视交易内容文件有所不同）是否完备以及合同内容与批件内容是否一致，如出口计划、出口配额等。

审核文本时，应仔细认真，不漏一章、一节、一页、一句话。有时问题往往就出现在一句话上。在审核打印好的文本时，务必对照"原稿"。有的人只是凭自己的记忆，采取阅读式审核。这种方法可以理解，因为文字出自自己的手，但实践证明：这么做虽然道理上行得通，但往往查不出遗漏。若审稿人自己掉字、短句而又使文章仍然保持通顺时，就有可能引起遗漏等现象。为了防止万无一失，审核文本时最好有两人进行。当审核中发现问题时，应及时互相通告，并调整签约时间使双方互相谅解，切不可因此而造成一些误解。

（4）合同签字人的确认。

依照法定要求，商务合同的双方当事人经过相互协商，达成了协议，商务合同即告成立。商务合同的签约过程，就是双方当事人就合同内容进行协商，取得一致意见的过程。商务谈判结束后的合同签字人不一定是主谈人。那到底由谁来负责签字呢？通常情况下，商务合同一般应由企业法人代表来签字，而政府部门代表一般不负责签字。若商务合同需由企业所在国政府的承诺时，可与商务合同一起拟定协议、议定书或备忘录，由双方所属政府部门代表签字。该文件可与商务合同一起作为不可分割的组成部分。在目前商务谈判中，签字人的选择有 4 种情况：

第一是金额与内容一般的合同，可由业务员或部门经理签字，比如成交额在百万美元以内、货物比较普通的情况。

第二是金额较大，合同内容一般的合同，可由部门经理负责签字，比如成交额百万美元以上。

第三是成交金额 500 万美元以上的，多由公司或商社领导签字。

第四是金额高达 1000 万美元以上的合同，内容又系高新技术领域的合同，多由公司或商社领导签字，与合同相关的协议由政府代表、企业代表共同签字。

签字人的选择主要出自对合同履行的保证。对于复杂的合同涉及面较广，上级、有关政府部门了解、参与后，执行中若产生问题容易解决，对合同的顺利执行有所保证。有些国家或地区的厂商习惯在签约前、让签约人出示授权书。授权书由其所属企业最高领导人签发。若签字人就是公司或企业的最高领导，可不具备授权书，但应以其他形式证实其身份。

6.3.4 签约后的工作

重大的商务谈判协议签订以后，绝不可以高枕无忧了，因为世界上没有十全十美、没有漏洞的协议。尽管协议已经白纸黑字不可更改，但有经验的谈判人员总是力求在解释协议的过程中，为自己谋求利益。同时也防止对方对协议做出不利于自己的解释。所以还应继续不断地研究协议。此外，促使对方履行合同，也是签约后的一项重要工作，只有协议执行完毕，才可以说"结束"这两个字。

签约不等于万事大吉，上海地铁一号线融资协议在执行的过程中，就出现了协议解释分歧的情况。原来协议上写明上海地铁一号线的地铁车辆是在原西德的杜瓦洛工厂制造。后来德国合并，西德的杜瓦洛工厂兼并了东德的地铁车辆厂，仍用原来的厂名，但把为上海地铁一号线制造地铁车辆的任务转给了原东德的工厂，而东德的工厂制造出来的地铁车辆，质量上明显差很多。中方尽管再三交涉，德方坚持认为他们没有违反协议，仅仅做出让步，同意由中方派出专业技术人员住东德工厂进行质量监督而已。可见，协议的签订并不是结束，而是一个新的起点。

小结

商务谈判结束阶段是保证谈判成功的最后努力阶段。这一阶段需要把握谈判结束的时机，促成与说服并最终签订合同。

商务谈判终结的判断策略：从谈判涉及的交易条件来判断、从谈判时间来判断以及从谈判策略来判断。

促成阶段的策略有期限策略、最后通牒、行动策略、恐惧唤醒以及利益诱导。

商务合同的基本内容有：

- 合同当事人的名称或姓名、国籍、营业场所或者住所；
- 合同签订的日期、地点；
- 合同的类型和合同标的的种类与范围；

- 合同标的的技术条件、质量、数量、标准、规格；
- 合同履行的期限、地点和方式；
- 价格条款、支付金额、支付方式和各种附带费用；
- 合同的转让、变更、解除或终止；
- 违反合同的赔偿和其他责任。

这些是商务谈判的主要内容。

合同的起草包括：合同首部、合同主文以及合同结尾的起草。

第三部分　课题实践页

（一）简答题

1. 如何判定谈判结束？
2. 商务合同的起草包括哪几部分？

（二）选择题

1. 货物买卖的交货条款中，最重要的是应在合同中规定（　　　）。

A. 货物运输方式　　B. 装运时间　　　　　C. 装运地和目的地

2. 在国际货物买卖谈判的支付条款中，出口谈判选用的支付货币一般应是（　　　）。

A. 硬货币　　　　B. 软货币

3. 解决合同及其他纠纷的主要方法是（　　　）。

A. 调解　　　　　B. 仲裁　　　　　C. 法院审理　　　D. 当事人自行协商解决

4. 商品贸易谈判中，有些商品如工艺品、土特产品等的品质表示应采用（　　　）。

A. 凭样品表示法　　　　　　　　　B. 凭规格或等级表示法

C. 凭产地表示法　　　　　　　　　D. 凭牌号、标表示法

（三）分析题

1. 你的一位客户不接受你所开出的价格，但他只是抱怨价格太高，而没有提出任何的具体建议。面对这种状况，你该怎么办？

（1）不接受价格太高的看法。

（2）要求他提出具体的意见或建议。

（3）问他何以反对你所开出的价格。

（4）你自己提出解决该问题的途径。

解析：_____

_____

2. 某市一个庞大的政府建设工程将要出毛病，会造成巨大的损失，并且殃及你的公司，你需要得到一个大承包商的救助。假如他们的总经理是个很难对付的人，那么，你将怎么办？

（1）直接去找他。

（2）在电话中与他商讨这个问题。

（3）先将问题的详细情况写成文字材料给他。

解析：

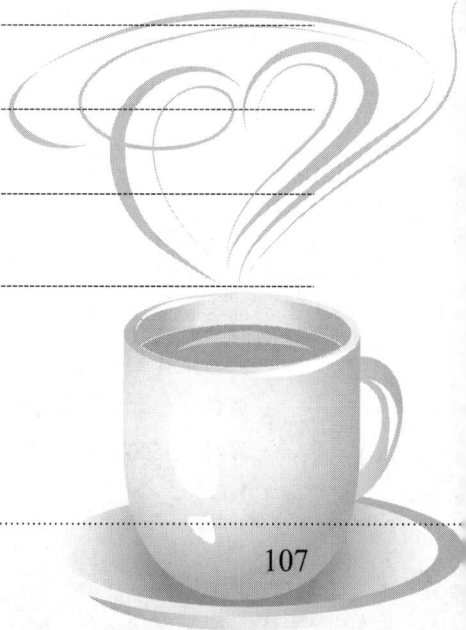

课题七　价格谈判

技能目标	知识目标	建议学时
➤ 掌握报价技巧	(1) 了解影响价格的因素 (2) 掌握各种价格关系 (3) 熟练应用各种报价策略	2
➤ 能够进行价格解评	(1) 了解并掌握价格解释的策略 (2) 了解并掌握价格评论的策略	2
➤ 掌握价格磋商策略	(1) 了解并掌握讨价的策略 (2) 掌握还价的策略	2

第一部分　案例与讨论

案例　汽车保险赔偿谈判

汤姆的汽车意外地被一部大卡车撞毁了，幸亏他的汽车买的全险，可是确切的赔偿金额却要由保险公司的调查员鉴定后加以确定，于是双方有下面的对话。

调查员：我们研究过的案件，我们决定采用保险单的条款。这表示你可以得到 3300 元的赔偿。

汤姆：我知道。你们是怎么算出这个数字的？

调查员：我们是依据这部汽车的现有价值。

汤姆：我了解，可是你们是按照什么标准算出这个数字的，你知道我现在要花多少钱才能买到同样的车子吗？

调查员：你想要多少钱？

汤姆：我想得到按照保单应该得到的钱，我找到一部类似的二手车，价钱是 3350 元，加上营业和货物税之后，大概是 4000 元。

调查员：4000 元太多了吧！

汤姆：我所要求的不是某个数字，而是公平的赔偿。你不认为我得到足够的赔偿来换一部车是公平的吗？

调查员：好，我们赔你 3500 元，这是我们可以付出的最高价。公司的政策是如此规定的。

汤姆：你们公司是怎么算出这个数字的？

调查员：你要知道 3500 元是你可以得到的最高数，你如果不想要，我就爱莫能助了。

汤姆：3500 元可能是公道的，但是我不敢确定。如果你受公司政策的约束，我当然知道你的立场。可是除非你能客观地说出我能得到这个金额的理由，我想我还是最好诉诸法律，我们为什么不研究一下这件事，然后再谈。星期三上午 11 点我们可以见面谈谈吗？

调查员：好的。我今天在报上看到一部用了七八年的菲亚特汽车，出价是 3400 元。

汤姆：噢！上面有没有提到行车里程。

调查员：49000 公里。为什么你问这件事？

汤姆：因为我的车只跑了 25000 公里，你认为我的车子可以多值多少钱？

调查员：让我想想……150 元。

汤姆：假设 3400 元是合理的话，那么就是 3550 元了。广告上面提到收音机没有？

调查员：没有。

汤姆：你认为一部收音机值多少钱？

调查员：125 元。

汤姆：冷气呢？

……两个半小时后，汤姆拿到了 4012 元的支票。

案例讨论

（1）调查员是如何进行价格解释的？

（2）汤姆是如何进行价格评论的？

（3）汤姆是如何讨价还价的？

第二部分　课题学习引导

7.1　报　　价

商务谈判中的价格谈判，实际上是交易利益的分割过程，包括初始报价，即提出开盘价格；之后多回合的讨价与还价，即再询盘与还盘，以及双方的让步与交换；直至互相靠拢，达成成交价格等一系列环节。同时，也涉及各环节的策略和技巧。可以说，商务谈判是一种包括各种复杂力量关系在内的沟通和交换过程。

7.1.1　影响价格的因素

商品价格是商品价值的货币表现。影响价格形成的直接因素主要有商品本身的价值、货币的价值以及市场供求状况。上述每一因素，又是由许多其他的因素决定的，并处于相互联系、不断变化之中。这说明，在市场经济的条件下，价格是一个复杂的、动态的机制。

商务谈判中的价格谈判，应当首先了解影响价格的具体因素。这些具体因素主要包括以下几点。

1. 市场行情

市场行情，是指该谈判标的物在市场上的一般价格及波动范围。市场行情是市场供求状

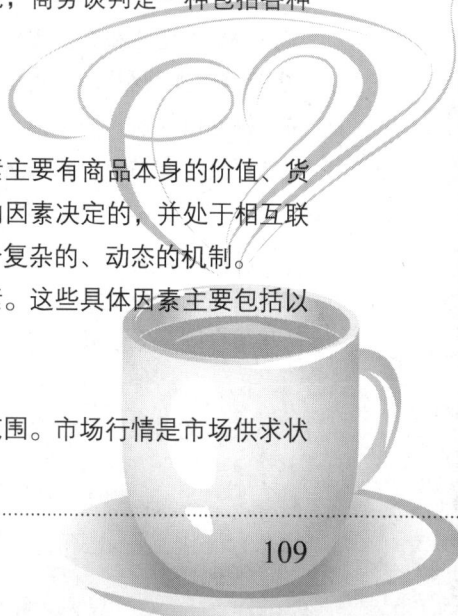

况的反映，是价格磋商的主要依据。如果谈判的价格偏离市场行情太远，谈判成功的可能性就很小。这也说明，谈判人员必须掌握市场信息，了解市场的供求状况及趋势，从而了解商品的价格水平和走向。只有这样，才能取得价格谈判的主动权。

2．利益需求

由于谈判人员的利益需求不同，他们对价格的理解也就各不相同。日常生活中，一件款式新颖的时装，即使价格较高，年轻人也可以接受；而老年人可能偏重考虑面料质地，并据此评判价格。商务谈判中，如某公司从国外一厂商进口一批货物，由于利益需求不同，则谈判结果可能有 3 种：一是国外厂商追求的是盈利的最大化，某公司追求的是填补国内空白，谈判结果可能是高价；二是国外厂商追求的是打入我国市场，某公司追求的是盈利的最大化，谈判结果可能是低价；三是双方都追求盈利的最大化，谈判结果可能是妥协后的中价或者谈判失败。

3．交货期要求

商务谈判中，如果对方迫切需要某原材料、设备、技术，谈判中对方可能比较忽略价格的高低。另外，某方只注重价格的高低，而不考虑交货期，也可能反而吃亏。例如，某远洋运输公司向外商购买一条旧船，外商开价 1000 万美元，该公司要求降低到 800 万美元。谈判结果，外商同意了 800 万美元的价格，但提出推迟交船 3 个月；该公司认为价格合适，便答应了对方的要求。哪知外商又利用这 3 个月跑了运输，营运收入 360 万美元，大大超过了船价少获得的 200 万美元。显然，该远洋运输公司并没有在这场谈判中赢得价格优势。

4．产品的复杂程度

产品的结构、性能越复杂，制造技术和工艺要求就越高和越精细，成本、价值及其价格就会越高。而且，该产品合计成本和估算价值就较困难，同时，可以参照的同类产品也较少，价格标准的伸缩性也就较大。

5．货物的新旧程度

货物当然是新的比旧的好，但新的自然价格比较高。其实，一些"二手货"，如发达国家的"二手"设备、工具、车辆等，只要折旧年限不是很长，经过检修，技术性能仍相当良好，售价也相当低廉。

6．附带条件和服务

谈判标的物的附带条件和服务，如质量保证、安装调试、免费维修、供应配件等，能为客户带来安全感和许多实际利益，往往具有相当的吸引力。人们往往宁愿"多花钱，买放心"、"多花钱，买便利"，因此，这些附带条件和服务，能降低标的物价格水平在人们心目中的地位和缓冲价格谈判的阻力。而且，从现代产品的观念来看，许多附带条件和服务也是产品的组成部分，交易者对此自然重视。

7．产品和企业的声誉

产品和企业的良好声誉是宝贵的无形资产，对价格有重要的影响。人们对优质名牌产品的价格，或对声誉卓著的企业的报价，往往有信任感。因此，人们肯出高价买名牌产品，愿意与重合同、守信誉的企业打交道。

8．交易性质

大宗交易或一揽子交易，比那些小笔生意或单一买卖，更能减少价格在谈判中的阻力。

在大宗交易中，几千元的价格差额可能算不了什么；而在小笔生意中，蝇头小利也会斤斤计较。在一揽子交易中，货物质量不等，价格贵贱不同，交易者往往忽略价格核算的精确性。

9. 销售时机

商品一般在旺季畅销，淡季滞销。畅销，供不应求，则价格上扬；滞销，供过于求，为减少积压和加速资金周转，只能削价促销。

10. 支付方式

商务谈判中，货款的支付方式包括现金结算、支票、信用卡或以产品抵偿；以及是一次性付款，还是分期付款或延期付款等；这些都对价格有重要影响。谈判中，如能提出易于被对方接受的支付方式，将会使己方在价格上占据优势。

7.1.2 价格谈判中的价格关系

商务谈判中的价格谈判，除应了解影响价格的诸多因素，还要善于正确认识和处理各种价格关系。

1. 主观价格与客观价格

价格谈判中，人们往往追求"物美价廉"，总希望货物越优越好，而价格则越低越好；或者同等的货物，低廉的价格。似乎这样才占了便宜，才赢得了价格谈判的胜利。其实，这种主观价格，往往是买方的一厢情愿。因为，如果真的"物美"，势必"价高"，否则，卖方就要亏本，连简单的再生产也无法维持。所以，通常情况下，"物美价廉"是没有的，或者是少有的。现实交易的结果往往是：作为买方，一味追求"物美价廉"，必然要与卖方的"物美价高"发生冲突，于是卖方为表面迎合买方的"价廉"心理，便演出了偷梁换柱的戏法，暗地里偷工减料或以次充好，把"物美"变成了与"价廉"对应的"物劣"。可见，一味追求主观价格，常常是"精明不高明"。

与主观价格相对立的是客观价格，即能够客观反映商品价值的价格。应当懂得，价值规律是不能违背的。在现代市场经济的条件下，商品交易的正常规则应当是：遵循客观价格，恪守货真价实。只有这样，才能实现公平交易和互惠互利。

2. 绝对价格与相对价格

商品具有价值与使用价值。这里，把反映商品价值的价格，称为绝对价格；而把反映商品使用价值的价格，称为相对价格。

商务谈判中，人们往往比较强调反映商品价值的绝对价格，忽视反映商品使用价值的相对价格。其实，商品的价格，既要反映价值，又要反映供求关系。而反映使用价值的相对价格，实质上反映着一种对有用性的需求。因此，相对价格在谈判中应当受到重视。在价格谈判中，作为卖方，应注重启发买方关注交易商品的有用性和能为其带来的实际利益，从而把买方的注意力吸引到相对价格上来，这容易使谈判取得成功；而作为买方，在尽量争取降低绝对价格的同时，也要善于运用相对价格，通过谈判设法增加一系列附带条件，来增加己方的实际利益。可见，运用相对价格进行谈判，对于卖方和买方都有重要意义。而价格谈判成功的关键往往在于正确运用绝对价格与相对价格及谈判技巧。

3. 消极价格与积极价格

日常生活中可以发现，一位老教授不肯花 30 元买件新衬衣，但愿意花 50 元买两本书；

一位年轻人不肯花 50 元买两本书，但请朋友吃饭花了 100 元却不以为然。这两个例子中，前面的"不肯"，说明对价格的反应及行为消极，属于消极价格；而后面的"愿意"，表明对价格的反应及行为积极，便是积极价格。其实，价格的高低，很难一概而论，同样的价格，不同的人由于需求不同，会有不同的态度。这里，心理转变、观念转变，有时起决定作用。对于那位老教授，如果商店的营业员向他宣传，穿上挺括的新衬衣会改善你的形象，有利于社会交往，从而获得许多书本上没有的东西。那位老教授可能改变态度，决定买原来不想买的衬衣。对于那位年轻人，如果他的师长向他忠告，知识是不可缺少的精神食粮，只有不断学习新知识，充实自己、提高自己，才利于成长和发展，才能更好地适应社会的需要。那位年轻人就可能转变认识，培养起买书和学习的兴趣。上例中，营业员的宣传、师长的忠告，都是在做消极价格向积极价格的转化工作。

运用积极价格进行商务谈判，是一种十分有效的谈判技巧。谈判中常常会有这种情形，如果对方迫切需要某种货物，他就会把价格因素放在次要地位，而着重考虑交货期、数量、品质等。因此，商务谈判中尽管价格是核心，但绝不能只盯住价格，就价格谈价格。要善于针对对方的利益需求，开展消极价格向积极价格的转化工作，从而赢得谈判的成功。

20 世纪 90 年代初，我国一个经贸代表团访问某发展中国家。该国连年战乱之后百废待兴，需要建设一个大型化肥厂来支持农业复兴。代表团提出成套设备转让的一揽子方案后，该国谈判代表认为报价较高，希望降低 20%。代表团经过认真分析，认为报价是合理的，主要是该国在支付能力上有实际困难。于是，代表团详细介绍了所提供的设备与技术的情况，强调了项目投产后对发展该国农业生产的意义，同时，又提出了从设计、制造、安装、调试、人员培训到技术咨询等方面的一揽子服务和有利于该国的支付方式。对方经反复比较，终于高兴地确认代表团的报价是合理的。这样，消极价格转化为积极价格，实现了双方的合作。

4. 综合价格与单项价格

商务谈判中，特别是综合性交易的谈判中，双方往往比较注重综合价格，即进行整体性的讨价还价，并常常出现互不相让的僵局，甚至导致谈判失败。其实，此时可以改变一下谈判方式：将整个交易进行分解，对各单项交易进行逐一分析，并在此基础上进行单项价格的磋商。这样，不仅可以通过对某些单项交易的调整，使综合交易更加符合实际需要，而且可以通过单项价格的进一步磋商，达到综合价格的合理化。例如，一个综合性的技术引进项目，其综合价格较高。采用单项价格谈判后，通过项目分解可以发现，其中先进技术应予引进，但有些则不必一味追求先进。某些适用的中间技术引进效果反而更好，其价格也低得多；同时，其中关键设备应予引进，但一些附属设备可不必引进而可自行配套，其单项费用又可节省。这样，一个综合性的技术引进项目，通过单项价格谈判，不仅使综合项目得到优化，而且综合价格大幅度降低。实践表明，当谈判在综合价格上出现僵局时，采用单项价格谈判，常常会取得意想不到的效果。

5. 主要商品价格与辅助商品价格

某些商品，不仅要考虑主要商品的价格，还要考虑其配件等辅助商品的价格。许多厂商的定价策略采用组合定价，对主要商品定价低，但对辅助商品却定价高，并由此增加盈利。

例如，某些机器、车辆，整机、新车的价格相对较低，但零部件的价格却较高。使用这种机器或车辆，几年之后当维修和更换配件时，就要支付昂贵的费用。20 世纪 70 年代初，美国柯达公司生产的彩色胶卷价格较高，因此销售量较低。此时，柯达公司研制出一种低成本的"傻瓜相机"，使摄影变得"你只管按快门"这样简单。而柯达公司的经营策略正是：给你一盏灯，让你去点油。结果，人们真的纷纷购买这种廉价相机，于是大大促进了彩色胶卷的销售。这都说明，对于价格，包括价格谈判，不仅要关注主要商品价格，也要关注辅助商品价格，包括配件、相关商品的价格。切不可盲目乐观，落入"价格陷阱"。

7.1.3　报价策略

报价，指报出价格或报出的价格（广义的报价，除价格这一核心外，也包括向对方提出的所有要求）。报价标志着价格谈判的正式开始，也标志谈判人员的利益要求的"亮相"。报价是价格谈判中一个十分关键的步骤，不仅给谈判对手以利益信号，从而成为能否引发对方交易欲望的前奏，而且在实质上对影响交易的盈余分割和实现谈判目标具有举足轻重的意义。

报价绝不是报价一方随心所欲的行为。报价应该以影响价格的各种因素、所涉及的各种价格关系、价格谈判的合理范围等为基础。同时，由于交易双方处于对立统一之中，报价一方在报价时，不仅要以己方可能获得的利益为出发点，更必须考虑对方可能的反应和能否被对方接受。因此，报价的一般原则应当是：通过反复分析与权衡，力求把握己方可能获得的利益与被对方接受的概率之间的最佳结合点。可以说，如果报价的分寸把握得当，就会把对方的期望值限制在一个特定的范围，并有效控制交易双方的盈余分割，从而在之后的价格磋商中占据主动地位。反之，报价不当，就会助长对方的期望值，甚至使对方有机可乘，从而陷入被动境地。可见，报价策略的运用，直接影响价格谈判的开局、走势和结果。

在价格谈判中，报价策略主要涉及以下几方面。

1．报价起点策略

价格谈判的报价起点策略，通常作为卖方，报价起点要高，即"开最高的价"；作为买方，报价起点要低，即"出最低的价"。商务谈判中这种"开价要高，出价要低"的报价起点策略，被国外谈判专家称为"空城计"。对此，人们也形象地称之为"狮子大张口"。

从对策论的角度看，谈判双方在提出各自的利益要求时，一般都含有策略性虚报的部分。这种做法，其实已成为商务谈判中的惯例。同时，从心理学的角度看，谈判人员都有一种要求得到比他们预期得到更多的心理倾向。并且研究结果表明，若卖方开价较高，则双方往往能在较高的价位成交；若买方出价较低，则双方可能在较低的价位成交。

"开价要高，出价要低"的报价起点策略，有以下几点作用：

① 这种报价策略可以有效地改变对方的盈余要求。当卖方的报价较高，并振振有词时，买方往往会重新估算卖方的保留价格，从而使价格谈判的合理范围会发生有利于卖方的变化。同样，当买方的报价较低，并有理有据时，卖方往往也会重新估算买方的保留价格，从而使价格谈判的合理范围便会发生有利于买方的变化。

② 卖方的高开价，往往为买方提供了评价卖方商品的价值尺度。因为在一般情况下，价格总是能够基本上反映商品的价值。人们通常信奉"一分钱一分货"，所以，高价总是与

高档货相联系，低价自然与低档货相联系。这无疑有利于实现卖方更大的利益。

③ 这种报价策略中包含的策略性虚报部分，能为下一步双方的价格磋商提供充分的回旋余地。因为，在讨价还价阶段，谈判双方经常会出现相持不下的局面。为了打破僵局，往往需要一方根据情况适当做出让步，以满足对方的某些要求和换取己方的利益。所以，开盘的"高开价"和"低出价"中的策略性虚报部分，就为讨价还价过程提供了充分的回旋余地和准备了必要的交易筹码，这可以有效地造成作出让步的假象。

④ 这种报价策略对最终议定成交价格和双方最终获得的利益具有不可忽视的影响。这种"一高一低"的报价起点策略，倘若双方能够有理、有利、有节地坚持到底，那么，在谈判不致破裂的情况下，往往会达成双方满意的成交价格，从而使双方都能获得预期的利益。

当然，价格谈判中这种报价起点策略的运用，必须基于价格谈判的合理范围，必须审时度势，切不可漫天要价和胡乱杀价，否则，就会失去交易机会和导致谈判失败。

【引例 7-1】

1972 年 12 月，英国首相撒切尔夫人在欧共体的一次首脑会议上表示，英国在欧共体中负担的费用过多。她说，英国在过去几年中，投入了大笔的资金，却没有获得相应的利益，因此她强烈要求将英国负担的费用每年减少 10 亿英镑。这是一个高得惊人的要求，欧共体其他成员国首脑认为撒切尔夫人的真正目标是减少 3 亿英镑（其实这也是撒切尔夫人的底牌）。于是他们认为只能削减 2.5 亿英镑，一方的提案是每年削减 10 亿英镑，而另一方则只同意削减 2.5 亿英镑，差距太大，双方一时难以协调。

然而，这种情况早在撒切尔夫人的预料之中。她的真实目标并不是 10 亿英镑，但她的策略是提出高价，来改变各国首脑的预期目标。

撒切尔夫人告诉下议院，原则上必须按照她提出的方案执行，并暗示对手无选择的余地，同时也在含蓄地警告各国，并对在欧共体中同样有较强态度的法国施加压力。针对英国的强硬态度，法国采取了一些报复的手段，他们在报纸上大肆批评英国，说英国在欧共体合作事项中采取低姿态，企图以此来解决问题。

面对法国的攻击，撒切尔夫人明白，要想让对方接受她提出的目标是非常困难的，所以，必须让对方知道，无论采取什么手段，英国都不会改变自己的立场，绝不向对手妥协。由于撒切尔夫人顽强地抵制，终于迫使各国首脑作出了很大的让步。最终欧共体会议决议同意每两年削减开支 8 亿英镑。撒切尔夫人的高起点策略取得了很好的效应。

2．报价时机策略

价格谈判中，报价时机也是一个策略性很强的问题。有时，卖方的报价比较合理，但并没有使买方产生交易欲望，原因往往是此时买方正在关注商品的使用价值。所以，价格谈判中，应当首先让对方充分了解商品的使用价值和为对方带来的实际利益，待对方对此发生兴趣后再来谈价格问题。经验表明，提出报价的最佳时机，一般是对方询问价格时，因为这说明对方已对商品产生了交易欲望，此时报价往往水到渠成。

有时，在谈判开始时对方就会询问价格，这时最好的策略应当是听而不闻。因为此时对方对商品或项目尚缺乏真正的兴趣，过早报价会陡增谈判的阻力。这时应当首先谈该商品或项目能为交易者带来的好处和利益，待对方的交易欲望已被调动起来再报价为宜。当然，对方坚持即时报价，也不能故意拖延，否则，就会使对方感到不尊重甚至反感，此时应善于采取建设性的态度，把价格同对方可获得的好处和利益联系起来。

总之，报价时机策略，往往体现着价格谈判中相对价格原理的运用，体现着促进积极价格的转化工作。

3．报价表达策略

报价无论采取口头或书面方式，表达都必须十分肯定、干脆，似乎不能再做任何变动和没有任何可以商量的余地。而"大概"、"大约"、"估计"一类含糊其辞在报价时的使用，都是不适宜的，因为这会使对方感到报价不实。另外，如果买方以第三方的出价低为由胁迫时，你应明确告诉他"一分钱，一分货"，并对第三方的低价毫不介意。只有在对方表现出真实的交易意图后，才可在价格上开始让步。

4．报价差别策略

同种商品，因客户性质、购买数量、需求急缓、交易时间、交货地点、支付方式等方面的不同，会形成不同的购销价格。这种价格差别，体现了商品交易中的市场需求导向，在报价策略中应重视运用。例如，对老客户或大批量需求的客户，为巩固良好的客户关系或建立起稳定的交易联系，可适当实行价格折扣；对新客户，有时为开拓新市场，亦可给予适当让价；对某些需求弹性较小的商品，可适当实行高价策略；对方"等米下锅"，价格则不宜下降；旺季较淡季或应时较背时的情况下，价格自然较高；交货地点远程较近程或区位优越者，应有适当加价；支付方式，一次付款较分期付款或延期付款，价格须给予优惠等。

5．报价对比策略

价格谈判中，使用报价对比策略，往往可以增强报价的可信度和说服力，一般有很好的效果。报价对比可以从多方面进行。例如，将本商品的价格与另一可比商品的价格进行对比，以突出相同使用价值的不同价格；将本商品及其附加各种利益后的价格与可比商品不附加各种利益的价格进行对比，以突出不同使用价值的不同价格；将本商品的价格与竞争者同一商品的价格进行对比，以突出相同商品的不同价格等。

6．报价分割策略

这种报价策略，主要是为了迎合买方的求廉心理，将商品的计量单位细分化，然后按照最小的计量单位报价。采用这种报价策略，能使买方对商品价格产生心理上的便宜感，容易为买方所接受。

7.2 价 格 解 评

价格解评包括价格解释和价格评论。价格解释，是报价之后的必要补充；价格评论，则是讨价之前的必要铺垫。因此，价格解评是价格谈判过程承前启后重要环节，也是价格谈判技巧的用武之地。

7.2.1 价格解释

1．价格解释的意义

价格解释是指卖方就其商品特点及其报价的价值基础、行情依据、计算方式等所做的介

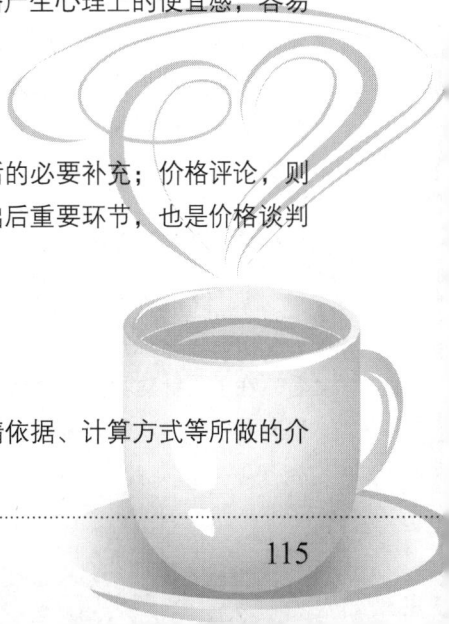

绍、说明或解答。

价格解释对于卖方和买方，都有重要作用。从卖方来看，可以利用价格解释，充分表白所报价格的真实性、合理性，增强其说服力，软化买方的要求，以迫使买方接受报价或缩小买方讨价的期望值；从买方来看，可以通过价格解释，了解卖方报价的实质和可信程度，掌握卖方的薄弱之处，估量讨价还价的余地，进而确定价格评论应针对的要害。

价格解释的内容，应根据具体交易项目确定。例如，对货物买卖价格的解释，对技术许可基本费、技术资料费、技术服务费等的解释，对工程承包中的料价和工价的解释，对"三来"加工中加工费的解释等。同时，价格解释的内容应要层次清楚，最好按照报价内容的次序逐一进行解释为宜。

2．价格解释的技巧

价格解释的原则是有理、有利、有节。其具体技巧主要有以下几种：

（1）有问必答。

报价后，对买方提出的疑点和问题，须有问必答，并坦诚、肯定，不可躲躲闪闪、吞吞吐吐。否则，会给人以不实之感，授人以压价的把柄。为此，卖方应在报价前，充分掌握各种相关资料、信息，并对买方可能提出的问题进行周密的分析、研究和准备，以通过价格解释表明报价的真实、可信。

（2）不问不答。

不问不答，指买方未问到的问题，一般不必回答。以免言多语失，削弱自己在价格谈判中的地位。

（3）避实就虚。

价格解释中，应多强调货物、技术、服务等的特点，多谈一些正面的问题。若买方提出某些负面的问题，应尽量避其要害或转移视线，有的问题也可采取"拖"的办法：先诚恳记下买方的问题，承诺过几天给予答复。

（4）能言勿书。

价格解释，能用口头解释的，不用文字写；实在要写的，写在黑板上；非要落到纸上的，宜粗不宜细。这样，会有再解释、修改、否定的退路，从而总可处于主动。否则，白纸黑字，具体详尽，想再解释、更改，就很被动。

价格解释中，作为买方，其应对策略应当是善于提问。即不论卖方怎样闪烁其词，也要善于提出各种问题，或单刀直入，或迂回侧击，设法把问题引导到卖方有意躲避或买方最为关心之处，迫使卖方解答，以达到买方的目的。

7.2.2　价格评论

1．价格评论的意义

价格评论是指买方对卖方所报价格及其解释的评析和论述。价格评论的作用，从买方来看，在于可针对卖方价格解释中的不实之词指出其报价的不合理之处，为之后的价格谈判创造有利条件；从卖方来看，其实是对报价及其解释的反馈，便于了解买方的需求、交易欲望以及最为关切的问题，利于进一步的价格解释和对讨价有所准备。

价格评论的内容与价格解释的内容应基本对应一致。同时，也应注意根据价格解释的内容，逐一予以评论。

2. 价格评论的技巧

价格评论的原则是针锋相对，以理服人。其具体技巧主要有以下几种：

（1）既要猛烈，又要掌握节奏。

猛烈，指准中求狠，即切中要害、猛烈攻击、着力渲染，卖方不承诺降价，买方就不松口。掌握节奏，就是评论时不要像"竹筒倒豆子"一样一下子把所有问题都摆出来，而是要一个问题一个问题地发问、评论，把卖方一步一步地逼向被动，使其不降价就下不了台。

（2）重在说理，以理服人。

对于买方的价格评论，卖方往往会以种种理由辩解，而不会轻易就范认输。因为，认输就意味着必须降价，并有损自己的声誉。所以，买方若要卖方就范，必须充分说理，以理服人。而买方手中的"价格分析材料"、"卖方解释中的漏洞"等就是手上的理。同时，既然是说理，评论中虽攻击猛烈，但态度、语气切忌粗暴，而应心平气和。只有在卖方死不认账、"无理搅三分"时，方可以严厉的口吻对其施加压力。一般来说，卖方也要维护自己的形象，谋求长期的交易利益，不会拉开架式蛮不讲理。相反，只要你抓住其破绽，他就会借此台阶修改价格，以示诚意。而此时买方也应适可而止，不必"穷追猛打"，过早把谈判气氛搞僵。只要有理在手，待评论后讨价还价时再逐步达到目的也不迟。

（3）既要自由发言，又要严密组织。

在价格谈判中，买方参加谈判的人员虽然都可以针对卖方的报价及解释发表意见、加以评论，但是，鉴于卖方也在窥测买方的意图，摸买方的"底牌"，所以，绝不能每个人想怎么评论就怎么评论，而是要事先精心谋划、"分配台词"，然后在主谈人的暗示下，其他人员适时、适度发言。这样，表面上看大家自由发言，但实际上则严密组织。"自由发言"，是为了显示买方内部立场的一致，以加强对卖方的心理压力；严密组织，则是为了巩固买方自己的防线，不给卖方以可乘之机。

（4）评论中再侦察，侦察后再评论。

买方进行价格评论时，卖方以进一步的解释予以辩解，这是正常的现象。对此，不仅应当允许并注意倾听，而且还应善于引发，以便侦察反应。实际上，谈判要舌头，也需要耳朵。买方通过卖方的辩解，可以了解更多的情况，便于调整进一步评论的方向和策略；若又抓到了新的问题，则可使评论增加新意，使评论逐步向纵深发展，从而有利于赢得价格谈判的最终胜利。否则，不耐心听取卖方的辩解，往往之后的进一步评论就会缺乏针对性，搞不好还会转来转去就是那么几句话，反而使谈判陷入了"烂泥潭"。

价格评论中，作为卖方，其应对策略应当是沉着解答。即不论买方如何评论，怎样提问，甚至发难，也要保持沉着，始终以有理、有利、有节为原则，并注意运用答问技巧，不乱方寸。"智者千虑，也有一失"，对于买方抓住的明显矛盾之处，也不能"死要面子"，适当表现出"高姿态"，会显示交易诚意和保持价格谈判中的主动地位。

7.3　价　格　磋　商

一般在卖方报价之后，卖方进行价格解释，买方进行价格评论，价格评论之后，紧接着买方讨价，卖方还价，也就是进入价格的磋商阶段。

7.3.1　卖方与买方的价格目标

价格磋商开始前，卖方与买方都会为或者都应为各自准备好几种价格的选择方案，从而确定谈判的价格目标，以便为讨价还价和最终达成成交价格所遵循。

一般来说，卖方与买方的价格目标，都各有 3 个层次，即临界目标、理想目标和最高目标。第一个层次的价格目标，是双方的临界目标，即由双方各自的临界价格规定的目标。临界价格即卖方的最低售价或买方的最高买价，这是双方的保留价格，也是价格谈判各自坚守的最后一道防线和被迫接受的底价，一般不能突破。由此，确定了价格谈判的合理范围。第二个层次的价格目标，是双方的理想目标，即由双方各自的理想价格所规定的目标。这一目标，有重要意义。它不仅是谈判双方根据各种因素所确定的最佳价格备选方案和双方谈判所期望达到的目标，而且通常也是双方通过价格磋商达成的成交价格的实际接近目标，并决定了双方的盈余分割。第三个层次的价格目标，是双方的最高目标，即双方初始报价的价格目标。这一目标，实际上是在双方理想价格及其理想目标的基础上，加上策略性虚报部分形成的。这种价格一般不会为对方所接受，因而不能实现，但是，由此可展开双方的讨价还价，成为了价格谈判中的讨价还价范围。

7.3.2　讨价策略

讨价是指要求报价方改善报价的行为。谈判中，一般卖方在首先报价并进行价格解释后，买方如认为离自己的期望目标太远，或不符合自己的期望目标，必然在价格评论的基础上要求对方改善报价。这也称之为"再询盘"。这种讨价要求，既是实质性的，即可迫使报价降低，又是策略性的，即可误导对方对己方的判断，改变对方的期望值，并为己方的还价作准备。如果说，报价后的价格解释和价格评论是价格磋商的序幕，那么，讨价便是价格磋商的正式开始。

讨价策略的运用，包括讨价方式、讨价次数、讨价技巧等方面。

1. 讨价方式

讨价方式，可以分为全面讨价、分别讨价和针对性讨价 3 种。

（1）全面讨价。

常用于价格评论后对于较复杂的交易的首次讨价。

（2）分别讨价。

常用于较复杂交易对方第一次改善报价后，或不便采用全面讨价方式的讨价。例如，全面讨价后，将交易内容的不同部分，按照价格中所含水分的大小分为水分大的、水分中等的、水分小的 3 类，再分别讨价；或者不便全面讨价的，如技术贸易价格，按具体项目分为技术许可基本费、技术资料费、技术咨询费、人员培训费和设备费等，再分别讨价。

（3）针对性讨价。

常用于在全面讨价和分别讨价的基础上，针对价格仍明显不合理和水分较大的个别部分的进一步讨价。

从讨价的步骤来看，一般第一阶段采用全面讨价，因为正面交锋的战幕刚刚拉开，买方总喜欢从宏观的角度先笼统压价。第二阶段再按价格水分的大小分别讨价。第三阶段进行针对性讨价。另外，不宜采用全面讨价的，第一步可以按照交易内容的具体项目分别讨价；第二步再按各项价格水分的大小分别讨价；第三步进行针对性讨价。需要说明，在按价格水分分别讨价时，一般成功的讨价规律是：先从水分最大的那一类讨价，再讨水分中等的价，最后讨水分最小的价。否则，任意起手，往往事倍功半。

2．讨价次数

所谓讨价次数，是指要求报价方改善报价的有效次数。亦即讨价后对方降价的次数。讨价，作为要求改善报价的行为，不能说只允许一次。究竟讨价可以进行几次，依据讨价方式及心理因素，一般有以下规律：从全面讨价来分析，一般价格谈判的初始报价都包括一个策略性的虚报部分，同时，报价方又都有愿意保持自己的"良好形象"和与客户的"良好关系"的心理，因此，讨价中对方"姿态性的改善"往往是会做出的。不过，常言道："事不过三"。讨价一次，当然；讨价两次，可以；若第三次讨价，就可能引起反感了。所以，对于全面讨价，从心理因素的角度，一般可以顺利地进行两次讨价。当然，经两次改善后的报价，如果还存在明显的不合理，继续讨价仍有必要。

从分别讨价来分析，当交易内容按照价格中所含策略性虚报分为3类时，就意味着至少可以讨价3次，其中，策略性虚报大的、策略性虚报中等的又可至少讨价2次，这样算来，按3类分别讨价，实际上可能讨价5次以上。若按照交易的具体项目分为5项时，就意味着至少可以讨价5次，其中有的项目肯定不可能只讨1次价，而是要讨价2次以上，这样算来，按5项分别讨价，实际上可能共讨价8次以上。

从针对性讨价来分析，因为这种讨价一般是在全面讨价和分别讨价的基础上有针对性地进行的，所以，无论从实际出发还是从心理因素考虑，讨价次数基本"事不过三"，即通常一两次而已。

3．讨价技巧

（1）以理服人。

讨价是伴随着价格评论进行的，所以，应本着尊重对方和说理的方式进行。同时，讨价不是买方的还价，而是启发、诱导卖方自己降价，以便为买方的还价做准备，所以，此时"硬压"对方降价，可能会使谈判过早地陷入僵局，对买方也不利。因此，特别是初期、中期的讨价，务必保持信赖平和的气氛，充分说理，以理服人，以求最大的收益。即使对"漫天要价"者，也应如此。

一般来说，在报价太离谱的情况下，其价格解释总会有这样那样的矛盾，只要留心就不难察觉，因此，当以适当方式指出其报价的不合理之处时，报价大都会有所松动。如会以"我们再核算一下"、"我们与生产厂商再研究研究"、"这项费用可以考虑适当降低"等为遁词，对报价做出改善。此时，即使价格调整的幅度不是很大，或者理由也不甚合乎逻辑，作为买方，也应表示欢迎。而且，可以通过对方调整价格的幅度及其解释，估算对方的保留价格，确定进一步讨价的策略和技巧。

（2）见机行事。

买方做出讨价表示并得到卖方回应后，必须对此进行策略性分析。若首次讨价，就能得到对方改善报价的迅速反应，这可能说明报价中策略性虚报部分较大，或者也可能表明对方急于促成交易的心理。同时，还要分析其降价是否具有实质性内容等。这样，通过讨价后对方反应的认真分析，判定或改变己方的讨价策略。

不过，一般有经验的报价方，开始都会固守其价格立场，不会轻易降价。并且往往会不厌其烦地引证那些比他报价还要高的竞争者的价格，用以解释其报价的合理性和表示这一报价的不可改变。对此，只要善于通过分析抓住了报价及其解释的矛盾和漏洞，就应盯住不放。而对于那些首次讨价即许诺降价者，也应根据其实际情况或可能，继续采取相应的讨价对策。

（3）投石问路。

价格谈判中，当遇到对方固守立场、毫不松动，己方似无计可施时，为了取得讨价的主动权和了解对方的情况，此时不妨可以"投石问路"，即通过假设己方采取某一步骤，询问对方做何反应，来进行试探。

7.3.3　还价策略

还价也称"还盘"，一般是指针对卖方的报价买方做出的反应性报价。还价以讨价为基础。卖方首先报价后，买方通常不会全盘接受，也不至于完全推翻，而是伴随价格评论向卖方讨价；卖方对买方的讨价，通常也不会轻易允诺，但也不会断然拒绝，为了促成交易，往往伴随进一步的价格解释对报价做出改善。这样，在经过一次或几次讨价之后，为了达成交易，买方就要根据估算的卖方保留价格和己方的理想价格及策略性虚报部分，并按照既定策略与技巧，提出自己的反应性报价，即做出还价。如果说，卖方的报价规定了价格谈判中讨价还价范围的一个边界的话，那么，买方的还价将规定与其对立的另一个边界。如此，双方即在这两条边界所规定的界区内，展开激烈的讨价还价。

还价策略的运用，包括还价前的筹划、还价方式、还价起点的确定、还价技巧等方面。

1．还价前的筹划

还价策略的精髓在于"后发制人"。为此，就必须针对卖方的报价，并结合讨价过程，对己方准备做出的还价进行周密的筹划。首先，应根据卖方的报价和对讨价做出的反应，并运用自己所掌握的各种信息、资料，对报价进行全面的分析，从中找出报价中的薄弱环节和突破口，以作为己方还价的筹码。其次，在此基础上认真估算卖方的保留价格和对己方的期望值，制订出己方还价方案的起点、理想价格和底线等重要的目标。最后，根据己方的谈判目标，从还价方式、还价技法等各方面设计出几种不同的备选方案，以保证己方在谈判中的主动性和灵活性。

还价的目的，绝不是仅仅提供与对方报价的差异，而应力求给对方造成较大的压力和影响或改变对方的期望，同时，又应着眼于使对方有接受的可能，并愿意向双方互利性的协议靠拢。因此，还价前的筹划，就是要通过对报价内容的分析、计算，设计出各种相应的方案、对策，以使谈判人员在还价过程中得以贯彻，以发挥"后发制人"的威力。

2．还价方式

还价中，谈判人员要确保自己的利益要求和主动地位，首先就应善于根据交易内容、所报价格以及讨价方式，采用不同的和对应的还价方式。按照谈判中还价的依据，还价方式有按可比价还价以及按成本还价两种：

（1）按可比价还价。

这是指己方无法准确掌握所谈商品本身的价值，而只能以相近的同类商品的价格或竞争者商品的价格作参照进行还价。这种还价方式的关键，是所选择的用以参照的商品的可比性及其价格的合理性，只有可比价格合理，还价才能使对方信服。

（2）按成本还价。

这是指己方能计算出所谈商品的成本，然后，以此为基础再加上一定比率的利润作为依据进行还价。这种还价方式的关键，是所计算成本的准确性，成本计算得比较准确，还价的说服力就比较强。

按照谈判中还价的项目，还价方式又有总体还价、分别还价和单项还价3种：

（1）总体还价。总体还价即一揽子还价，它是与全面讨价对应的还价方式。

（2）分别还价。分别还价是指把交易内容划分成若干类别或部分，然后按各类价格中的水分含量或按各部分的具体情况逐一还价。分别还价，是分别讨价后的还价方式。

（3）单项还价。这是指按所报价格的最小单位还价，或者对某个别项目进行还价。单项还价，一般是针对性讨价的相应还价方式。

3．还价起点的确定

还价方式确定后，关键的问题是要确定还价的起点。还价起点，即买方的初始报价。它是买方第一次公开报出的打算成交的条件，其高低直接关系到自己的经济利益，也影响着价格谈判的进程和成败。

（1）还价起点的确定，从原则上讲有两条：

① 起点要低。还价起点低，能给对方造成压力并影响和改变对方的判断及盈余要求，能利用其策略性虚报部分为价格磋商提供充分的回旋余地和准备必要的交易筹码，能对最终达成成交价格和实现既定的利益目标具有不可忽视的作用。

② 不能太低。还价起点要低，但也不是越低越好。还价起点要接近成交目标，至少要接近对方的保留价格，以使对方有接受的可能性。否则，对方会失去交易兴趣而退出谈判，或者己方不得不重新还价而陷于被动。

（2）还价起点的确定，从量上来讲有3个参照因素：

① 报价中的水分含量。价格磋商中，虽然经过讨价，报价方对其报价做出了改善，但改善的程度各不相同，因此，重新报价中的水分含量是确定还价起点的第一项因素。对于水分含量较少的报价，还价起点应当较高，以使对方同样感到交易诚意；对于水分含量较多的报价，或者对方报价只做出很小的改善便千方百计地要求立即还价者，还价起点就应较低，以使还价与成交价格的差距同报价中的水分含量相适应。同时，在对方的报价中，会存在不同部分水分含量的差异，因而，还价起点的高低也应有所不同，以此可增强还价的针对性并为己方争取更大的利益。

② 成交差距。对方报价与己方准备成交的价格目标的差距，是确定还价起点的第二项因素。对方报价与己方准备成交的价格目标的差距越小，其还价起点应当较高；对方报价与己方准备成交的价格目标的差距越大，其还价起点就应较低。当然，无论还价起点高低，都要低于己方准备成交的价格，以便为以后的讨价还价留下余地。

③ 还价次数。这是影响确定还价起点的第三项因素。同讨价一样，还价也不能只允许一次。在每次还价的增幅已定的情况下，当己方准备还价的次数较少时，还价起点应当较高；当己方准备还价的次数较多时，还价起点就应较低。总之，通盘考虑上述各项因素，确定好还价起点，才能为价格谈判中的讨价还价范围划出有利于己方的这条边界。

4．还价技巧

（1）吹毛求疵。

在价格磋商中，还价者为了给自己制造理由，也为了向对方表明自己是不会轻易被人蒙骗的精明的内行，常常采用"吹毛求疵"的技巧。其做法通常是：①百般挑剔。买方针对卖方的商品，想方设法寻找缺点，以此为自己还价提供依据。②言不由衷。本来满意之处，也非要说成不满意，并故意提出令对方无法满足的要求，表明自己"委曲求全"，以此为自己的还价制造借口。商务交易中的大量事实证明，"吹毛求疵"不仅是可行的，而且是富有成效的。它可以动摇卖方的自信心，迫使卖方接受买方的还价，从而使买方获得较大的利益。需要注意的是："吹毛求疵"不能过于苛刻，应近乎情理和取得卖方的理解。否则，卖方会觉得买主缺乏诚意，甚至会被卖方识破。

（2）积少成多。

积少成多作为还价的一种技法，是指为了实现自己的利益，通过耐心地一项一项地谈、一点一点地取，达到聚沙成塔、集腋成裘的效果。积少成多的可行性在于：①人们通常对微不足道的事情不太计较，比如对区区蝇头小利不太在乎，也不愿为了一点儿利益的分歧而影响交易关系，这样，买方便可以利用这种心态将总体交易内容进行分解，然后逐项分别还价，通过各项获得的似乎微薄的利益，最终实现自己的利益目标。②细分后的交易项目因其具体而容易寻找还价理由，使自己的还价具有针对性和有根有据，从而易于被卖方所接受。

（3）最大预算。

运用"最大预算"的技巧，通常是在还价中一方面对卖方的商品及报价表示出兴趣，另一方面又以自己的"最大预算"为由来迫使卖方最后让步和接受自己的出价。例如，经过讨价，卖方已将某货物的报价由 10 万元降至 8.5 万元，买方便说："贵方这批货物我们很想购买，但是，目前我公司总共只有 7.8 万元的购货款，如果能按这个价格成交，我们愿今后与贵方保持合作关系。"这样，买方采用"最大预算"的技巧做出了 7.8 万元的还价，实现了交易。运用这种技巧应注意：①掌握还价时机。经过多次价格交锋，卖方报价中的水分已经不多，此时以"最大预算"的技法还价，乃最后一次迫使卖方做出让步。②判断卖方意愿。一般卖方成交心切，易于接受己方"最大预算"的还价。否则，卖方会待价而沽，"少一分钱也不卖"。③准备变通办法。万一卖方不管你"最大预算"真假如何，仍坚持原有立场，买方须有变通办法：一是固守"最大预算"，对方不让步，己方也不能让步，只好以无奈为由中断交易；二是维护"最大预算"，对方不让步，己方做适当让步，可以酌减某项交易内容或者后补价款，便于以此为台阶实现交易。

（4）最后通牒。

这是一种一方向另一方施加强大压力的手段。还价中采用"最后通牒"，即指买方最后给卖方一个出价或期限，卖方如不接受，买方就毅然退出谈判。这种技巧，经常为还价者所施行，但要取得成功须注意以下各点：①"最后通牒"的出价应使卖方有接受的可能性，一般不能低于卖方的保留价格。②给卖方"最后通牒"的时机要恰当，一般是在买主处于有利地位或买方已将价格提高到接近理想价格时发出"最后通牒"。③发出"最后通牒"前，应设法让卖方已有所投入。例如，先就与主要问题有联系的次要问题达成协议；让卖方在时间、精力、选择余地各方面先做出耗费等。这样，待卖方的投入已达到一定程度时，再抛出"最后通牒"，可使其欲罢不忍。④"最后通牒"的依据要过硬，要有较强的客观性和不可违抗性。例如，可以援引有关的法律规定、政策条文、商务惯例、通行的价目表或本公司的财务制度等来支持己方的立场，使卖方不好反驳。⑤"最后通牒"的言辞不要过硬，言辞太锋利容易伤害卖方的自尊心，而言辞比较委婉易于为卖方考虑和接受。⑥"最后通牒"也要留有弹性。还价中的"最后通牒"并不是非要把卖方"逼上梁山"，即要么接受条件，要么使谈判破裂，而是压卖方再做让步的一种手段。此时，如果卖方迫于压力做出较大让步并接近己方条件，应考虑适可而止；若经最后较量，卖方仍坚守立场，为实现交易买方也可自找台阶。例如，可以说："这个价格贵方还不能接受，最多再加2%的手续费，否则，就很难再谈下去了。"

（5）感情投资。

在讨价还价中，双方的磋商和论辩似乎只是实力和意志的较量，谈不上感情因素的作用。其实不然，许多谈判的顺利推进，以至于一些棘手问题的最终解决，往往凭借了当事双方业已存在的感情基础和良好的关系。事实上，谈判中的人际关系因素至为重要。你想要影响对方，那么，你首先就应该为对方所认可、所欢迎；你想使自己在谈判中提出的各种理由、各项意见能被对方认真倾听和充分接受，那么，最有效的是首先必须和自己的谈判对手建立起信任、建立起友情。从还价的角度来说，感情投资能够为还价被对方所接受铺平道路。还价中，感情投资的运用一般有以下要求：①要正确对待谈判，正确对待对手。整个谈判过程，要遵循平等、互利原则，从大局出发，互谅互让。要把谈判中的各种分歧视为合作的机缘，善于寻求共同利益，求同存异。同时，对于谈判对手，必须充分尊重，而绝不应敌视。要做到台上是对手，台下是朋友。要注重展示自己的修养和人格魅力。②价格谈判中，对于一些较为次要的问题，可不过分计较并主动迎合对方，使对方觉得你能站在他的角度考虑问题，从而赢得好感。③注意利用谈判中的间隙机会，谈论业务范围以外对方感兴趣的话题，如体育比赛、文艺节目、时事新闻、当地的土特产、名吃、名胜古迹等，借以增加交流、增进友情。④对于彼此之间有过交往的，要常叙旧，回顾以往合作的经历和取得的成功，增强此次合作的信心。

小结

价格谈判是商务谈判的核心，是谈判磋商的重点，商务谈判的各项条款的变动都与价格变动相联系。

报价策略有：

- 报价起点策略；
- 报价时机策略；
- 报价表达策略；
- 报价差别策略；
- 报价对比策略；
- 报价分割策略。

价格解释，是指卖方就其商品特点及其报价的价值基础、行情依据、计算方式等所做的介绍、说明或解答。

价格评论，是指买方对卖方所报价格及其解释的评析和论述。

讨价，指要求报价方改善报价的行为。谈判中，一般卖方在首先报价并进行价格解释之后，买方如认为离自己的期望目标太远或不符合自己的期望目标，必然在价格评论的基础上要求对方改善报价。

还价，也称"还盘"，一般是指买方针对卖方的报价做出的反应性报价。还价以讨价为基础。卖方首先报价后，买方通常不会全盘接受，也不至完全推翻，而是伴随价格评论向卖方讨价；卖方对买方的讨价，通常也不要轻易允诺，但也不要断然拒绝，为了促成交易，往往伴随进一步的价格解释对报价做出改善。

第三部分　课题实践页

（一）简单题

1. 价格谈判的主要任务有哪些？
2. "卖方报价要高，买方还价要低"的原因是什么？

（二）选择题

1. 谈判中，作为卖方，报价起点（　　）。

A. 要低　　　　　　　　　　　B. 要高

C. 既要低又要接近理想报价　　D. 既要高又要接近理想报价

2. 谈判中，一方首先报价之后，另一方要求报价方改善报价的行为被称作（　　）。

A. 要价　　　B. 还价　　　C. 讨价　　　D. 议价

3. 进行报价解释时，必须遵循的原则有（　　）。

A. 不问不答　　　B. 有问必答　　　C. 避虚就实　　　D. 能言不书

4. 在一方报完价之后，另一方比较策略的做法是（　　）。

A. 马上还价　　　　　　　　　B. 置之不理，转移话题

C. 请对方作出价格解释　　　　D. 亮出己方的价格条件

5. 在商务谈判中，己方在报价时应坚持（　　）。

A. 坚定明确　　　B. 内容完整　　　C. 作详细解释说明

D. 不作详细解释说明　　　　　　　E. 模糊化，留有余地

（三）分析题

1. 谈判前的卖方都会计划一个可接受的最低价格，但他们在谈判中所开出的价格却都要比最低价格高出许多，而这个高出来的差额即是他在讨价还价中所能做出的最大程度的让步。现在假设卖方将出售品以390元作为可接受的最低价格，但他的最初报价是450元，他的最大让价幅度是60元。在这种情况下，你将采取怎样的让步方武达到谈判目标？

（1）0→0→0→60

（2）15→15→15→15

（3）8→13→17→22

（4）22→17→13→8

（5）26→20→12→20

（6）49→10→0→1

（7）60→0→0→0

解析：

2. 你正在参加公司的主管联席会议，此次会议的目的是商讨是否推出一种新产品。你身为制造部门的负责人，深切地了解在目前的形势下推出此种产品是不明智的，制造成本过高，一旦厂部决定推出新产品，最后肯定也不会有市场竞争力。不过你很清楚，推出新产品是企业最高层所渴望实现的一件大事。在这次会议中，你应采取什么态度？

（1）保持沉默，一切顺其自然。

（2）反对推出该新产品，因成本太高。

（3）提议由最高领导班子决定是否推出新产品。

（4）提议由研究升发部对该新产品做进一步的试验，并请会计部门估算该新产品的制造成本。

解析：

课题八 商务谈判的语言训练

技 能 目 标	知 识 目 标	建 议 学 时
➤ 识别商务谈判语言	(1) 了解商务谈判的类别 (2) 正确认识商务谈判的地位与作用 (3) 能正确运用各类谈判语言	2
➤ 有声语言的技巧分析	(1) 能有效陈述 (2) 能掌握并应用提问技巧 (3) 能掌握并应用应答技巧	2
➤ 无声语言的技巧分析	(1) 掌握人体语言技巧 (2) 了解物体语言技巧 (3) 掌握无声语言的表现规律	2
➤ 听与辩	(1) 掌握听的技巧 (2) 掌握辩论的技巧	2

第一部分 案例与讨论

案例 谈判语言

中国某公司与美国公司谈判投资项目。其间双方对原工厂的财务账目反映的原资产总值有分歧。

美方：中方财务报表上有模糊之处。

中方：美方可以核查。

美方：核查也难，因为被查的依据就不可靠。

中方：美方不应该空口讲话，应有凭据证明查账依据不可靠。

美方：所有财务证均系中方工厂所造，我作为外国人无法一一核查。

中方：那贵方可以请信得过的中国机构协助核查。

美方：目前尚未找到可以信任的中国机构帮助核查。

中方：那贵方的断言只能是主观的、不令人信服的。

美方：虽然我方没有法律上的证据证明贵方账面数字不合理，但我们有经验，贵方的现有资产不值账面价值。

中方：尊敬的先生，我承认经验的宝贵，但财务数据不是经验，而是事实。如果贵方诚意合作，我愿意配合贵方查账，到现场一一核对物与账。

美方：不必贵方做这么多工作，请贵方自己纠正后，再谈。

中方：贵方不想讲理？我奉陪！

美方：不是我方不想讲理，而是与贵方的账没法说理。

中方：贵方是什么意思，我没听明白，什么"不是不想，而是没法"？

美方：请原凉我方的直率，我方感到贵方欲利用账面值来扩大贵方所占股份。

中方：感谢贵方终于说出了真心话，给我指明了思考方向。

美方：贵方应理解一个投资者的顾虑，尤其像我公司与贵方诚心合作的情况下，若让我们感到贵方账目有虚占股份之嫌，实在会使我方却步不前，还会产生不愉快的感觉。

中方：我理解贵方的顾虑。但在贵方心理恐惧面前，我方不能只申辩这不是"老虎账"，来说它"不吃肉"。但愿听到贵方有合理的要求。

美方：我通过与贵方的谈判，深感贵方代表的人品，由于账面值让人生畏，不能不请贵方考虑修改问题，或许会给贵方带来麻烦。

中方：为了合作，为了让贵方安心，我方可以考虑账面总值的问题，至于怎么做账是我方的事。如果，我没理解错的话，我们双方将就中方现有资产的作价进行谈判。

美方：是的。

（以下是中方现有资产的作价谈判，略）

案例讨论

（1）上述谈判中，双方均运用了哪几种语言？

（2）双方的语言运用有何不妥之处？

（3）如果你作为美方或中方代表会怎么谈？

第二部分 课题学习引导

8.1 识别商务谈判语言

商务谈判的过程是谈判人员的语言交流过程。语言在商务谈判中犹如桥梁，占有重要的地位，往往决定了谈判的成败。因而在商务谈判中如何恰如其分地运用语言技巧，谋求谈判的成功是谈判人员必须考虑的主要问题。

8.1.1 商务谈判语言的类别

商务谈判语言各种各样，从不同的角度可以划分为不同的类型。

1. 按语言的表达方式分为有声语言和无声语言

有声语言一般理解为口头语言。这种语言借助于人的听觉交流思想、传递信息。无声语言是指通过人的形体、姿势等来表达的语言，一般解释为行为语言。这种语言借助于人的视

觉传递信息、表达态度。在商务谈判中巧妙地运用这两种语言，可以产生珠联璧合、相辅相成的效果。

2．有声语言的具体类型

有声语言又称为"言语"，是指通过人的发音器官来表达的语言，一般理解为"口头语言"。人们运用语言符号进行信息交流，传递思想、情感、观念和态度，达到沟通目的的过程，叫做言语的沟通。言语沟通是人际沟通中最重要的一种形式。

有声语言具有灵活多变性，不拘泥于特定的表达方式。但是，就商务谈判实践而言，有声语言表达包括4种类型：商务、法律语言，外交语言，文学语言和军事语言。无论多么复杂的谈判，都不会脱离这4种语言的表达，而且，成功的谈判人员将这4种语言相互融汇、相互穿插，使得本来枯燥无味的商务谈判别开生面、有声有色，更有利于达到谈判的目的。

因此，在学会如何巧妙地运用语言来表达己方观点和说服对方之前，应该先对这4种表达语言进行透彻的了解，才能在谈判桌前运用自如。

（1）商务、法律语言。

商务、法律语言是指与交易有关的技术专业、价格条件、运输、保险、税收、产权、企业法人与自然人、商检、经济和法律制裁等行业习惯用语和条例法规的提法。商务、法律语言是商务谈判的主体语言，在谈判中最常使用。

何谓"商务语言"？商务语言是指有关商务谈判内容的一些术语。商务语言的特征是简练、明确、专一、不容置疑。尤其是在国际商务谈判中，不同的谈判人员来自不同的国家和地区，语言更是存在着千差万别，即使用同一种语言来表达，也存在着文化理解上的差异。因此，要想增加共同语言，就要将商业习惯用统一的定义和词语来表达，甚至将其符号化、规范化，从而使其具有通用性、专一性，避免在以后出现分歧，产生纠纷。

何谓"法律语言"？法律语言是指洽谈业务内容所涉及的有关法律的规定用语。不同的洽谈内容有不同的法律语言，涉及洽谈的每一个议题的定义及条件的确立，不能随意解释使用。法律语言的特点是强制性、刻板性、通用性、严谨性。通过法律语言的运用，能够明确谈判双方各自的权利与义务、权限与责任等。

凡是涉及交易本身以及契约文字的部分均属于商务、法律语言。

（2）外交语言。

外交语言是指商务谈判中所有委婉、礼貌的表达方式的用语，是一种在某种程度上异于常态的语言。其主要特点是委婉、含蓄、模糊和折中。

富有外交色彩的谈判语言，可被视为商务谈判中的外交语言。很多谈判人员认为外交语言是敷衍的、圆滑的，甚至是狡猾的、虚伪的。然而在实践中，涉外谈判中因谈判人员的特殊身份、特殊使命、特殊情况，不可能"知无不言，言无不尽"，有时也"顾左右而言他"，但这些是特殊情况下语言技巧和手段的特殊运用，绝不是虚伪和敷衍。

外交语言讲究委婉、含蓄，忌讳直言快语，留意字里行间，注重弦外之音；在谈判中容易给人以尊重感，有利于阐明问题；当谈判双方就某一议题产生分歧时，外交语言有利于软化冲突，避免谈判陷入僵局。典型的外交语言，例如"希望我的答复让您满意"、"从长计议"、"将予认真考虑"、"将予积极支持"、"有关事宜悉听尊便"、"很荣幸与您共商此事"、"此事无可奉告"、"请恕我授权有限"、"既然如此，深表遗憾"、"我没有这么说，这是您的意思"、"您说的有一定道理，但实际情况稍微有些出入"、"我已再三提醒了贵方，一切后果由贵方自负"、"照会"、"事态的发展"、"会晤"、"交涉"等。

（3）文学语言。

文学语言是指在谈判中使用的优美动人的修辞。文学语言的特征是优雅、诙谐、生动、形象和富有感染力。

在文学家看来，文学语言是情感的语言、修辞的语言，对一篇文章、一部小说、一记随笔来说无不存在巨大的影响。国际商务谈判虽然属商业领域而非文学领域，但谈判人员作为语言的叙述者，不妨也把谈判作为一种文学创作。试想一下，一个谈判人员枯燥、刻板地按照写好的材料一字一句往下念，没有修辞，没有诙谐，仅仅局限于准备的条条框框；而另一个谈判人员像演讲似的语言锦绣、声调抑扬顿挫、其间不时穿插轻松诙谐的小故事，谈判桌对面的人就会产生不同的谈判态度，相应的，谈判的结果也会有所差别。无论任何国家和民族，都有深远的文化及语言渗透，因此，在国际商务谈判中文学语言自然而然地被谈判人员所运用，并具有极大的魅力。

文学语言在商务谈判中具有制造良好气氛、化解紧张争锋、加强双方感情、增强感染力的作用。谈判人员把敏感的、经济利益明显的话题以文学语言表达，自然会消除令人尴尬的火药味，使得谈判呈现优雅、诙谐，而达到"四两拨千斤"的效果。涉外谈判更是如此，由于谈判人员来自不同国家、不同民族，有不同的文化修养，而正是这些不同才更让人们被不同于自己文化的语言所吸引。

文学语言大多因即兴而用，无一致规定。只要以拟人、比喻等修辞手法类比谈判，以工整的排比、诙谐的双关文笔式表达，均系文学语言。

（4）军事语言。

军事语言是指在商务谈判中运用的军事术语，即简明、坚定的语言。在商务谈判中难免会产生激烈对峙的局面，而且有的对手"吃硬不吃软"，从达成谈判的效果出发，军事语言在其中占有不可缺少的一席地位。军事语言的特征是干脆、简明、坚定、自信，不拖泥带水。

商务谈判始终围绕着债权与债务、得与失进行。在失去其内在平衡时，谈判人员容易沉不住气，心浮气躁，甚至表现粗暴，从攻者与防者两个方面促使军事语言进入谈判领域，从心理上起到振奋参加谈判人员的工作精神、打击对手的作用。复杂的商务谈判充满了心理战，无论双方虚实如何，简明、干脆的表达都会减少泄露机密的可能性，并烘托出谈判人员坚定的立场、不畏惧谈判结果的自信态度，这会促使双方作出更加理性的判断。军事语言排斥了模棱两可、犹豫不定，给双方创造了决战气氛，加速了谈判的进程。尽管军事语言在谈判中表现得冷酷无情、不留余地，但鉴于其特殊的优点，只要适时适度地使用，仍然不失为一种有效的谈判方式。

典型的军事语言，例如"价格防线"、"集中力量突破一点"、"各司其职"、"出其不意，攻其不备"、"知己知彼，百战不殆"；在策略用语中常用"声东击西"、"兵贵神速"、"避实击虚"、"以毒攻毒"、"走马换将"、"以攻为守"、"以退为进"；在谈判过程中常用"不要转换话题，请直接回答我的问题"，"这是无条件的，不可讨论"，"非如此不能授予合同"等。

尽管军事词汇有限，但远多于上述这些，在谈判中应用广泛。凡是简单、明了、斩钉截铁、富有命令性的自信表述，均属于此范围，没有严格界定，因客观需要而定，其针对性、目的性很强。

8.1.2 语言技巧在商务谈判中的地位和作用

商务谈判的过程是谈判双方运用各种语言进行洽谈的过程。在这个过程中，商务谈判对抗的基本特征，如行动导致反行动、双方策略的互含性等都通过谈判语言集中反映出来。因此，语言技巧的效用往往决定着双方的关系状态，以至谈判的成功。其地位和作用主要表现在以下几个方面：

1. 语言技巧是商务谈判成功的必备条件

美国企业管理学家西蒙曾说，成功的人都是出色的语言表达者。同时，成功的商务谈判都是谈判双方出色运用语言技巧的结果。在商务谈判中，同样一个问题，恰当地运用语言技巧可以使双方听来饶有兴趣，而且乐于合作；否则可能让对方觉得是陈词滥调，产生反感情绪，甚至导致谈判破裂。面对冷漠或不合作的强硬对手，通过超群的语言及艺术处理，能使其转变态度，这无疑为商务谈判的成功迈出了关键一步。因此，成功的商务谈判有赖于成功的语言技巧。

2. 语言技巧是处理谈判双方人际关系的关键环节

商务谈判对抗的行动导致反行动这一特征，决定了谈判双方的话语对彼此的心理影响及其对这种影响所做出的反应。在商务谈判中，双方人际关系的变化主要通过语言交流来体现，双方各自的语言都表达了自己的愿望、要求，当这些愿望和要求趋向一致时，就可以维持并发展双方良好的人际关系，进而达到皆大欢喜的结果；反之，可能解体这种人际关系，严重时导致双方关系的破裂，从而使谈判失败。因此，语言技巧决定了谈判双方关系的建立、巩固、发展、改善和调整，从而决定了双方对待谈判的基本态度。

3. 语言技巧是阐述己方观点的有效工具，也是实施谈判技巧的重要形式

在商务谈判过程中，谈判双方要把己方的判断、推理、论证的思维成果准确无误地表达出来，就必须出色地运用语言技巧这个工具。同样，要想使自己实施的谈判策略获得成功，也要出色地运用语言技巧。

8.1.3 正确运用谈判语言技巧的原则

1. 客观性原则

谈判语言的客观性是指在商务谈判中，运用语言技巧表达思想、传递信息时，必须以客观事实为依据，并且运用恰当的语言向对方提供令人信服的依据。这是一条最基本的原则，是其他一切原则的基础。离开了客观性原则，即使有三寸不烂之舌，或者不论语言技巧有多高，都只能成为无源之水、无本之木。

坚持客观性原则，从供方来讲，主要表现在：介绍本企业情况时要真实；介绍商品性能、质量时要恰如其分，可以附带出示样品或进行演示，还可以客观介绍一下用户对该商品的评价；报价要恰当可行，既要努力谋取己方利益，又要不损害对方利益；确定支付方式要充分

考虑到双方都能接受、双方都较满意的结果。

从需方来说，谈判语言的客观性，主要表现在：介绍自己的购买力时不要水分太大；评价对方商品的质量、性能时要中肯，不可信口雌黄，任意褒贬；还价要充满诚意，如果提出压价，其理由要有充分根据。

如果谈判双方均能遵循客观性原则，就能给对方真实可信和"以诚相待"的印象，就可以缩小双方立场的差距，增加谈判成功的可能性，并为今后的长期合作奠定良好的基础。

2．针对性原则

谈判语言的针对性是指根据谈判的不同对手、不同目的、不同阶段的不同要求使用不同的语言。简言之，就是谈判语言要有的放矢、对症下药。提高谈判语言的针对性，要做到以下几点：

① 根据不同的谈判对象，采取不同的谈判语言。不同的谈判对象，其身份、性格、态度、年龄、性别等均不同。在谈判时，必须反映这些差异。从谈判语言技巧的角度看，这些差异针对性越强，洽谈效果就越好。

② 根据不同的谈判话题，选择运用不同的谈判语言。

③ 根据不同的谈判目的，采用不同的谈判语言。

④ 根据不同的谈判阶段，采用不同的谈判语言。如在谈判开始时，外交语言为主，有利于联络感情，创造良好的谈判氛围。在谈判进程中，商业法律语言，并适当穿插文学、军事语言。以求柔中带刚，取得良好效果。谈判结束阶段，应以军事语言为主，附带商业法律语言，以定乾坤。

3．逻辑性原则

在商务谈判中，逻辑性原则反映在问题的陈述、提问、回答、辩论、说服等各个方面。陈述问题时，要注意术语概念的同一性，问题或事件及其前因后果的衔接性、全面性、本质性和具体性。提问时要注意察言观色、有的放矢，要注意和谈判议题紧密结合在一起。回答时要切题，一般不要答非所问，说服对方时要使语言、声调、表情等恰如其分地反映人的逻辑思维过程。同时，还要善于利用谈判对手在语言逻辑上的混乱和漏洞，及时驳倒对手，增强自身语言的说服力。

提高谈判语言的逻辑性，要求谈判人员必须具备一定的逻辑知识，包括形式逻辑和辩证逻辑，同时还要求在谈判前准备好丰富的材料，并对材料进行科学整理，然后在谈判席上运用逻辑性强和论证严密的语言表述出来，促使谈判工作顺利进行。

4．规范性原则

商务谈判的主体语言涉及谈判的每一个议题的定义以及条件的确立。除了工业技术描述外，涉及交易本身以及契约文字的部分均属商务、法律语言。由于利害关系，特别是涉外谈判双方又各处于不同制度、法律、规则的管辖内，要明确谈判双方各自的权利与义务、权限与责任，减少各种风险，只有以严密的措辞、规范统一的语言或符号、逻辑清晰的结构来描述并拟定各种契约。我们上面所讲到的"商务、法律语言"就是最常用的专业、规范用语，客观上各国或地区受其国内法律的制约，同时，国际商法的制约也迫使谈判人员经常引证条文。

谈判中引入一些行话，还可以判断对手的专业知识水平及敏感度，看看他们对某一问题到底了解多少。在当今高科技、金融、运输、保险和法律领域，都形成了衡量一位谈判人员是否真正具有谈判资格的制式标准。为了弄清楚对手懂得些什么，为了找到对手仍然不懂的漏洞，谈判人员会故意使用一些缩略语、缩略词和专业技术词汇。

上述语言技巧的几个原则，都是在商务谈判中必须遵守的，其旨意都是为了提高语言技巧的说服力。在商务谈判的实践中，不能将其绝对化，单纯强调一个方面或偏废其他原则，须坚持上述几个原则的有机结合和辩证统一。只有这样，才能达到提高语言说服力的目的。

8.2 有声语言的技巧分析

8.2.1 陈述

陈述就是叙述自己的观点或问题的过程，在商务谈判的各个阶段都离不开陈述。在谈判过程中、陈述大体包括入题、阐述两部分。

1．入题技巧

谈判双方在刚进入谈判场所时，难免会感到拘谨，尤其是谈判新手，在重要谈判中，往往会产生忐忑不安的心理。为此，必须讲求入题技巧，采用恰当的入题方法。

（1）迂回入题。为避免谈判时单刀直入、过于直露，影响谈判的融洽气氛，谈判时用迂回入题的方法，如先从题外话入题，介绍一下季节或天气情况，或以目前流行的有关社会新闻、旅游、艺术、社会名人等作为话题；从介绍己方谈判人员入题，简略介绍己方人员的职务、学历、经历、年龄等，既打开了话题，消除了对方的忐忑心理，又充分显示了己方强大的阵容，使对方不敢轻举妄动；从"自谦"入题，如果对方是在我方所在地谈判，可谦虚地表示各方面照顾不周，也可称赞对方的到来使我处蓬荜生辉，或者谦称自己才疏学浅，缺乏经验，希望通过谈判建立友谊等；从介绍己方的生产、经营、财务状况入题，可先声夺人，既提供给对方一些必要资料，又充分显示己方雄厚的财力、良好的信誉和质优价廉的产品等基本情况，从而坚定对方谈判的信心。总之，迂回入题要做到新颖、巧妙，不落俗套。

（2）先谈细节，后谈原则性问题。围绕谈判的主题，先从洽谈细节问题入题，条分缕析，到各项细节问题谈妥之后，也便于自然而然地达成原则性的协议。

（3）先谈一般原则，后谈细节问题。一些大型的经贸谈判，由于需要洽谈的问题千头万绪，双方高级谈判人员不应该也不可能介入全部谈判，往往要分成若干等级，进行多次谈判，这就需要采取先谈原则问题、再谈细节问题的方法入题。一旦双方就原则问题达成一致，洽谈细节问题也就有了依据。

（4）从具体议题入手。大型商务谈判，总是由具体的一次次谈判组成，在具体的每一次谈判会议上，双方可以首先确定本次会议的商谈议题，然后从这一具体议题入手进行洽谈。

2．阐述技巧

（1）开场阐述。谈判入题后的一个重要环节。

① 开场阐述的要点。

● 开宗明义，明确本次会谈所要解决的主题。

● 表明我方通过洽谈应当得到的利益，尤其是对我方至关重要的利益。

● 表明我方的基本立场，可以回顾双方以前合作的成果，说明我方在对方所享有的信誉；也可以展望或预测今后双方合作中，可能出现的机遇或挑战。还可以表示我方可采取何种方式为双方共同获得利益做出贡献等。

- 开场阐述应是原则的，而不是具体的，应尽可能简明扼要。
- 开场阐述的目的，是让对方明白我方的意图，以创造协调的洽谈气氛。

因此，阐述应以诚挚和轻松的方式来表达。

② 对方开场阐述的反应。

- 认真耐心地倾听对方的开场阐述，归纳弄清对方开场阐述的内容和理解对方阐述的关键问题，以免产生误会。
- 如果对方开场阐述的内容与我方的差距较大，不要打断对方的阐述，更不要立即与对方争执，而应当先让对方说完，再巧妙地转换话题，从侧面进行反驳。

（2）让对方先谈。在商务谈判中，当你对市场态势和产品定价的新情况不很了解，或者当你尚未确定购买何种产品，或者你无权直接决定购买与否时，你一定要坚持让对方首先说明可提供何种产品，产品的性能如何，产品的价格如何等，然后再审慎地表达意见。有时即使你对市场态势和产品定价比较了解，心中有明确的购买意图，而且能够直接决定购买与否，也不妨先让对方阐述利益要求、报价和介绍产品。然后，再在此基础上提出自己的要求。这种后发制人的方式，常能收到奇效。

（3）坦诚相对。谈判中应当提倡坦诚相见，不但将对方想知道的情况坦诚相告，而且可以适当透露我方的某些动机和想法。坦诚相见是获得对方同情和信赖的好方法，人们往往对坦率诚恳的人有好感。

不过，应当注意，与对方坦诚相见，难免要冒风险。对方可能利用你的坦诚，迫你让步，你可能因为坦诚而处于被动地位。因此，坦诚相见是有限度的，并不是将一切和盘托出，应以既赢得对方信赖，又不使自己陷于被动、丧失利益为度。

（4）发言紧扣主题。

任何商贸洽谈的双方，都怀着一定的目的，肩负着一定的使命来到谈判桌前的。这便决定每次谈判必有一个主题。由于时间有限，在谈判中双方都应紧紧围绕主题进行阐述，不要发表与谈判主题无关的意见，以免使对方产生反感和延误时间。同时，在谈判中也不要转弯抹角，意见暧昧，以免给谈判带来障碍。

（5）措辞得体，不走极端。

有时在谈判过程中难免会发生尖锐、激烈的争论。在这种情况下要尽量以和缓的语言表达自己的意见，不仅语调要柔和，而且措辞要得体。有些过于极端的语言易刺伤对方的自尊心，引起对方的反感，影响谈判的进展。所以，最好不用这些语言。有些语言可能会使对方对你的谈判诚意产生怀疑，致使谈判走上歧途，或者中断。所以，还是少用为佳。

（6）注意语调、语速、声音、停顿和重复。

不同的语调可赋予同一句话以不同的含义，也可以表达说话者不同的思想感情。例如，"这价格不错"，若以平常的语调讲，则是一个肯定的评价，表达了说话者对这一价格的同意或赞赏。但若以高调带拖腔的方式讲出，则是一个带有否定性的评价，表达了说话者对这价格的不满。谈判人员应通过语调的变化显示自己的信心、决心、不满、疑虑和遗憾等思想感情。同时，也应善于通过对方不同的语调来洞察对方肯定、赞赏、否定、不满等感情变化。谈判人员说话的目的是让对方听到记住，因此语速要适中，不宜太快，尤其是在有翻译的情况下更应如此。说得太快致使对方既听不清、也记不住，不仅达不到说话的预期目的，还可能使对方产生你不尊重他的感觉。因此，如果你想让对方注意你的谈话，就要把速度放平稳，慢慢地、流畅地说。当然，速度也不要太慢，更不要吞吞吐吐。

谈判人员声音的高低强弱，也是影响谈判效果的重要因素之一。声音过高过响，震耳欲聋，不会使人感到亲切。过低过弱，唯唯诺诺，不会使人感到振奋。因此，应当合理使用声音的强弱，最好有高有低，抑扬顿挫，犹如一幕戏，有高潮、低潮，还要有收尾。要让对方感到自然舒适。在谈判中，你滔滔不绝地阐述观点、发表意见时，如果突然停顿或者有意识地重复某几句话时，能起到意想不到的作用。它可以引导听者对停顿前后的内容和重复的内容进行回顾和思考，加深双方的理解和沟通。另外，停顿还可给对方机会，使之抒发己见，打破沉默，活跃谈判桌上的气氛。

（7）注意折中迂回。

折中迂回是在谈判中转换话题，放弃对某些问题的讨论或绕弯子说服对方的技巧。这种技巧的运用，是掌握谈判主动权的必然要求。

折中迂回技巧主要表现在：当我方面临不利的问题时，主动避开对方话锋，将谈话重点转回到对我方有利的问题上来，答非所问或不直接回答对方的问题；绕弯子解释或提出新问题；谈一些题外话，冲淡一下主题，或有意识地谈些意思不清的话，鼓励我方人员作不相关的交谈；改变原定程序和计划，忽然建议一个令对方不能马上接受的方案；提议某些问题要调查后再讨论；否认某些问题的存在等。

使用折中迂回技巧应当慎重，要区别轻重缓急。如在谈判比较正常地进行时，可经常使用"可是……"、"但是……"、"虽然如此……"、"不过……"、"然而……"等比较和缓的转折用语，达到折中迂回，使问题向有利于我方方向转化的目的；在遇到对方无理纠缠，同时我方又不希望谈判破裂时，可适当采用上述折中迂回技巧。

折中迂回技巧一般适用于下列场合：想避开对自己一方不利的话题；想回避某些问题；不同意某些观点，但又不便于直接否定对方；想拖延对某些问题作出决定的时间；想把问题引向对己方有利的方面；想转移角度阐述问题以说服对方等。

（8）使用解困用语。

当谈判出现困难，无法达成协议时，为了突破困境，给自己解围并使谈判继续进行，可使用下列解困用语：

"真遗憾，只差一步就成功了。"

"就快要达到目标了，真可惜。"

"这样做，肯定对双方都不利。"

"既然事已至此，懊恼也没有用，还是让我们再做努力吧。"

"我相信，无论如何，双方都不希望前功尽弃！"

使用这类解困用语，有时确能产生较好的效果。只要双方都有谈判诚意，对方很有可能会欣然接受你的意见，从而促进谈判的成功。

（9）不以否定性的语言结束谈判。

从人的听觉习惯考察，在某一场合下，他所听到的第一句话和最后一句话，常常能给他留下很深的印象。所以，在谈判中要注意不能以否定性的语言来结束谈判。假如你忽视了这一条，那么，这否定性的语言将会给对方造成一种不愉快的感受，并且印象深刻。同时，对下一轮谈判将会带来不利影响，甚至危及前轮谈判中谈妥的问题或达成的协议。所以，在谈判终了时，最好能给予谈判对手以正面评价，并可稳健中肯地把谈过的议题予以归纳。例如：

"您在这次谈判中表现很出色，给我留下深刻的印象。"

"您处理问题大刀阔斧，钦佩。"

"今天会谈在某些问题上达成了一致，但在某些方面还要再谈。"

"对贵方的某些要求，我方将予以研究，待下次会议再谈。"

不论谈判的结果如何，对参与谈判的人来说，每一次谈判都是谈判双方的一次合作过程。因此，一般情况下在谈判结束时对对方给予的合作表示谢意，对对方的出色表现给予肯定，或者简要概括一下谈判的效果，既是谈判人员应有的礼节，对今后的谈判也是有益的。

8.2.2 提问

提问是商务谈判中经常运用的语言技巧，通过巧妙而适当的提问可以摸清对方的需要，把握对方的心理状态，并能准确表达己方的思想，其目的是了解情况、启开话题、以利沟通。不同的目的，提出不同的问题；对同一问题，也可以用不同的方法、从不同的角度进行发问。

1. 提问的类型

问话首先要有一定的目的，然后再通过一定的方式表达出来，不同的问题，要用不同的提问类型表达。从一般的商务谈判场合来讲，提问主要分为以下几种：

（1）封闭式提问。

封闭式提问是指在一定范围内引出肯定或否定问题的答复，一般用"是"或"否"作为提问的要求。例如，"您能否对此次谈判全权负责？"，"我方给出的价格，你们能否接受？"，"你们是否还有额外的优惠条件？"这类提问简单、明了，可以使发问者得到特定的信息资料，但同时，这类提问含有相当程度的威胁和压力，往往引起对手不舒服的感觉。这类提问还包括以下几种情况：

① 选择式提问。

给对方提出几种情况，让对方从中进行选择。由于选择式提问一般都有一定的强迫性，因此在使用时要注意语调得体，措辞委婉，以免给对方留下强加于人的坏印象。例如，"您愿意采取的支付方式是信用证还是托收？"，"贵公司是中外合资还是外商独资？"

② 澄清式提问。

针对对方的答复重新措辞，使对方证实或补充原先的答复。这种提问方式在于让对方对自己说的话进一步明朗态度。例如，"按照你所说的，除事先说好的商品之外，你们还有其他需求，是吗？"，"你的意思是…，是这样吗？"，"你刚才说完成这项谈判项目有困难，现在有没有能力承担这项任务呢？"。

③ 暗示式提问。

这种提问本身已强烈地暗示出预期答案，因而是商务谈判人员在要求对方赞成自己的观点时常用的提问方法，答案已包含在问句中了，无非是督促对方表态而已。例如，"价格讨论得已经差不多了，我们是不是该进入下个环节了？"

④ 参照式提问。

把第三方的意见作为参照来提出问题。如果第三方是对方熟悉的人，或者是有权威的人，对谈判对手会产生很大的影响，容易同意你的看法；但是如果使用不当，就会影响其效果，甚至适得其反。例如，"我们咨询了这方面的专家，对价格有了较多的了解，您能否再把价格降低一些？"，"董事长已在会议上宣布…，你还有什么意见吗？"。

（2）开放式提问。

开放式提问是指在广泛的领域内引出的广泛答复，通常无法采用"是"或"否"等简单的措辞作出答复。例如，"您对我公司的投资还有哪些建议？"，"我们下面的讨论该如何开展呢？"，"你对下一期的工程有什么计划呢？"。

这类提问因为不限定答复的范围，所以谈判对方能够畅所欲言，你也能够从中得到大量的信息。但是，谈判对方也有可能抛开话题、大谈特谈，这就需要谈判人员利用一定的技巧把谈话巧妙地引到主题上。这类提问还包括以下几种情况：

① 商量式提问。

为使对方同意自己的观点，采用商量的口吻向对方发出的提问。这种方式语气平和，对方容易接受，而且，即使对方没有接受，也不会破坏谈判的气氛，双方仍有继续谈判的可能。例如，"我们的报价已经比同行业其他企业低得多了，你愿意接受吗？"，"下个月上海某厂有一项业务洽谈，你认为派某人去合适吗？"。

② 探索式提问。

针对对方答复内容，要求进一步进行引申或说明。探索式提问不仅可以发掘比较充分的信息，而且可以显示发问者对对方所谈问题的兴趣和重视。例如，"您谈到价格上存在困难，能不能告诉我主要存在哪些困难？"

③ 启发式提问。

启发对方对某一问题的看法和意见。这类提问主要针对你想知道但对方又没有提到的问题，以便有针对性地吸收新的意见和建议。例如，"现在接近年末了，你能不能总结并评价一下今年的工作？"，"说到价格不得不说支付方式，说说你的看法？"

在谈判过程中，发问者要多听少说，多运用开放式提问，慎用封闭式提问。发问者应事先作好充分的准备，注意发问时机，取得对方同意后再进一步提问，由广泛的问题逐步缩小到特定的问题，避免含糊不清的措辞，避免使用威胁性、教训性、讽刺性的提问语气，避免盘问式或审问式的问句。

2．问的要诀

为了获得良好的提问效果，需掌握以下发问要诀。

（1）要预先准备好问题。

最好是一些对方不能够迅速想出适当答案的问题，以期收到意想不到的效果。同时，预先有所准备也可预防对方反问。有些有经验的谈判人员，往往先提出一些看上去很一般，并且比较容易回答的问题，而这个问题恰恰是随后所要提出的比较重要的问题的前奏。这时，如果对方的思想比较松懈，突然面对所提出的较为重要的问题时往往措手不及，收到出其不意之效。因为，对方很可能在回答无关紧要的问题时就已暴露其思想，这时再让对方回答重要问题，对方只好自成体系，按照原来的思路来回答问题，或许这个答案正是我们所需要的。

（2）要避免提出那些可能会阻碍对方让步的问题。

这些问题会明显影响谈判效果。事实上，这类问题往往会给谈判的结局带来麻烦。提问时，不仅要考虑自己的退路，同时也要考虑对方的退路，要把握好时机和火候。

（3）不强行追问。

如果对方的答案不够完整，甚至回避不答，这时不要强制追问，而是要有耐心和毅力等待时机再继续追问，这样做以示对对方的尊重，同时再继续回答对方问题也是对方的义务和责任，因为时机成熟时，对方自然不会推卸。

此外，在适当的时候，可以将一个已经发生，并且也知道答案的问题提出来，验证对方的诚实程度及其处理事物的态度。同时，这样做也可给对方一个暗示，即我们对整个交易的行情是了解的，有关对方的信息我们也是充分掌握的。这样做可以帮助我们进行下一步的合作决策。

（4）既不要以法官的态度来询问对方，像法官一样询问谈判对手，会造成对方的敌对与防范的心理和情绪。因为双方谈判绝不等同于法庭上的审问，需要双方心平气和地提出和回答问题。另外，重复连续地发问，往往会导致对方的厌倦、乏味而不愿回答，有时即使回答也是马马虎虎，甚至会出现答非所问的现象。

（5）提出问题后应闭口不言，专心致志地等待对方作出回答。

通常的做法是，当提出问题后，应闭口不言，如果这时对方也是沉默不语，则无形中给对方施加了一种压力。这时，我们保持沉默，由于问题是由我们提出、对方就必须以回答问题的方式来打破沉默，或者说打破沉默的责任将由对方来承担。

（6）要以诚恳的态度来提问。

当直接提出某一问题而对方或是不感兴趣，或是态度谨慎而不愿展开回答时，可以转换一个角度，并且用十分诚恳的态度来问对方，以此来激发对方回答问题的兴趣。实践证明，这样做会使对方乐于回答，也有利于谈判人员感情上的沟通，有利于谈判的顺利进行。

（7）提出问题的句子应尽量简短。

在商务谈判中，提出问题的句子越短越好，而由问句引出的回答则是越长越好。因此，我们应尽量用简短的句式来向对方提问。当我们提问的话比对方回答的话还长时，我们将处于被动的地位，显然这种提问是失败的。

以上几点技巧，是基于谈判人员之间的诚意与合作这一命题提出来的，旨在使谈判人员更好地运用提问的艺术来发掘问题，获取信息，把握谈判的方向。切忌将这些变成限制谈判人员之间为了自己的利益而进行必要竞争的教条。

3．提问的其他注意事项

（1）在谈判时一般不应提出下列问题：

① 不应提出带有敌意的问题。

不应抱着敌对心理进行谈判，应尽量避免那些可能会刺激对方产生敌意的问题。因为一旦问题含有敌意，就会损害双方的关系，最终会影响交易的成功。

② 不应提出有关对方个人生活、工作方面的问题。

对于大多数国家和地区的人来讲，回避询问个人生活和工作方面的问题已经成为一种习惯。例如，对方的收入、家庭情况，女士或太太的年龄等问题都是不应涉及的。另外，也不要涉及对方国家或地区的政党、宗教等方面的问题。

③ 不要直接指责对方品质和信誉方面的问题。

严禁直接指责对方在某个问题上不够诚实。这样做不仅会使对方感到不快，而且还会影响彼此之间的真诚合作。有时，这样做非但无法使他变得更诚实，反面还会引起他的不满，甚至是怨恨。事实上，商务谈判双方的真真假假、虚虚实实是很难用诚实这一标准来评价的。若真的需要审查对方是否诚实，可以通过其他途径来进行。如果发现对方在某些方面不够诚实时，可把已经了解到或掌握的真实情况陈述给对方，对方自然会明白了。

④ 不要为了表现自己而故意提问。

为了表现自己而故意提问会引起对方的反感，特别是不能提出与谈判内容无关的问题以显示自己的"好问"。要知道，故作卖弄的结果往往是弄巧成拙，被人蔑视。

（2）注意提问时的语速。

提问时说话速度太快，容易使对方感到你是不耐烦，甚至有时会感到你是在用审问的口气，容易引起对方反感。反之，如果说话速度太慢，容易使对方感到沉闷、不耐烦，从而也降低了提问的力量。因此，提问的速度应该快慢适中，既使对方听懂你的问题，又不要使对方感到拖沓、沉闷。

（3）注意对手的心境。

谈判人员难免会受情绪的影响。谈判中要随时留心对手的心境，在你认为适当的时候提出相应的问题。例如，对方心境好时，常常会轻易地满足你所提出的要求，而且会变得粗心大意，透露一些相关的信息。

8.2.3 应答

商务谈判中，需要巧问，更需要巧答。谈判是由一系列的问答构成的。巧妙而得体的问答与善于发问同样重要。学握应答的基本技巧与原则，也是谈判人员语言运用的具体要求。

在谈判的整个问答过程中，往往会使谈判的各方或多或少地感到一股非及时答复不可的压力。在这种压力下，谈判人员应针对问题快速反应，做出有意义、有说服力的应答。应答的技巧不在于回答对方的"对"或"错"，而在于应该说什么、不应该说什么和如何说，这样才能产生最佳效应。具体应遵循的原则是：

① 谈判之前应做好充分准备，预先估计对方可能提出的问题。回答前应给己方留有充分的思考时间，特别是多假设一些难度较大的棘手问题来思考，并准备好应答策略。

② 对没有清楚了解真正含义的问题，千万不要随意回答，贸然做答是不明智的。

③ 对一些值得回答的问题，或一些不便回答的问题，决不"和盘托出"。有些擅长应答

的谈判高手，其技巧往往在于给对方提供的是一些等于没有答复的答复。以下便是一些实例：

"在答复您的问题之前，我想先听听贵方的观点。"

"很抱歉，对您所提及的问题，我并无第一手资料可作答复，但我所了解的粗略印象是…"

"我不太清楚您所说的含义是什么，请您把这个问题再说一下。"

"我的价格是高了点儿，但是我们的产品在关键部位使用了优质进口零件，延长了产品的使用寿命。"

"贵公司的要求是可以理解的，但是我们公司对价格一向采取铁腕政策。因此，实在无可奈何！"

第一句的应答技巧，在于用对方再次叙述的时间来争取自己的思考时间；第二句一般是用于模糊应答法，主要是为了避开实质性问题；第三句是针对一些不值得回答的问题，让对方澄清他所提出的问题，或许当对方再说一次的时候，也就寻到了答案；第四句和第五句，是用"是…，但是…"的逆转式语句，让对方先觉得是尊重他的意见，然后话锋一转，提出自己的看法，这叫"退一步而进两步"。

8.2.4 说服

商务谈判中的说服，是综合运用"叙"、"听"、"问"、"答"、"辩"的各种技巧，改变对方的最初想法，接受己方的意图。在谈判桌上，谈判的双方从各自的利益出发，对立的观点始终贯彻，谁能说服对方接受己方的观点，谁就能在谈判中获得成功。

说服不是强迫，也不是欺骗，不能以欺骗的方式诱使对方接受你的意见，成功的说服结果必须要体现双方的真实意见。谈判中能够说服对方的基本原则要做到有理、有力、有节。掌握正确的观点只是说服的前提，要想让对方心服口服，还要掌握微妙的说服技巧，运用自己的态度、理智、感情来征服对方。

1. 说服的技巧

想要说服对方，但如果不讲究方法，不掌握要领，急于求成，往往会事与愿违。在想要说服对方的时候，如果直接指出对方的错误，然后强迫对方接受自己的主张，不但不会说服，还会激怒对方，影响谈判的结果。因此，要使对方信服自己的观点，接受自己的条件，要灵活地采取一些技巧。

（1）寻找共同点。

商务谈判的说服过程是协调谈判人员不同利益的过程，谈判所讨论的也是双方的分歧，但在分歧背后却隐藏着双方利益的共同点。随着谈判的进展，双方越来越熟悉，用双方共同感兴趣的问题作为跳板，因势利导地解开对方思想的纽结，说服才能奏效。寻找共同点是说服的基础、根本原则和终极目的。

寻找共同点可以从以下几个方面入手：

① 寻找双方工作上的共同点。比如共同的职业、共同的追求、共同的目标等。

② 寻找双方在生活方面的共同点。如共同的国籍、共同的生活经历、共同的信仰等。

③ 寻找双方兴趣、爱好上的共同点。如共同喜欢的电视剧、体育比赛、国内外大事等。

④ 寻找双方共同熟悉的第三者，作为认同的媒介。比如，在同陌生人交往时，想说服

他，可以寻找双方共同熟悉的另外一个人，通过各自与另外一个人的熟悉程度和友好关系，相互之间也就有了一定的认同，从而也就便于说服对方了。

（2）尊重对方的意见，不要直接指出他人的错误。

无论你用什么方式指责对方（即使是一个眼神、一种声调、一个手势），都会遭到对方的抵触，对方不但不会承认，还会想要反击，因为你直接打击了他的智慧、判断力和自尊心。即使在最温和的情况下，要说服别人都不容易，那为什么要使说服更不容易呢？

如果你不同意对方的某个看法，即使你知道那的确是错的，应该这样说："你说得有道理，我倒是有另外一种看法，也许我弄错了，我们来看看问题的所在吧。"

（3）对对方的想法表示谅解。

在说服开始以百分之百的诚意说出这样的话："我一点都不怪你有这种想法。如果我是你，毫无疑问，我的想法也会和你一样的。"会使脾气最坏、最固执的"老顽固"也会软化下来。想要说服对方，就要考虑到对方的观点或行为存在的客观理由，即要设身处地地为对方想一想，对对方的想法表示谅解，从而使对方对你产生一种"自己人"的感觉，取得对方的信任，说服的效果将十分明显。

（4）让对方说"是"。

不要与谈判对手一开始就讨论意见相左的问题，要以意见相同的话题开头，让对手同意你的看法而连连称"是"，如果有可能的话，最好使得他没有机会说"不"，戴尔·卡耐基把这种谈话方式称为"苏格拉底式"技巧。

当一个人说"不"时，他全身的神经、肌肉系统都会处于紧张状态，而欲采取抵制的态度来防卫外力的干扰。但是一个人说"是"、"对"时，却是处于松弛状态，能以开放的胸怀接受新的意见。因此，待其放松戒备后，再引导对方逐步接受你的要求，达到说服的目的。商务谈判实践证明，从积极的、主动的角度去启发对方、鼓励对方，就会帮助对方提高自信心、消除戒备，并接受己方的意见。

（5）给对方说话的机会。

多数的谈判人员，要使对方同意自己的观点时，就会口若悬河地讲个不停，而丝毫不考虑对方的想法和需要。要说服对方，尽量让对方说话，向对方提出问题，认真听取对方的要求，明确哪些要求可以理解，哪些要求可以接受，哪些要求必须拒绝。这样才能从中找到利益共同点。

（6）摸清对方的心理。

说服也要讲究针对性，要从对方的角度考虑，做到有的放矢，谈判人员如果不掌握对方心理，只是一味地按照自己的想法把观点强加于对方，不仅不会说服对方，反而会引起对方的反感。

2．说服"顽固者"的技巧

在商务往来过程中，我们相信多数对手是能够通情达理的，但也会遇到固执己见、难以说服的对手。对于后一种，人们常常感到难以对付，他们好像让人难以理解，让人左右为难。其实，这种人在很大程度上是性格所致，并非他们不懂道理。事实上，这种人只要我们抓住他们的性格特点，掌握他们的心理活动规律，采取适宜的说服方法，晓之以理，动之以情，他们是完全可以被说服的。

"顽固者"往往比较固执己见，这通常是性格比较倔强所致。他们有时心肠很软，但表面上不轻易地"投降"，甚至还会态度十分生硬，有时还会大发雷霆。其实有时他们自己也往往搞不清谁正谁误，但还是在外表上坚持自己的观点。有时他们尽管明知自己已经错了，但由于自尊心的作用，也不会轻易地承认自己的错误，除非你给他一个台阶。因此，在说服"顽固者"时，通常可采取以下几种方法：

（1）"下台阶"法。

当对方的自尊心很强，不愿承认自己的错误，使你的说服无济于事时，不妨先给对方一个"台阶"下，说一说他正确的地方，这也就是给对方提供一些自我欣慰的条件和机会，这样，他就会感到没有失掉面子，因而容易接受你善意的说服。

（2）等待法。

有些人可能一时难以说服，不妨等待一段时间，对方虽没有当面表示改变看法，但对你的态度和你所讲的话，事后他会加以回忆和思考的。必须指出，等待不等于放弃。任何事情都要给他留有一定的思考和选择的时间。同样，在说服他人时，也不可急于求成，要等待时机成熟时再和他交谈，效果往往比较好。

（3）迂回法。

当有的人正面道理已经很难听进去时，不要强行或硬逼着他进行辩论，而应该采取迂回前进的方法。就像作战一样，对方已经防备森严，从正面很难突破，解决办法最好是迂回前进，设法找到对方的弱点，一举击破。说服他人也是如此，当正面道理很难说服对方时，就要暂时避开主题，谈论一些对方感兴趣的事情，从中找到对方的弱点，逐渐针对这些弱点，发表己方的看法，让他感到你的话对他来说是有用的，使他感到你是可信服的，这样你再逐渐把话转入主题，晓之以利害，他就会更加冷静地考虑你的意见，容易接受你的说服。

（4）沉默法。

当对方提出反驳意见或者有意刁难时，有时是可以做些解释的。但是对于那些不值得反驳的抗议，倒是需要讲求一点艺术手法，不要有强烈的反应，相反倒可以表示沉默。对于一些纠缠不清的问题，如果又遇上了不讲道理的人，只有当作没听见，不予理睬，对方就会觉得他所提出的问题可能没有什么道理，人家根本就没有在意，于是自己也就会感到没趣了，从而可能会不再坚持自己的意见了，达到说服对方的目的。

3．"认同"的技巧

在商务谈判中要想说服对方，除了要赢得对方的信任，消除对方的对抗情绪，还要用双方共同感兴趣的问题作为跳板，因势利导地解开对方思想的纽结，说服才能奏效。事实证明，"认同"是双方相互理解的有效方法，也是说服他人的一种有效方法。

随着现代文明的进步，人际交往的深化，人们都在呼吁：要沟通彼此的心灵。心灵的沟通，被视为社会生活的最高境界。"认同"，就是人们之间心灵沟通的一种有效方式。所谓认同，就是人们把自己的说服对象视为与自己相同的人，寻找双方的共同点，这是人与人之间心灵沟通的桥梁，也是说服对方的基础。在人与人的交往中，首先应求同，然后随着谈话深入，即使是对陌生人，也会发现越来越多的共同点。商务谈判更是如此，双方本着合作的态度走到一起来的，共同的东西本来就很多，随着谈判的进展，双方也就越来越熟悉，在某种程度上会感到比较亲近，这时某些心理上的疑虑和戒心也会减轻，从而也就便于说服对方了，同时对方也容易相信和接受己方的看法和意见。

【引例 8-1】

在 20 世纪 70 年代之后，美国的克莱斯勒公司形势急转直下，到了 1980 年，已濒临破产的边缘。在这危难之际，艾科卡出任了总经理。为了能够维持公司最低限度的生产活动，艾科卡请求政府给予紧急经济援助，提供贷款担保。

但这一请求立即引起美国社会的轩然大波。在崇尚自由竞争的美国，一般大众都会认为政府绝不应该给予克莱斯勒公司经济援助。当时，社会舆论几乎众口一词——让克莱斯勒立即倒闭吧。大部分国会议员也认为，政府不该涉及私营企业的成败。然而，接下来举行的国会听证会为艾科卡提供了扭转乾坤的机会。艾科卡令议员们认清了拒绝克莱斯勒请愿案将会造成的后果，从而成功地改变了这些议员的态度。

在国会听证会上，参议员、银行业务委员会主席威廉·普洛斯迈质问艾科卡："假如保证贷款案得以通过的话，那么政府对克莱斯勒将介入更深，这对你长久以来鼓吹得非常动听的主张（指自由竞争）来说，不是自相矛盾了吗？"

"你说得一点也没错"，艾科卡回答说，"我一辈子都是自由企业的拥护者，我本人是很不情愿来到这里的，可是我们公司目前的处境进退维谷，除非能取得联邦政府的某种保证贷款，不然我根本不可能拯救克莱斯勒。"

艾科卡顿了一下，接着说："我这不是在撒谎，其实在座的各位参议员先生都比我明白，克莱斯勒公司的贷款请求案并不是首开先例。实际上，你们的账册上目前已有了 4190 亿美元的保证贷款额，所以务必请你们通融一下，不要到此为止。"

艾科卡为了让这些议员们认清政府不提供贷款担保的后果，反问对方："假如克莱斯勒倒闭了，全国的失业率将在一夜之间暴涨 0.5 个百分点，这样对这个国家有什么好处呢？假如克莱斯勒倒闭了，造成数十万民众普遍的失业，难道说就不违背自由企业经营的精神了吗？"

艾科卡还指出，日本汽车厂商正在乘虚而入，一旦克莱斯勒公司倒闭的话，它的几十万名有经验的职员或许就会转投日本厂商门下，为外资服务。艾科卡还引用了财政部的调查材料。这些材料表明，一旦克莱斯勒公司倒闭的话，美国政府在第一年里必须为这高达几十万的失业人口花费 29 亿美元的保险金和福利金。艾科卡对这些议员们说："各位可以自由选择，你们想现在就拿出 29 亿美元呢？还是把它的一半作为保证贷款，并可在日后全部收回？"艾科卡所引述的资料，这些参议员并不一定会知道的十分清楚，而且即便知道，大部分人恐怕也都不会去认真分析这些资料。艾科卡把这些资料摆出来让这些议员彻底认清了拒绝克莱斯勒请愿案的后果，成功地转变了这些议员的态度，达到了自己希望的目标。就像艾科卡后来在著作中所写的："当这些国会议员了解到有许多他们自己的选民是靠克莱斯勒吃饭时，他们就不得不去面对这个现实。"最终艾科卡成功地贷到了他所需要的 16 亿美元的款项，为自己的传奇式的经理人生涯又增添了一个亮点。

8.3 无声语言的技巧分析

商务谈判是人与人之间的对抗，为了促使谈判成功，除了注重有声语言外，仔细观察、收集对方发出的无声语言也是十分重要的。世界著名非语言传播专家伯德维斯泰尔指出，两个人之间一次普通的交谈，语言传播部分还不到 35%，而非语言成分则传递了 65% 以上的信息。

8.3.1 人体语言的技巧分析

1．眼睛语言

"眼睛是心灵的窗户"这句话道出了眼睛具有反映内心世界的功能，眼睛的功用是能够明确地表达人的情感世界。通过眼视的方向、方位不同，产生不同的眼神，传递和表达不同的信息。在商务谈判中，常见的眼睛"语言"如下：

（1）对方的视线经常停留在你的脸上或与你对视，说明对方对谈判内容很感兴趣，想急于了解你的态度和诚意，成交的可能性大。

（2）交谈涉及价格等关键内容时，对方时时躲避与你视线相交，说明对方把卖价抬得偏高或把买价压得过低。

（3）对方的视线时时左右转移、眼神闪烁不定，说明对你所谈的内容不感兴趣，但又不好意思打断您的谈话而产生了焦躁情绪。

（4）对方的视线在说话和倾听时一直他顾，偶尔瞥一下你的脸便迅速移开，说明对方对生意诚意不足或只想占大便宜。

（5）对方眨眼的时间明显地长于自然眨眼的瞬间时，说明对方对你谈的内容或对你本人已产生了厌烦情绪，或表明对方较之你而产生了优越感乃至藐视你。

2．表情语言

面部表情在商务谈判的传达信息方面起着重要的作用，特别是在谈判的情感交流中，表情的作用占了很大的比例。

（1）表示有兴趣：眼睛轻轻一瞥；眉毛轻扬；微笑。

（2）表示疑虑、批评直至敌意：眼睛轻轻一瞥；皱眉；嘴角向下。

（3）表示对己方感兴趣：亲密注视；眉毛轻扬或持平；微笑或嘴角向上。

（4）表示严肃：严肃注视（视线停留在你的前额）眉毛持平。

（5）表示不置可否、无所谓：眼睛平视；眉毛持平；面带微笑。

（6）表示距离或冷静观察：眼睛平视，视角向下；眉毛平平；面带微笑。

（7）表示发怒：眼睛睁大；眉毛倒竖；嘴角向两边拉。

（8）表示愉快：瞳孔放大；嘴张开；眉毛上扬。

（9）表示兴奋与暗喜：眼睛睁得很大；眉毛向上扬起；嘴角持平或微微向上。

3．声调语言

（1）对方说话时吐字清晰。声调柔和且高低起伏不大，语气变化的情绪色彩较淡，句尾少有"啊"、"嗯"、"是不是"等"语言零碎儿"。这种人大多是文化素质较高、富有谈判经验的业务员。

（2）说话时声调忽高忽低、语调较快、语气变化中情绪色彩很浓的对手，大多是刚刚出道的年轻新手，缺乏经验和耐心，不擅长打"持久战"。

（3）吐字含糊不清、语调多用低沉的喉音，说明对方对你谈的内容乃至你本人都不感兴趣甚至厌烦，或者是下意识地向你表示对方的交易优势和心理优势。

（4）说话时"嗯"、"啊"、"是不是"等"零碎儿"较多的人，一般都是有多年行政工作经历的官员。

4．手势语言

人们在交谈中用得最多的手势有：

（1）伸出并敞开双手，说明对方忠厚诚恳、言行一致。

（2）说话时掌心向上的手势，表示谦虚、诚实、屈从、不带有任何威胁性。

（3）掌心向下的手势，表示控制、压抑、压制，带有强制性，这会使人产生抵触情绪。

（4）挠头，说明对方犹豫不决，感到为难。

（5）托腮，对方托腮时若身体前倾，双目注视你的脸，意味着对你我的内容颇感兴趣；若是身体后仰托腮，同时视线向下，则意味着对你谈的内容有疑虑、有戒心、不以为然甚至厌烦。

（6）搓手，表示对方对谈判结局的急切期待心理。

（7）当彼此站立交谈时，若对方双手交叉于腹部的时候，意味着对方比较谦恭、有求于你、交易地位处于上风，成交的期望值较高；若双臂交叉、叠至胸前并上身后仰，意味着对方不愿合作或优势、傲慢的态度；若倒背双手的同时身体重心在分开的两腿中间，意味着对方充满自信和愿意合作的态度；若背手时做"稍息"状，则意味着戒备、敌意、不愿合作、傲慢甚至蔑视。

（8）食指伸出，其余手指紧握，呈指点状，表示教训、镇压。这种行为令人讨厌，在谈判中应尽量避免。

5．姿态语言

（1）一般性的交叉跷腿的坐姿（俗称"二郎腿"）伴之以消极的手势，常表示紧张、缄默和防御态度。

（2）架腿。对方与你初次打交道时采取这种姿势并仰靠在沙发背上，通常带有倨傲、戒备、猜疑、不愿合作等意思；若上身前倾同时又滔滔不绝地说话，则意味着对方是个热情且文化素质较低的人，对谈判内容感兴趣。

（3）并腿。交谈中始终或经常保持这一姿势并上身直立或前倾的对手，意味着谦恭、尊敬，表明对方有求于你，自觉交易地位低下，成交期望值很高。时常并腿后仰的对手大多小心谨慎、思虑细致全面但缺乏信心和魅力。

（4）分腿。双膝分开上身后仰者，表示对方是充满自信、愿意合作、自觉交易地位优越的人。

（5）十指交叉、搂住后脑，则显示一种权威、优势和自信。

（6）一手支撑着脑袋，则说明对方处于思考状态。

（7）对方若频频弹烟灰、一根接一根地抽，往往意味着内心紧张、不安，借烟雾和抽烟的动作来掩饰面部表情和可能会颤抖的手，这十有八九是谈判新手或正在采取欺诈手段。

（8）点上烟后却很少抽，说明对方戒备心重或心神不安。

8.3.2 物体语言的技巧分析

物体语言是指在摆弄、佩戴、选用某种物体时传递的某种信息，实际也是通过人的姿势表示信息，在商务谈判中可能随身出现的物品有笔、本、眼镜、提包、帽子、香烟、打火机、烟斗、茶杯以及服装、衣饰等。这些物品拿在手中，戴在身上，呈现不同姿势，反映不同的内容与含义。

（1）手中玩笔，表示漫不经心，对所谈问题不感兴趣或显示其不在乎的态度。

（2）慢慢打开笔记本，表示关注对方讲话，快速打开笔记本说明发现了重要问题。

（3）猛推一下眼镜，则说明对方因某事而气愤。

（4）摘下眼镜，轻轻揉眼或擦镜片，说明对方精神疲倦，厌倦和正在积蓄力量准备再战。

（5）如果轻轻拿起桌上的帽子，或轻轻戴帽，则可能表示要结束这轮谈判，或暗示告辞。

（6）打开包可能想再谈新的问题，关上包则表示到此为止，夹起包则可能无法挽留。

（7）将烟向上吐，表示有主见、傲慢和自信；向下吐，则表示情绪低沉、犹豫、沮丧等。

8.3.3 无声语言的表现规律

在商务谈判过程中，谈判双方表达自己的立场和观点时，常常不是孤立地运用人体语言和物体语言，如果不注意它们之间的内在联系，就无法取得良好的效果，更不能准确判断对方的心理状态。因此，把无声语言传递的信息分类，把能说明和反映各类信息的各种无声语言综合起来，进而探讨无声语言表现规律就很有必要。

1. 表示思考状态的无声语言

（1）一手托腮、手掌撑住下巴，手指沿面颊伸直身体向前微倾，表示正在做决断性思考。

（2）不时用手敲自己的脑袋，或者用手摸摸头顶，表示正在思考。

（3）视线左右活动频繁，而且很有规则，表示正在积极思考。

（4）摸着头顶的手若弹抖状，则表示专注于思考。

（5）在谈话中，忽然将视线垂下，表示所谈的某件事情引起了他的思考。

（6）将眼镜摘下，表示想用点时间稍作思考。

2. 表示情绪不稳定的无声语言

（1）握手时，掌心冒汗者，多为情绪激动、内心失去平衡者。

（2）四处张望、视线变化频繁，说明对方心里不安或有警戒意识。

（3）不断变换站、坐等姿态，身体不断摇晃，说明焦躁和情绪不稳。

（4）双脚不断地做交叉、分开的动作，表示情绪不安。

（5）说话无故停顿、时常清嗓子、声音时大时小、说话内容前后矛盾，对方情绪不稳。

（6）猛拉裤管，不时轻敲桌面，表示对方左右为难、犹豫不决。

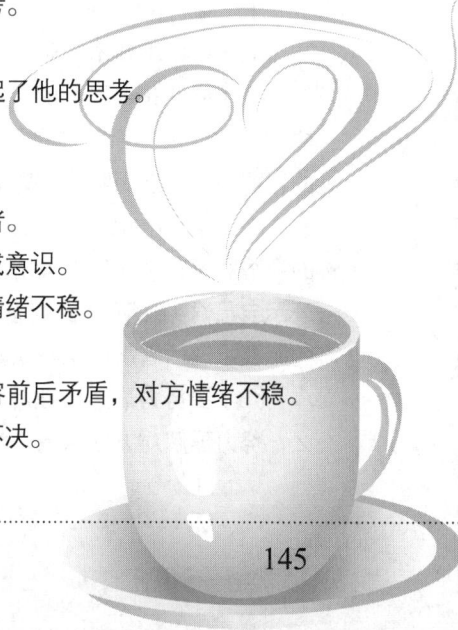

3．表示心情不满的无声语言

稍带醉意，就立即想吐露自己的事情，可能对环境不满；谈话中不断把视线转向别处或拨弄手指的人，表示他已厌烦谈话；借开玩笑机会，破口大骂或指桑骂槐的人，说明在发泄内心不满。

8.3.4 运用无声语言应注意的问题

（1）无声语言不是对人的行为状态、含义的精确描述，而是含义既广又深、可变性强，有时无声语言所表达的并非一定和内在本质相一致，在商务谈判中有意制造假象也是屡见不鲜的，谈判人员应根据实际情况谨慎、机智地识别和应付各种问题。

（2）弄清无声语言运用的场合、时间和背景。场合是指谈判地点，包括谈判桌前、宴会和居所等；时间是指谈判所处的阶段（初期、中期、末期）；背景是指客观条件（如个性、能力、关系状况等）。只有当上述条件都有利时，无声语言才能取得最佳效果。

（3）应善于观察。由于无声语言直接作用于人的视觉，一切尽在无声之中，这就要求在倾听对方谈话的同时悉心观察对方，体会对方所给予的各种暗示信息，并采取相应的方式，与对方交换信息，适时做出较为准确的判断，促进谈判向有利于己方的方向发展。

8.4 听 与 辩

谈判中的听是了解和把握对方的立场观点的主要手段和途径，只有在清楚了解对方立场和观点的真实含义之后，才可提出我方的方针和对策，才能有力地辩论。

8.4.1 听

美国早期的一位科学家富兰克林曾这样说过："与人交谈取得成功的重要秘诀，就是多听，永远不要不懂装懂。"一般来说，在交谈时能认真倾听的人，他也善于听取意见；善于听取意见的人，交谈时必定是谦虚诚恳的倾听者。

所谓"听"，不是指"听"的动作本身，更重要的是指"听"的效果。听到、听清楚、听明白这三者的含义是不同的。那怎样才能做到有效地倾听呢？

1．倾听的规则

倾听有以下基本规则：

（1）要清楚自己听的习惯。例如，你在听人讲话方面有哪些不好的习惯？你是否对别人的话匆忙作出判断？你是否经常打断别人的话？你是否经常制造交往的障碍？了解自己听的习惯是正确运用听的技巧的前提。

（2）全身心地注意。要面向说话者，同他保持目光接触。在听的过程中，要善于通过你的姿势和语言证明你在倾听。例如，适当地点头或说"嗯"、"噢"、"是吗"、"真的吗"等，表示自己确实在听和鼓励对方继续说下去。无论你是站着还是坐着，都要与对方保持最适宜的距离。说话者都愿意与认真倾听、举止活泼的人交往。

（3）要努力表达出理解。在与对方交谈时，努力弄明白对方的感觉如何、他到底想说什么，努力理解对方的感情。如果你能全神贯注地听对方讲话，不仅表明你对他持称赞态度，使他感到你理解他的情感，而且有助于你更准确地理解对方的信息。

（4）要倾听自己的讲话。倾听自己的讲话对培养倾听他人讲话的能力是特别重要的。倾听自己讲话可以使你了解自己，因为一个不了解自己的人是很难真正了解别人的。倾听自己对别人讲些什么是了解自己、改变和改善自己听的习惯与态度的手段。

2．倾听的技巧

（1）有效地倾听关键在于精神集中，而精神集中除了受身体状况的影响外，在很大程度上取决于倾听者的态度。即要抱着积极的，而不是消极排斥的态度去听，倾听成功的可能性就比较大。倾听时注视讲话者，主动与讲话者进行目光接触，并做出某种表情，鼓励讲话者，如扬一下眼眉，微微一笑，赞同地点头，否定地摇头或不解地皱眉等。

在谈判中，对方的发言有时不太合理，甚至令人难以接受，但作为一名谈判人员，应该有耐心地听下去，而不要持拒绝的态度，因为这样做对谈判是不利的。

（2）使大脑保持警觉有助于集中精神，而保持身体警觉则有利于大脑处于兴奋状态。因此，为了能够专心倾听，不仅要有健康的体质，而且要使身体的躯干、四肢和头部处于适当的位置。我们在生活中常有这样的体验：在头脑还比较清醒，拿着收音机躺在沙发上或床上听一段音乐或其他什么节目时，人就不知不觉地感到发困并且想睡觉，甚至可能就这样的在音乐声中睡着了。但坐着或站着听同样的节目时就很少会发生这种情况。这就说明，身体选择适当"听"的姿势，有助于保持大脑的警觉，有助于精神集中。因此，姿势对于倾听很重要。

（3）记笔记是集中精力的手段之一。人们即席记忆并保持的能力是有限的，为了弥补这个不足，应该在谈判时做大量的笔记。一方面有了笔记，不仅可以帮助自己回忆和记忆，而且也有助于在对方发言完毕后，就某些问题向对方提问，同时自己也有时间作充分地分析，理解对方讲话的确切含义与精神；另一方面记笔记或者停笔抬起头来看看讲话者，会对讲话者产生一种鼓励作用。

（4）创造良好的谈判环境，克服先入为主的倾向。人们都有这样一种心理：在自己所属的领域里交谈，不需分心于熟悉环境或适应环境；在自己不熟悉的环境中交谈，则往往容易变得无所适从，导致正常情况下不该发生的错误。可见，有利于自己的谈判环境，能增强自己的谈判地位和谈判实力。但先入为主地倾向往往会扭曲说话者的本意，忽视或拒绝与自己心愿不符的意见，这种做法是极为不利的。这是因为这种听话者不是从谈话者的立场出发来分析对方的讲话，而是按自己的主观感受听取对方的谈话。其结果往往是听到的消息变形地反映到自己的大脑中，导致己方接受的信息不准确，判断失误，从而造成行为选择上的失误。所以必须克服先入为主的倾向做法，将讲话者的意思听全听透。

如果能从以上几方面进行努力，谈判过程中"听"就是有效的，也就很少或不会发生因听不见、听不清、没听懂而使双方相互猜疑、争执不下的现象。当然，策略上的需要例外。

3．倾听的障碍

倾听可以使我们更多地了解对方，隐蔽自己。倾听可以使我们作出更好的决策，掌握谈判的主动权。但是，许多谈判人员只注意怎样在谈判中更好地表达自己的立场，劝说对方，字斟句酌地精心筹划发言提纲，常常陶醉在自我表达的良好感情之中，却不肯用一点时间考虑一下怎么样去倾听及从对方的谈话中获取什么、接受什么。

是什么影响谈判人员更好地倾听呢？归纳起来，至少有以下几个方面的原因：

- 误认为只有说话才是表白自己、说服对方的唯一有效的方式。若要掌握主动，便只有说。

- 先入为主的印象妨碍了我们耐心地倾听对方讲话，如对某人看法不佳。

- 急于反驳对方的观点。好像不尽早反对，就表示了自己的妥协。

- 在所有的证据尚未拿出之前，轻易地作出结论。

- 急于记住每一件事情，结果主要的事情反而没注意到。

- 常常主观认定谈话没有实际内容或没有兴趣，不注意倾听。

- 因其他事情分心。

- 有时想越过难以应付的话题。

- 忽略某些重要的叙述，因为是由自己认为不重要的人说出来的。

- 从心理学角度来讲，人们会主动地摒弃自己不喜欢的资料、消息。

- 定式思维。不论别人讲什么，都马上跟自己的经验套在一起，用自己的方式去理解。这种思维方式使人难以接受新的消息，不善于认真听别人说什么，而喜欢告诉别人。

许多人忽略了倾听对方，却常常自我安慰：没有什么，他的话没有什么内容，重要的我们已经掌握了或以后会掌握的。不幸的是，他并没有掌握，而且以后也不会再掌握了。这种花费最小、最直接、最方便的信息来源渠道不去利用，便只能付出更大的代价。

【引例 8-2】

全球最知名的成功学家戴尔·卡耐基先生曾经以倾听艺术成功地说服了一位企业家来参加他的演讲。在卡耐基打算拜访这位企业家之前，他的朋友们都劝他不要自讨没趣了，因为和这位企业家有过交往的人都知道那是一个脾气十分古怪的老头儿，而且这位上了年纪的企业家还十分倔犟，他从来就不愿意听什么演讲，据说通常人们和这位企业家说不上三句话就会被赶出家门，但是卡耐基却不打算放弃这次说服工作。第二天一大早，卡耐基就来到了这位企业家的办公室，这位企业家正在浇花。把卡耐基请进门后这位企业家并没有对他进行礼貌的招待，而是一边浇花一边在那里自言自语，卡耐基一直在沙发上耐心地等待，后来这位企业家终于和卡耐基说话了，但是他说的内容全是一些有关企业内部员工消极怠工方面的问题，对于这些问题卡耐基虽然有些了解，但是他知道自己此时不便发表意见，于是，他只是坐在一旁耐心地倾听企业家的高谈阔论。企业家一直在谈论他认为有趣的企业员工管理话题，卡耐基除了在企业家问他意见的时候提出了一个"企业内部员工的管理应该从员工自身素质抓起"的意见之外，其他什么话也没有说，而且他也没有向对方提起去听自己演讲的事情。时间就这样很快过去了，午餐时间到了，卡耐基向这位企业家告辞，但是这位企业家却十分诚恳地挽留卡耐基同他共进午餐。在吃午餐的时候，这位企业家对卡耐基说："听说你的演讲不错，而且从今天咱们的交谈来看，你确实是一位最有意思的谈话对象，所以我打算让公司的所有员工去听你的下一次演讲。"就这样，卡耐基几乎没费什么口舌就"说服"了这位企业家，实现了自己的拜访目的，而且还得到了更多的演讲听众。

8.4.2 辩论

1．辩论的原则

（1）观点明确，事实有力。谈判中辩论的目的就是要论证自己的观点，反驳对方的观点。辩论的过程就是通过摆事实、讲道理，说明自己的观点和立场。辩论不是煽动情绪，而是讲理由、提根据。为了能更清晰地论证自己的观点，必须做好材料的选择、整理、加工工作，在辩论时运用客观材料以及所有能支持己方观点的证据，增强自己的辩论效果，反驳对方的观点。

（2）思路敏捷，逻辑严密。商务谈判中的辩论，往往是双方在进行磋商遇到难解的问题时才发生的。一个优秀的辩手，应该头脑冷静、思维敏捷、辩论严密且富有逻辑性。只有具有这些素质的人才能够应付各种各样的困难，摆脱困境。辩论中应遵循的逻辑规律是同一律、矛盾律、排中律、充足理由律。如果违背了这4条基本规律，思维的确定性就会受到破坏，进而使辩论脱离正常轨道。任何成功的辩论都具有思路敏捷、逻辑性强的特点。为此，谈判人员应加强这方面基本功的训练，培养自己的逻辑思维能力，以便在谈判中以不变应万变，立于不败之地。

（3）掌握大原则，不纠缠细枝末节。在辩论过程中，要有战略眼光，掌握大的方向、前提及原则。辩论过程中不要在枝节问题上与对方纠缠不休，但在主要问题上一定要集中精力、把握主动。在反驳对方的错误观点时，要能够切中要害，做到有的放矢。

（4）掌握好进攻的尺度。辩论的目的是要证明己方立场、观点的正确性，反驳对方立场观点的不足，以便能够争取到有利于己方的谈判结果。切不可认为辩论是一场对抗赛，必须置对方于死地。因此，辩论时应掌握好进攻的尺度，一旦达到目的，就应适可而止，切不可穷追不舍、得理不饶人。在谈判中，如果某一方被另一方逼得走投无路，陷入绝境，往往会产生强烈的敌对心理，甚至反击的念头更强烈，这样即使对方暂时可能认可某些事情，事后也不会善罢甘休，最终会对双方的合作不利。

（5）态度客观公正，措辞准确严密。文明的谈判准则是：不论辩论双方如何针锋相对，争论多么激烈，双方都必须态度客观公正，措辞准确严密，切忌用侮辱诽谤、尖酸刻薄的语言进行人身攻击。如果某一方违背了这一准则，其结果只能是损害自己的形象，降低己方的谈判质量和谈判实力，不但不会给谈判带来丝毫帮助，反而可能置谈判于破裂的边缘。

2．辩论中应注意的问题

商务谈判中，辩论的目的是为了达成协议，因此要避免使用以下几种方式：

（1）以势压人。辩论的目的是平等的，没有高低贵贱之分。所以，辩论时要心平气和、以理服人；切忌摆出一副"唯我独尊"的架势，大发脾气，耍权威。

（2）歧视揭短。在商务谈判中，不管对方来自哪个国家和地区，是什么制度、什么民族，有什么风俗传统、什么文化背景，都应一视同仁，不存任何歧视。不管辩论多么激烈，都不搞人身攻击，不损人之短，不在问题以外做文章。

（3）预期理由。任何辩论都应以事实为根据。要注意所提论据的真实性，道听途说或未经证实的论据会给对方带来可乘之机。

（4）本末倒置。谈判不是进行争高比低的竞赛，因此要尽量避免发生无关大局的细节之争。那种远离实质问题的争执，不但是白白浪费时间和精力，还可能使各自的立场愈发对立，导致不愉快的结局。

（5）喋喋不休。在商务谈判中，谈判人员不能口若悬河。切记谈判桌前不是炫耀自己表达能力的地方。

小结

商务谈判语言按表达方式分为有声语言和无声语言。有声语言的具体类型有：①商务法律语言；②外交语言；③文学语言；④军事语言。

正确运用谈判语言技巧的原则：①客观性原则；②针对性原则；③逻辑性原则；④规范性原则。

陈述就是叙述自己的观点或问题的过程，在商务谈判的各个阶段都离不开陈述。谈判过程中的陈述大体包括入题、阐述两个部分。

入题技巧有：①迂回入题；②先谈细节后谈原则性问题；③先谈一般原则后谈细节问题；④从具体议题入手。

阐述技巧有：①开场阐述；②让对方先谈；③坦诚相对；④发言紧扣主题；⑤措辞得体，不走极端；⑥注意语调、语速、声音、停顿和重复；⑦注意折中迂回；⑧使用解困用语；⑨不以否定性的语言结束谈判。

提问是商务谈判中经常运用的语言技巧，他通过巧妙而适当的提问可以摸清对方的需要，把握对方的心理状态，并能准确表达己方的思想，其目的是了解情况、启开话题、以利沟通。不同的目的，提出不同的问题；对同一问题，也可以用不同的方法、从不同的角度进行发问。

提问的类型有：①封闭式提问；②开放式提问。

人体语言有眼睛语言、表情语言、声调语言、手势语言、姿态语言等。

倾听的技巧有：①有效地倾听关键在于精神集中；②使大脑保持警觉有助于集中精神；③记笔记是听讲者集中精力的手段之一；④创造良好的谈判环境，克服先入为主的倾向。

辩论的原则有：①观点明确，事实有力；②思路敏捷，逻辑严密；③掌握大原则，不纠缠细枝末节；④掌握好进攻的尺度；⑤态度客观公正，措辞准确严密。

第三部分　课题实践页

（一）简答题

1. 商务谈判语言有哪几种？如何运用？
2. 说服的技巧有哪些？你觉得哪种技巧最有用？

（二）选择题

1. 谈判人员经常参加各种各样的外交活动。在日常交往中，需要注意的礼节包括（　　）。

A. 遵守时间　　　　　　　　　B. 尊重老人和女士

C. 尊重风俗习惯　　　　　　　D. 举止得体

2. 在商务谈判中，行为语言的沟通作用比较明显。它主要表现在（　　　）。

A. 行为语言补充有声语言，辅助表达

B. 行为语言有时代替语言表达的意图

C. 表达难以表达的思想、情绪、意图、条件等

D. 有时可以调节人的情绪

（三）分析题

1. 你们单位有一部半成新的轿车想出售。经研究能卖 50000 元即感满意，就在你准备联系此项事宜的当天下午，即有人介绍某单位可出 60000 元的价格购买一部同样状况的轿车。此时，你最明智的举措是什么？

（1）毫不犹豫地接受这一令人满意的价格，向领导光荣交差。

（2）告诉对方 3 天后再答复他，因为你想看看自己再联系的效果如何。

（3）跟对方讨价还价。

解析：

2. 你是轻型货车的制造商。你最近经过了一场马拉松式的谈判，最后终于取得了一家买主的订单。但在签约之前，对方又提出了最后一个要求：车身要红、蓝两种色调。这两种颜色正是你计划中要用的新色调。试问对这种额外的要求，你怎么办？

（1）告诉对方，如果他要这两种颜色，则须付额外的费用。

（2）告诉对方，完全可以。

（3）问对方，这种颜色到底对他们有什么作用。

解析：

课题九 商务谈判中的礼仪训练

技 能 目 标	知 识 目 标	建 议 学 时
➤ 掌握主座、客座谈判的礼仪	（1）能够了解并掌握主座谈判的礼仪 （2）能够了解并掌握客座谈判的礼仪	2
➤ 了解出席商务谈判的仪表仪态要求	（1）能够了解并履行正式的商务谈判场合对于仪容的要求 （2）能够了解并履行正式的商务谈判场合对于衣着的要求 （3）能够了解并履行正式的商务谈判场合对于言谈举止的要求	2
➤ 了解谈判过程中的礼仪	（1）了解谈判开始进行时的礼仪 （2）了解并能够正确布置签约会场	2

第一部分 案例与讨论

案例 合适的礼品

云南省的一家外贸公司与印度某商贸公司新近做成一笔生意。为表示合作愉快，加强两公司今后的联系，努力成为密切的商业伙伴，中方决定向印方赠送一批具有地方特色的工艺品——皮质的相框。中方向当地的一家工艺品厂定制了这批货，这家工艺品厂也如期保质保量地完成了。当赠送的日子快要临近时，这家外贸公司的一位曾经去过印度的职员突然发现这批皮质相框是用牛皮做的，这在奉牛为神明的印度是绝对不允许的，很难想像如果将这批礼品赠送给印方会产生什么样的后果。幸好及时发现，才使中国的这家外贸公司没有犯下错误，造成损失。他们又让工艺品厂赶制了一批新的相框，这次在原材料的选择上特地考察了一番。最后将礼品送给对方时，对方相当满意。

案例讨论

试分析在涉外商务谈判活动中赠送礼品时应该注意的事项。

第二部分　课题学习引导

9.1　主座、客座谈判的礼仪训练

礼仪，通常是指在人际交往中，自始至终地以一定的约定俗成的程序、方式来表现的律己、敬人的完整行为。依此类推，商务谈判礼仪是商务谈判人员在商务谈判过程中所必须遵守的，用来维护个体组织形象和对谈判对手表示尊重与友好的惯例以及形式。

主场谈判、客场谈判在礼仪上习惯称为主座谈判和客座谈判。主座谈判因在我方所在地进行，为确保谈判顺利进行，我方（主方）通常需做一系列准备和接待工作。客座谈判因到对方所在地谈判，客方则需入乡随俗，入境问禁。

9.1.1　主座谈判的接待准备

1．主座谈判

作为东道主一方出面安排各项谈判事宜时，一定要在迎送、款待、场地布置、座次安排等各方面精心周密准备，尽量做到主随客便，主应客求，以获得客方的理解、信赖和尊重。

（1）成立接待小组。

成员主要负责后勤保障（食宿方面）、交通、通信以及翻译等工作。

（2）了解客方基本情况，收集有关信息。

可向客方索要谈判代表团成员的名单，了解其姓名、性别、职务、级别及一行人数，以此作为确定接待规格和食宿安排的依据。了解客方的要求，如食宿标准、参观访问、观光游览的愿望。

掌握客方抵离的具体时间、地点、交通方式，以便于安排迎送的车辆与人员以及预定返程车船票或飞机票。

（3）拟订接待方案。

根据客方的意图、情况和主方的实际，拟订出接待计划和日程安排表。日程安排表在规划谈判日程的同时，还要将其他的活动内容、项目及具体时间——拟出，如迎送、会见、宴请、游览观光、娱乐等。而且最好其间能穿插谈判，以利于调节谈判的心态和气氛。日程安排还要注意时间上紧凑，上一项活动与下一项活动之间既不能冲突，也不能间隔太长。

日程安排表拟出后，可传真给客方征询意见，待客方无异议确定以后，即可打印。如果是涉外谈判，则要将日程安排表译成客方文字，以便于双方沟通。日程安排表可在客方抵达后交由客方副领队分发，亦可将其放在客方成员住房的桌上。

根据接待计划，具体安排落实客方的食、宿、行等方面的事项，最好指定专人负责。主座谈判时，东道主可根据实际情况举行接风、送行、庆祝签约的宴会或招待会，客方谈判代表在谈判期间的费用通常都是由其自理的。当然如主方主动进请并事先说明承担费用的则是例外。

如果是重大项目谈判，有必要时，还应做好客方谈判代表团的安全保卫和文件资料保密的准备工作，以及安排好新闻报道工作。

根据实际情况安排好礼品、纪念品的准备工作。

2．主座谈判迎送工作

根据商界对等接待的原则，主方应安排与客方谈判代表团的身份、职位对等，人数相等的接待陪同人员，并通知他们准时迎送。

准确掌握对方抵离的时间。主方所有迎送人员都应先于客方到达指定地点（通常为车站、码头、机场、宾馆、公司门口等）迎候。

如客方是远道而来的，主方应主动到机场、车站、码头迎接，一般要在班机、火车、轮船到达前 15 分钟赶到，接站时为方便双方确认，最好举个小牌子，牌子上可以写上"××公司欢迎你们"的字样。

对于客方身份特殊或尊贵的领导，还可以安排献花。献花必须用鲜花，可以扎成花束、编成花环或送一两枝名贵的兰花、玫瑰花，但不能用黄色的菊花，因为在很多国家的习俗里，这种花是送给死人的。而在日本，虽视赏菊品菊为高雅，但菊花是日本皇族的标志，是不能用来送礼的。献花通常由年轻女职员在参加迎送的主要领导人与客方主要领导握手后，将鲜花献上。

此外，如果是涉外谈判接待，接待人员还要考虑到客方所在国对服饰颜色上的接受习惯，选择颜色合适的服装去参加接待活动。如欧美大部分国家都将黑色视为丧葬象征，接待人员穿着黑色套裙或连衣裙去接待，就会引起不愉快；在中国人眼里喜庆的红色，在泰国人看来是不吉利的；还有日本人忌绿色衣服；摩洛哥人忌穿白色，比利时人忌黄色，伊朗、伊拉克则讨厌蓝色等。

迎接的客人较多时，主方迎接人员可以按身份职位的高低顺序列队迎接，并由主方领导先将前来迎接的人员介绍给客方人员，再由客方领导介绍其随行人员，双方人员互相握手致意，问候寒暄。

客方抵达时，由机场（车站、码头）前往下榻宾馆或从宾馆前往机场（车站、码头）离开时，主方应有迎送人员陪同乘车，关照好客方的人员和行李的安全。

如果主方主要领导陪同乘车，应该请客方主要领导坐在其右侧。车内的座席一般是面向车前方，以右边为上席，上车时，最好客人从右侧门上车、主人从左侧门上车，避免从客人座前穿过。如遇客人先上车，坐到了主人的位置上，则不必请客人挪动位置了。如果人数较多，乘坐大、中型客车，则可由客人随意就坐。

3．谈判室的布置与座次安排

商务谈判室的环境布置与座次安排更是敏感问题，应小心谨慎处理。

（1）谈判室的选择与布置。

谈判室可选择公司（或租用商厦）的洽谈室、会议室，小规模谈判还可在会客室，有条件的话最好安排二三个房间，除一间作为主要谈判室外，另一间作为双方都可以单独进行内部协商的密谈室，可能的话再配一个休息室。

谈判室布置以高雅、宁静、和谐为宜，环境安静，没有外人和电话干扰，光线充足，室温适宜，装饰陈设简洁、实用、美观。

（2）谈判桌摆放及座次安排。

① 长方形或椭圆形。

双边谈判一般采用长方形或椭圆形谈判桌，显得比较正规。通常主客各坐一边，若谈判桌横放，则正面对门为上座，应属于客方；背面对门为下座，属于主方。

若谈判桌竖放，则应以进门方向为准。右侧为上，属客方；左侧为下，属主方。双方主谈人各在己方一边的中间就坐，译员安排在主谈人右侧，其余人员则遵循右高左低的原则，依照职位高低自近而远地分别在主谈人两侧就坐。具体操作时，可用放名牌的方法（涉外商务谈判用双语）标明座位，则更加简明方便。

② 圆形。

多边谈判一般采用圆形谈判桌，国际惯例上称为"圆桌会议"。采用圆桌谈判，谈判各方围桌交叉而坐，尊卑界线被淡化了，彼此感到气氛较为和谐、融洽，容易达成共识。

③ 马蹄形。

小型的谈判，也可不设谈判桌，直接在会客室沙发上进行，双方主谈在中间长沙发就坐，主左客右，译员在主谈后面，双方其余人员分坐两边，呈马蹄形，这样双方交谈比较随和友好。但较正式的谈判，不宜采用这种方式。

9.1.2 客座谈判的礼仪

客座谈判是在对方所在地进行的，通常谈判程序、日程安排等均由主方确定，因此，客方在选择性方面受限制较大，再加上对异地他乡的文化背景、社会风俗等情况不熟悉，心理情绪上也需调整适应。但客座谈判时，需谨记"入乡随俗、客随主便"，主动配合对方接待，对一些非原则性问题采取宽容的态度，以保证谈判的顺利进行。

明确告诉主方自己代表团的目的、成员人数、成员组成、抵离的具体时间、航班车次、食宿标准等，以方便主方的接待安排。其间如有人员变动、时间更改等也应及时通知主方。

可与主方协商提出自己的参观访问、游览观光等活动要求，但应尊重主方的安排。

谈判期间，对主方安排的各项活动要准时参加，通常应在约定时间的5分钟前到达约定地点，到主方公司做公务拜访或者私人访问要先预约，不做不速之客。

对主方的接待，在适当的时间以适当的方式要表示感谢。

客座谈判有时也可视双方的情况，除谈判的日程外，自行安排食宿、交通、访问、游览等活动。

但是，作为客座谈判的一方也应该有足够的保密意识与保密措施。

【引例 9-1】

谈判大师赫伯早期就曾因信息保密不当而被日本谈判对手一再胁迫、并且不得不做出了许多不该有的妥协。那次，公司派赫伯去日本东京谈一笔生意，公司给他的期限是2周。当他一走出羽田机场时，早已等候他的两位日方代表马上热情地迎了过来，并以日本传统的90°鞠躬大礼热烈欢迎他的到来，又急急忙忙帮他领取行李，顺利通过海关后，将他带入了一辆高级豪华轿车中。在车上，这两位日本代表向他表示："您是我们的贵宾，难得到日本一趟，我们一定会竭尽全力使您的日本之旅舒适愉快，您有什么琐事，就尽管直接交给我们办理。"然后，他们就向赫伯征询起他在日本的行程安排，打算在什么时间返回，以便他们事先安排回程的机票和接送车辆。他们的热情让赫伯十分感动，于是便毫不犹豫地把计划好的回程日期告诉了对方，赫伯丝毫没有意识到，就是自己的这一举动，竟然使日本人掌握了他们最想掌握的信息，精明的日本人开始筹划如何利用这个信息。

在日方代表的周到安排下，赫伯很快在一家十分舒适的酒店里入住了。赫伯决定休息一晚上之后第二天以最佳的精神状态开始和日方进行谈判，但是日方并没有立即安排他开始谈判，而是用了一个多星期的时间陪他到日本各地的名胜古迹观光游览，甚至还安排了一项用英语讲授的课程来说明日本人的信仰。每天晚上还安排长达4个小时的日本传统宴会招待他。每当赫伯要求开始谈判时，日本人总说："不急，不急，我们有的是时间！"到了第十二天，谈判终于开始了，但日本人又在这一天安排好了高尔夫球友谊赛，谈判必须提早结束。在第十三天的谈判里，日本人又为赫伯安排了欢送宴会，谈判还得提前结束。直到第十四天的早上，双方才终于谈到了核心问题，而在关键时刻，那辆接赫伯去机场的豪华轿车又到了，于是日本人建议在车上继续谈。在日本人的精心策划下，赫伯自然已经没有了与对方周旋的时间，而对方又提出了许多赫伯意想不到的要求。这些要求虽说并不过分，可是赫伯知道他已经上了日本人的当，可这次和日方的合作又深受总公司的看重，在赫伯到来之前，总公司的董事长曾经告诉赫伯无论如何都要和日方达成协议。于是，已经没有任何时间的赫伯只好在到达机场之前匆匆与日方签订了让日本人如愿以偿的协议。

具有足够的信息保密意识，并且不断加强这种保密意识、采取有效手段做好信息保密工作，这些是谈判人员在谈判过程中以主动妥协某些次要利益换取主要利益的保证。当信息泄露之后，谈判人员就只能在对方的步步紧逼之下进行被动妥协了，而这种被动妥协只能使谈判对手的需求得到最大程度的满足，而己方的利益往往会受到一定程度的损害。

所以说，对己方信息进行严格保密是对谈判信息进行有效利用的基础，因此，谈判人员必须树立足够的保密意识，而且通常情况下，每个商务谈判代表团内部都必须制定十分严格的信息保密制度。

9.2 出席商务谈判的仪表仪态规范

商界以注重仪表举止规范著称。出席商务谈判这样的正式场合，更要讲究仪容的整洁，服饰的规范，言谈举止的文明得体。

9.2.1 整洁的仪容

仪容指一个人的身体不着装的部位，主要是头发、面部和手部。商界人士仪容的要求是干净整齐，端庄大方。正式出席商务谈判的人员，具体应该做到以下几方面：

1. 男性

头发。发型简单大方，长短适当，干净整齐，不得留新潮、怪异的发型，不得蓬头乱发，亦不得染发，最好也不要烫发。

面部：保持干净清爽，养成每天上班前剃须的习惯，不得留胡须，也不能留大鬓角；谈判前，不要进食大蒜、葱、韭菜、洋葱、腐乳之类的食物，保持牙齿清洁，没有食品残留物，也没有异味。

手，被商界称为"第二张名片"，谈判时，握手问候、交换名片和递送文件等都会将手展示于人，因此，及时修剪指甲，保持手的干净整齐也是必要的。

2．女性

出席商务谈判的女性，应选择端庄大方的发型，修剪得体的短发最好。过肩的长发应该用发卡、发箍加以固定或盘成发髻。过分时髦、怪异的发型，染发和不加以固定的长发，都不适合出现在这种场合，即使选用的发卡、发箍也不能过于花哨，以朴实素雅为佳。

脸部应化淡雅的日妆，保持妆容的和谐清爽，一般不宜文眉、文眼线，因为显得呆板，唇膏和眼影也不要过于浓艳，要与服饰协调，保持同一色系为最佳。可适当使用清新的淡香水。

女性手部除保持干净整齐外，可适当使用指甲油美饰一下指甲，但必须用无色透明或浅色（浅红、浅紫等）的指甲油，不宜涂抹彩色指甲油。

9.2.2 规范的服饰

商界历来最重视服饰规范，尤其是出席商务谈判这样的正规场合，更应穿得传统、庄重、高雅。

1．男性

应穿深色（蓝、黑、灰、棕）的三件套或两件套西装，白色（或与西装同色系）衬衣，打素色或条纹领带，配深色袜子和黑色皮鞋。除结婚戒指外，一般不戴其他首饰，最好能戴上一只有品味的手表，既能掌握时间，又是最好的装饰品。

在商务谈判场合，男性不应穿着茄克衫、牛仔裤、T恤衫、旅游鞋、凉鞋等休闲装出席。

2．女性

端庄、典雅的套裙是商界女性出席谈判场合的最佳选择。套裙的颜色以冷色调为主，如藏蓝、烟灰、暗红、炭黑、雪青等，以体现着装者的稳重、端庄，配上肉色的长筒或连裤丝袜和黑色的高（中）跟鞋。与服饰配搭，适当点缀一两件首饰或胸针（花）、丝巾等。

出席商务谈判的女性，切忌穿得太紧、太露、太花、太透、太短的休闲装或牛仔装、运动装，也不要佩戴太多的首饰，否则既显得没有教养，也显得没有品味。

9.2.3 文明得体的言谈举止

出席商务谈判的人员，文明的语言和得体的举止，不仅能展示自己良好的教养和风度，而且能赢得对方的尊重、信任和敬意。

1．说话

商务谈判人员要求说话表达准确，口齿清晰，言词有礼，要多用敬语和谦语，尽量采用委婉的表达方式。在介绍他人或自我介绍时，应将姓名、单位、职务说清楚，说话速度不宜太快，涉外谈判时，更应照顾到翻译的方便。

商务谈判虽说是利益之争，但说话的态度要友好、和善，面带微笑，以有助于消除对方的反感、抵触情绪，赢得他们的尊重和好感，促使问题的解决；相反，态度粗暴，言词粗鲁，则会伤害或得罪对方，给谈判带来阻力和障碍。

商务谈判时，还要善于倾听对方的意见，要准确把握对方的意图，以利于做出适当的反应，切忌中途打断对方的陈述和随便插话。

2．举止

出席谈判人员的举止要自然大方，优雅得体。

站——要身体端直，双目平视，男性两脚分开不超过肩宽，女性脚跟并拢，双手交叠置小腹前或自然垂直。这样的站姿会显得精神焕发，挺拔而庄重。

走——要挺胸收腹，步态稳健，步伐适宜，显得持重文雅，敏捷轻松。

坐——谈判时坐在谈判桌前的时间较多，应该注意：一般是从椅子的左侧入座和离座；主方人员不要先于客方人员落座；女士入座时，需抚平裙摆，通常只坐椅面的 2／3，不要仰靠椅背；坐下后身子要挺直，目光注视说话者，双手可十指交叉平放在腿上或桌子上。

坐姿切忌：双腿分开过大，尤其是女性；双腿抖动不止；玩弄手指或摆弄东西；目光他顾，哈欠连连。

握手——主动、热情，让对方感到友好和尊重。

9.3　谈判过程中的礼仪

商务谈判过程中，自始至终都贯穿一定的礼仪规范，每一个细节都不能忽略。

9.3.1　谈判开始进行时的礼仪

（1）主方准时迎候。主方人员应准确掌握谈判日程安排的时间，先于客方到达谈判地点、当客方人员到达时，主方人员应在大楼门口迎候，亦可指定专人在大楼门口接引客人，主方人员只在谈判室门口迎候。

（2）双方由主谈人介绍各自成员，互相握手、问候、致意。然后由客方先行进入谈判室或宾主双方一同进入谈判室，在既定的位置入座，主方人员应在客方人员落座后再坐下。

重要的谈判，在正式开始前会举行简单的仪式：双方作简短致辞，互赠纪念品，安排合影后再入座。合影位置排列，通常主方主谈居中，其右侧是客方主谈，客方其余代表依次排列，主方其余代表一般站在两侧。

（3）双方人员入座后谈判正式开始，这时非谈判人员应全部离开谈判室；在谈判进行中，双方要关闭所有的通信工具（或调到静音），人员也不要随便进出。

谈判中，主方应提供茶水、咖啡等饮料，服务人员添茶续水时要小心，为不影响谈判进行，可在休会或某一方密谈时进行。

（4）当天谈判结束后，主方人员应将客方人员送至电梯口或送到大楼门口上车，握手告别。目送客人汽车开动后再离开。

（5）如果安排了与谈判内容密切相关的参观考察活动，则应在参观点安排专门的接待人员。在适当的地方悬挂欢迎性的标语横幅，准备详细的文字说明材料（涉外时应中外文对照）；实地参观时应安排专业技术人员讲解，同时也应注意技术保密。

9.3.2 签约仪式

签约，即合同的签署。双方（多方）经过充分的洽谈磋商，就谈判项目达成书面协议，为使有关各方重视并遵守合同，在合同签署时，应举行郑重其事的签约仪式。

1．签字人与参加人

签字人通常由谈判各方商议确定，但各方签字人的身份应大体对等，所以有时主谈不一定就是签字人。参加签约仪式的人员一般都是各方参加谈判的人员，一方如要增加其他人员，应征得对方同意，但各方参加人数应基本相等。

2．签约仪式的准备

（1）签字厅的布置。

一些大公司（高级写字楼）有常设的专用签字厅，亦可将会议室、洽谈室、会客室临时改用代替。签字厅的布置应该整洁庄重。

家具陈设：将长方形签字桌（或会议桌）横放在签字厅内，桌面最好铺设深色台布。座椅应根据签字方的情况来摆放，签署双边合同，在正面对门的一边摆两张座椅。签署多边合同，则可在中间放一张座椅，供各方签字人签字时轮流就座，或者为每位签字人各配备一张椅子。签字人签字时必须正面对门就座，除桌椅外，其他家具陈设则可全部免除。

文具用品：签字桌上，应放置好待签的合同文本、签字笔、吸墨器等，涉外合同签字时还应在有关各方签字入座的正前方插放该国国旗。

（2）待签合同文本的准备。

待签合同的正式文本，按商界惯例应该由主方负责准备，但为了避免合同内容产生歧义，引起纠纷，因此，主方最好能会同签约各方一起指定专人，共同负责合同的定稿、校对、印刷和装订，以确保合同内容的准确无误。

涉外合同，依照国际惯例应同时使用签约各方法定的官方语言撰写，或者采用国际通行的英文、法文撰写。除供各方正式签字的合同正本外，最好还能各备一份副本。

（3）签字时的座次安排。

签字仪式的座次礼遇是各方最为在意的，所以主方在安排时要认真对待。

双边合同的座次，一般由主方代为安排，主方安排时应以国际礼宾序列，注意以右为尊、为上，即将客方主签人安排在签字桌右侧就座，主方主签人在左侧就座，各自的助签人在其外侧助签，其余参加人在各自主签人的身后列队站立。站立时各方人员按职位高低由中间向边上依次排列。

多边合同的座次安排，只设一张签字椅时，各方按事先商定的先后顺序，主签人及其助签人依次上前签字。

（4）出席人员的服饰要求。

合同签约仪式，对于商界来说是一件意义重要、场合庄重的事情，因此，按规定要求出席签约仪式的人员服饰要整齐规范。具体要求是：签字人、助签人和其他参加人员应穿有礼服性质的深色西服套装、中山装套装，同时配白色衬衣、单色领带、黑色皮鞋和深色袜子；女性则应穿套裙、长筒丝袜和黑皮鞋；服务接待人员和礼仪人员，则可穿工作制服或旗袍等礼服。

3．签约仪式的步骤程序

（1）仪式正式开始。

各方人员进入签字厅，按既定的位次入座。双边合同的双方签字人同时入座，助签人在其外侧协助打开合同文本和笔。

（2）正式签署。

各方主签人再次确认合同内容，若无异议，在规定的位置上签名，之后由助签人相互交换合同文本，再在第二份合同上签名。按惯例，各方签字人先签的是己方保存的合同文本，交换后再签的是对方保存的合同文本。

（3）交换各方已签好的合同文本。

各方主签人起身离座至桌子中间，正式交换各自签好的合同文本，同时，热烈握手（拥抱）、祝贺，还可以交换刚刚签字用过的笔作为纪念。其他成员则鼓掌祝贺。

（4）饮香槟酒庆祝。

交换合同文本后，全体成员可合影留念，服务接待人员及时送上倒好的香槟酒。各方签字人和谈判小组成员相互碰杯祝贺，当场干杯，将喜庆气氛推向高潮。

商务合同正式签署后，还要提交有关方面进行公证，才能正式生效。签约仪式后，主方可设宴或酒会招待所有参加谈判和签约的人员，以示庆祝。

小结

主座谈判的礼仪主要涉及主座谈判的接待准备、主座谈判迎送、谈判布置与座次安排。

主座谈判的接待准备：①成立接待小组；②了解客方基本情况，收集有关信息；③拟订接待方案。

主座谈判迎送工作，根据商界对等接待的原则，主方应确定与客方谈判代表团的身份，安排职位对等、人数相等的接待陪同人员，并通知他们准时迎送。

仪容指一个人的身体不着装的部位，主要是头发、面部和手。商界人士仪容的要求是干净整齐，端庄大方。

商界历来最重视服饰规范，尤其是出席向务谈判这样的正规场合，更应穿得传统、庄重、高雅。出席商务谈判的人员，文明的语言和得体的举止，不但能展示自己良好的教养和风度，而且能赢得对方的尊重、信任和敬意。

签约，即合同的签署。双方（多方）经过充分的洽谈磋商，就谈判项目达成书面协议，为使有关各方重视、遵守合同，在合同签署时，应举行郑重其事的签约仪式。

第三部分 课题实践页

(一)简答题

1. 谈判的礼仪主要有哪些?
2. 谈判签约仪式如何布置?

(二)选择题

1. 谈判人员经常参加各种各样的外交活动。在日常交往中,需要注意的礼节包括( )。

A. 遵守时间   B. 尊重老人和女士

C. 尊重风俗习惯   D. 举止得体

2. 阳春三月,28 岁的赵先生参加一次非常重要的商务谈判。单身的他不知选择什么颜色的领带配浅灰色西装。比较好的选择应该是( )。

A. 白色   B. 灰色   C. 红色   D. 蓝色

(三)分析题

1. 大约 30 多岁的刘先生站在公司门口,欢迎前来谈判的王女士。刘先生不知道王女士的年龄,职务,所以他心里纳闷,该不该主动握手。您认为刘先生应该怎么做?

(1)主动上前握手。

(2)待王女士伸手后握之。

(3)不必握手。

解析: _____

2. 谈判结束后,对方安排周先生一行看电影。在电影放映过程中,周先生因疲倦而哈欠连天,不一会儿,鼾声大作。您认为这种情况下应该如何处理?

(1)可以理解,不足为怪。

(2)不礼貌,务必避免。

(3)符合娱乐活动的礼节要求。

解析: _____

课题十 商务谈判的综合学习

技 能 目 标	知 识 目 标	建 议 学 时
➢ 面对面谈判	（1）了解面对面谈判的含义与特点 （2）了解其适用范围	1
➢ 电话谈判	（1）了解电话谈判的含义与特点 （2）了解电话谈判的适用范围 （3）掌握电话谈判的注意事项	1
➢ 函电谈判	（1）了解函电谈判的含义与特点 （2）拟定函电的注意事项 （3）函电谈判的程序	1
➢ 网络谈判	（1）网络谈判的内容 （2）网络谈判的特点 （3）网络谈判的注意事项	1

第一部分 案例与讨论

案例 电话谈判

一天，你突然接到某学院的电话，从声音和口气可以听出来，对方是有采购授权的。你与对方从未见过面，对方也从未用过你公司的产品。

他在电话里告诉你，学院为了迎接全国高职高专优秀学校的评估工作，计划筹建校园网。他询问你公司是否可以在两个月内交付一套该类设备。他对设备标准和一些交易条件似乎了如指掌。他解释说，他的时间比较紧，手头也有一些其他公司可以提供该设备，但是要求你公司的报价在118万元以下。你建议会一会面，对方讲"太忙"，只有接受他的报价后，才会安排会面。面对这种情况，你将怎么办？

案例讨论

（1）电话谈判的优点与缺点分别是什么？

（2）这种情况下，你将如何报价？

第二部分 课题学习引导

10.1 面对面谈判

在所有谈判方式中，面对面的谈判是最古老、应用最广泛、最普遍的一种方式。在科技水平不发达时，曾是唯一的谈判方式，即使科技发展带来了新的谈判方式，面对面的谈判方式因其独特的优势在商务谈判中仍然是最主要的方式，并得到不断的发展和完善。

10.1.1 面对面谈判的含义及特点

1．面对面谈判的含义

面对面谈判，顾名思义就是谈判双方（或多方）直接地、面对面地就谈判内容进行沟通、磋商和洽谈。日常生活中，大到每日电视、广播和报纸报道的国际国内各类谈判，小到推销员上门推销，售货员向顾客介绍商品，顾客与小商贩的讨价还价等，这些都属于面对面谈判。同时，无论谈判各方围坐在谈判桌旁，还是随便坐在一起，或是站在柜台两旁，甚至边走边谈，只要是面对面谈判，谈判各方总是可以直接对话，不仅是语言的直接交流，而且各方均能直接观察对方的仪表、手势、表情和态度，正是这些构成了面对面谈判独具的优势。

不仅如此，由于面对面谈判是人与人之间所作的直接的沟通、磋商和洽谈，受人的个性、需要、动机和直觉的影响最大，所以商务谈判所研究的谈判策略、技巧、心理、礼仪、人员管理等，都是以面对面谈判方式为背景而展开讨论的。而且，由于面对面谈判方式是商务谈判的最主要方式，因而也是本书研究的重点。

2．面对面谈判的优点

一般来讲，凡是正规的谈判、重要的谈判、高规格的谈判，都以面对面的谈判方式进行。这主要是因为面对面谈判方式具有以下优点：

（1）谈判具有较大的灵活性。在举行正式的商务谈判前，谈判双方都能够广泛地了解市场动态，开展多方面的市场调研，全面深入地了解对方的资金、信誉、谈判作风等情况，制订出详细、切实可行的谈判方案；在商务谈判桌上，则可以利用直接面谈的机会，甚至利用私下接触，进一步了解谈判对手的需要、动机、策略，以及主谈人的个性等，结合谈判过程中出现的具体情况，及时、灵活地调整谈判计划和谈判策略、技巧。

（2）谈判的方式比较规范。商务谈判各方在谈判桌前就坐，就形成了正规谈判的气氛，使每个参加谈判的人产生一种开始正式谈判的心境，很快进入谈判角色，而且，面对面谈判又都是按照"开局→讨价还价→达成协议或签订合同"的谈判过程进行的，所以，是比较规范的谈判方式。

（3）谈判的内容比较深入细致。面对面谈判方式，便于谈判各方就某些关键问题或者难点进行反复沟通，就谈判协议的具体条款进行反复磋商、洽谈，从而使谈判的内容更加深入、细致，谈判的目标更容易达成。

（4）有利于建立长久的贸易伙伴关系。由于面对面谈判方式是由双方或多方直接接触进行的，彼此面对面的沟通容易产生感情，特别是在谈判工作之余的侃热门话题或文娱活动中，可增进了解，培养友谊，从而建立了一种比较长久的贸易合作伙伴关系。而这种关系对于谈判协议的履行，以及今后新一轮的谈判工作都有积极的意义。

也正是因为面对面谈判方式或多或少地会产生一些感情，谈判人员则可以利用这种感情因素来强调我方的谈判条件，并使对方不好意思提出异议或拒绝，所以面对面谈判成功的概率要比其他谈判方式都高。

3．面对面谈判的缺陷

面对面谈判方式也有一定的缺陷，表现在以下几方面：

（1）容易被谈判对手了解我方的谈判意图。

面对面的谈判方式，谈判对手可以从我方谈判人员的举手投足、语言态度，甚至面部表情来推测我方所选定的最终目标以及追求的最终目标的坚定性。

（2）决策时间短。

面对面的谈判方式，往往要在谈判期限内做出成交与否的决定，没有充分的考虑时间，也难以充分利用台后人员的智慧，因而要求谈判人员有较高的决策水平，如果决策失误，会使我方蒙受损失或是失去合作良机。

（3）费用高。

对于面对面的谈判方式，谈判各方都要支付一定的差旅费或礼节性的招待费等，从而增加了商务谈判的成本。可以说，在所有的谈判方式中，面对面谈判方式费用最高。

此外，面对面谈判方式比较耗时，而且客户联系面相对较窄。

10.1.2　面对面谈判的适用范围

尽管面对面的谈判方式是最古老、最广泛、最经常使用的谈判方式，具有较多的优点，但是面对面的谈判方式的缺点也是存在的，所以，商务谈判方式的选择应以充分发挥面对面谈判方式的优势为原则。一般在下列情况下运用面对面谈判方式较为适宜：①比较正规的谈判；②比较重要的谈判；③比较大型的谈判；④谈判各方相距较近；⑤谈判各方认为面对面谈判效果较好，方式较佳，以及本次谈判最为迫切。

10.2　电　话　谈　判

随着电话通信的广泛采用和日益普及，人们使用电话沟通信息、洽谈商务、进行谈判便越来越多。所以，了解和学习电话谈判的优缺点和技巧，掌握和运用电话谈判也是极为必要的。

10.2.1　电话谈判的内含与特点

电话谈判就是借助电话进行沟通信息、协商，寻求达成交易的一种谈判方式，是一种间接的、口头的谈判方式。

电话谈判方式与面对面谈判方式既有不同点，也有相同点。电话谈判方式与面对面谈判方式的不同点在于一个是远距离不见面的磋商，而另一个是近距离面对面的磋商；其相同点在于都是用语言的表达方式进行磋商，而且电话谈判方式也包括探询、约谈、成交、签约等不同步骤。双方在洽谈前，都需要做有关的准备工作；洽谈开始，也要做简短的寒暄；洽谈过程中，也少不了讨价还价；洽谈之后，要记录整理有关情况和资料。有的电话洽谈自始至终都会录音，双方在电话中达成的口头协议也构成有法律约束力的口头合同。

但就电话谈判方式而言，既有它的优点，也存在着缺点。

1．电话谈判的优点

使用电话进行谈判的主要优势是快速、方便、联系广泛。特别是在经济迅速发展的社会，时间就是金钱，效率就是效益，在经济洽谈、商务营销中，方便、快速更有决定意义。此外，电话谈判还有一个特殊的、独具的优势，这就好像电话铃声——它具有极大的、几乎是不可抗拒的吸引力。无论是由于责任心、好奇心，或者其他的心理和原因，人们几乎无法抵挡电话铃声的诱惑。它会使人本能地去猜测："是谁来的电话？""给谁来的电话？"运用电话谈判，用电话铃声来呼唤谈判对手，要比客气的约请、上司的指示甚至命令还要灵验。无论对方多么繁忙，在干着什么要紧的工作，只要听到电话铃响，都得停下一切其他事情来接听电话。在电话谈判中，电话的这些优势被谈判双方所利用，为各自的目的服务，并实现各自的谈判目标。

2．电话谈判的缺点

由于电话谈判的双方相距较远，也由于电话自身功能的局限——例如只能听到对方的声音，不能看到对方的表情、手势等，这些都给电话谈判带来不便，造成缺陷。

（1）误解较多。

由于电话没有视觉反馈，不仅看不到对方的面部表情，更看不出对方的行为暗示；另外，对语音、声调的理解也往往有误，加之一些容易混淆不清的字、词，所以，听懂并非易事，听错也不罕见。这是电话谈判要比面对面谈判更容易产生误解的原因。

（2）易被拒绝。

电话谈判时，"不"字更容易出口。例如一方拨了另一方的电话号码，很有礼貌地说："如果你不介意的话，我想请你做这件事……"另一方可以很干脆地回答："不行，现在我忙得很，多谢你打电话来。"

（3）某些事项容易被遗漏和删除。

在双方交谈中，各自理解的重点和发生的兴趣不会完全一致，说和听都会带有选择性。而运用电话谈判方式时，多数情况下是一次性叙谈，很少有重复，所以，谈判人员有意无意地将某些事项遗漏或删除，总是在所难免的。

（4）有风险。

在电话中无法验证对方的各类文件、证据和许诺的真伪，有可能上当受骗，因此要冒一定的风险。

（5）时间紧。

电话谈判较其他谈判方式而言，时间有限，谈判人员缺乏深入思考的时间，尤其是受话者一方，往往是在毫无准备的状态下仓促面对某一话题，甚至进行某一项决策，因此容易出

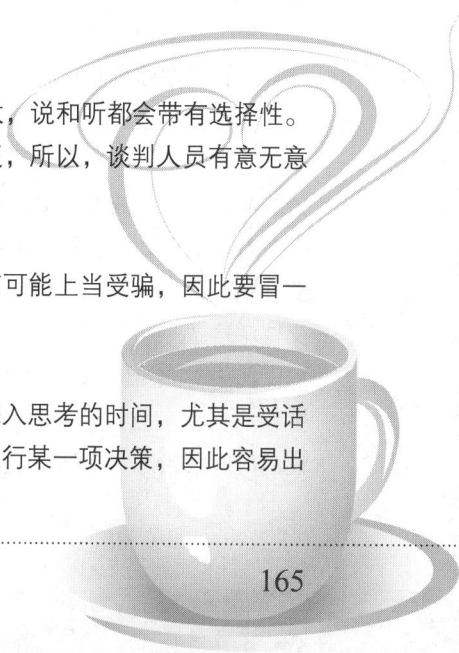

现失误。

10.2.2　电话谈判的适用范围

尽管电话谈判存在着许多缺陷，但是，这并不能掩盖其独具的优势。扬其所长，避其所短，在下述状况运用电话谈判，其效果可能比面对面谈判方式更好。

① 欲与谈判对方快速沟通、尽早联系、尽快成交时，电话谈判是达到这一目标、取得谈判成功的捷径。

② 想取得谈判的优势地位时，可以采用电话谈判方式，并且争取主动把电话打给对方。这样，从谈判双方的状态看，你是有备而来，而对方则很有可能是匆忙应战，相比之下，主动打电话这边自然而然地占了上风。

③ 想使商务信息的流传面小时，宜采用电话谈判的方式。因为电话的两端一般只有一人，便于保密。

④ 想减低谈判双方地位的悬殊时，电话谈判能收到预想的效果。无论对方身居何职，谈判双方面对的都只是一部电话机。通过电话，双方各自阐述自己的条件和要求，电话两边的人的身份、地位、职务都会显得不太重要。

⑤ 在拒绝谈判对手时，或者想中断谈判时，用电话谈判的方式更为简便易行。这样，拒绝的话更容易说出口，不会出现尴尬难堪的局面。

⑥ 故意表示对某项业务或某个谈判不关心时，以及故意表示我方谈判态度强硬和立场坚定时，采用电话谈判方式进行，都可能收到预期的效果。

⑦ 对待难以沟通和难以对付的谈判对手，运用电话谈判方式更具实效。如前所述，因为电话铃声普遍令人难以抗拒，即使难以沟通和难以对付的谈判对手也会拿起电话听筒与你沟通和洽谈。

⑧ 当面对面谈判方式难于进行时，宜采用电话谈判方式。这样可能收到柳暗花明又一村的效果。

10.2.3　使用电话谈判应注意的事项

由于电话谈判是一种只有声音没有人物表情、形体动作的洽谈，因此一旦选用电话谈判方式，更需要注意其技巧。

1．争取主动

进行电话谈判，便应积极争取做主动打电话的人，不做被动的接听者。因为只有做好充分的准备，才能成为主动的打电话者；只有主动打电话者，才能处在谈判的优势地位。如果被对方抢了主动，便不得不按照对方的意图和安排绕圈子。所以，在日益频繁的电话谈判和交往中，要尽量争取主动，不仅在各项营销商务谈判中做主动打电话者，还要在每一次电话交往中争做主动者。

如果对方给你来了电话，而你没有准备时，使一招"金蝉脱壳"之计便可获得变被动为主动的机会，应会说一套诸如此类的话："对不起，我正有一件紧急的事情要办，您说个方便的时间我给您回电话吧。"这样，你便赢得了准备谈判的时间，赢得占据主动。

2．做好准备

作为打电话者，只有事先做好计划和准备，才能真正取得主动权，没有准备便拨电话，谈判中的优势很有可能拱手让给对方。谈判前的计划和准备主要包括以下几个方面：

① 把要谈判的内容列一个详细的清单，包括说话的内容和顺序，尤其是重要事项不要遗漏。

② 把即将在电话里进行的谈判在脑海中演练一遍，熟悉内容，加深记忆。

③ 对于对方在谈判中可能采取的战略战术、技巧策略要有所估计和预料，要准备好相应的对策，有充足的心理准备。

④ 在打电话前，应当把将要用到的东西放在手边。例如，谈判中可能涉及的有关资料、数据，记录用的纸和笔；另外，准备一台计算器，便于随时用来计算。

⑤ 人非圣贤，孰能无"惑"，即使准备得再充分，也难免有始料不及的问题和对方转移话题的情况，对不了解和不懂的问题，要有勇气承认个人的知识有限，这也是必要的思想准备。

⑥ 要准备好一两个"借口"，以便在谈判不利时不失礼节地挂断电话。这样，便可以避免谈判沿着不利的方向下滑，避免谈判局面进一步恶化，给我方争取思考的时间和回旋的余地。

3．集中精神

使用电话谈判，交流完全依靠谈话，声音是你唯一的使者，你必须通过电话给对方一个良好的印象。所以，传到电话那端的必须是一个清晰、有力、生动、中肯、让人感兴趣的声音。因此，把注意力完全集中在电话上，排除外界种种干扰，不可一心二用，与谈判无关的事等谈判结束后再做。

4．听说有度

适当掌握听与说的比例，尽量诱使对方多说，从对方的滔滔不绝中获得更多的信息和资料。

5．把握节奏

学会聪明地沉默。多听少讲，除非已经进行了认真的分析、全盘的考虑和洞察了各种利弊关系，否则不要进行彻底的谈判，不要试图一次解决，也不要因吝惜电话费而迫使自己仓促决策。

6．及时更正

假如事后发现谈判的结果对我方不公或不利时，应毫不犹豫地要求对方重新谈判。

7．记录整理

要在电话谈判的过程中做好记录，并在谈判结束后尽快将记录整理归档，以求档案完整，便于事后随时查阅。

8．协议备忘录

当通过电话完成了一项商务活动，做成一笔交易，也就是完成一次电话谈判后，就应认真地写一份有关谈判的书面纪要，即协议备忘录，并将这项工作通知对方。

协议备忘录有时被称为意向书或理解纪要，其目的就是把电话谈判中所要明确的谈判各方的责任、权利和义务都写在纸上，作为双方协议的书面凭证，要求各方严格遵照执行。写好协议备忘录后，要寄给对方一份。

协议备忘录不只是谈判各方履约的依据，也是事后处理纠纷的法律依据。所以，在电话谈判中写好协议备忘录是极其重要的。协议备忘录如同签订合同一样，具有法律的约束力，因此对谈判各方的责、权、利要规定得全面、清楚、明确。

许多谈判高手和专家学者都探讨和研究过电话谈判的方式，对电话谈判的长处和不足进行过极其精细的研究和挖掘，写下了许多启人心智的篇章和做过许多精辟的阐述，以引导人们对电话谈判的认识不断深入、全面。在这里，引用一位谈判专家的观点作为本节的结束语，它不仅恰当，而且耐人寻味。这位谈判专家的观点大意是：除非必要，否则不要用电话进行谈判。倘若有必要用电话进行谈判，切记，你的准备一定要比对手的准备更加充分。

10.3 函电谈判

函电谈判是指通过信件、电传、传真等途径进行磋商，寻求达成交易的书面谈判方式。函电谈判方式与电话谈判方式有相同之处，也有不同之处。两者都是远距离、不见面的磋商，但一个是用文字表达而另一个则是用语言来表达。函电谈判方式在国际贸易的商务谈判中使用得最普遍、最频繁，但在国内贸易的商务谈判中则较少使用。

10.3.1 函电谈判的特点

函电谈判作为传统的书面谈判方式，有其优点和缺点。

1. 优点

① 方便、准确。函电谈判的电传、传真是现代化的通信手段，如同电话一样具有方便、及时、快速的特点，即使是用函件的往来，也是简便易行的。而且，在函电谈判方式中，来往的电传、信函都是书面形式，绝不会出现电话中的错听、误解等现象。来往函电做到了白纸黑字，准确无误。

② 有利于谈判决策。函电谈判方式所提供的谈判的内容都是书面文字，既不像面对面谈判方式那样必须当面决策，有较充裕的时间思考，又便于谈判双方各自台前、台后人员进行充分的讨论和分析，甚至可以在必要时向有关专家咨询、请教，从而有利于慎重决策。

③ 材料齐全、有据可查。函电谈判方式可以充分利用文字、图表来表达，使谈判内容比用电话谈判方式要全面、丰富。而且，谈判双方经过了反复多次的函电磋商，这些来往的函电就是今后达成交易、签订合同的原始凭证，有根有据，便于存查，具有一定的法律效力。

④ 省时、低成本。由于函电谈判方式是借助于邮政、电信手段来实现远距离谈判，使谈判人员可以坐镇企业而无须四处奔波，一来省时，二来省去了差旅费等。因此，函电谈判方式的费用开支要比面对面谈判方式少。

此外，函电谈判方式中的谈判人员是不见面的。双方谈判代表可以不考虑谈判对手的身份、地位、个性等，从而把主要的精力集中到交易条件的磋商上，成交较为理性。

2. 缺点

① 函电谈判方式用书面文字沟通，有可能出现词不达意的情况，使谈判对方耗时揣摩。如果因此造成谈判双方各有不同解释，就会引起争议和纠纷。

② 谈判双方代表不见面，就无法通过观察对方的语态、表情、情绪以及习惯动作等来

判断对方的心理活动，从而难以运用语言与非语言技巧。

此外，谈判双方缺少了面对面的接触，讨论问题往往不深入、细致，彼此印象、情感也不深刻。

10.3.2 函电谈判的基本要求

函电谈判是一种书面谈判的方式。

1．函电的结构

函电谈判方式的函电，一般包括以下一些内容：

（1）标题。其基本要求包括函电的拟写与处理两个方面。标题即函电的题目或函电的名称。标题是函电内容的集中和概括，标题要求简明、确切，不要文不对题。标题和函电内容应互相对应。

（2）编号。编号即函电所标的"字"、"号"。"字"代表发文单位，"号"代表发文次序。对函电进行编号，是为了收文和发文单位便于分类登记和进行查询。

（3）收文单位。收文单位及行文单位的对象，函电送达的单位。

（4）正文。正文是函电的主要部分。正文一般由 3 部分组成：

① 开头。正文的开头多从发函的原因写起，便于对方了解发函的原委，文字要求简明扼要。

② 主体部分。主体是函电最重要的部分。阐述发函的目的和要求，一定要做到目的清楚、要求明确，即充分表达己方的意图、要求和条件，又使对方清楚明白、一目了然。

③ 结尾。结尾有两种方法：或是主体写完即可结尾，或者写两句与主体相照应的话以加深印象。商务函电有惯用的结束语，如"特此函达"、"特此函复"、"即请函复"、"候复"等。在结束语之后，也可以写上一些客套用语，如"谨祝商安"等。

（5）附件。随函电发出的销售合同、协议、报价单、发票、单据等都作为附件处理，附在函电之后寄送。附件的名称、号码、件数必须写清楚，写在函电的末尾。

（6）发文单位、日期、盖章。在函电末尾，或者在附件下一行偏右处，写上发文单位名称，单位名称下写明发函年、月、日。在日期上面加盖发文单位的印章，加盖印章是表示对发函严肃负责，有些函电则需单位负责人签字才有效。

2．函电的拟写

要把各种各样的商务谈判函电写好，就要努力实现以下各项要求：

① 函电要符合政策法规、风俗习惯等，特别是对外商务函电要充分体现我国对外商务的各项方针政策。这是写好函电的基础和指导思想，也是我们搞好国际商务、发展对外商务的有利保证。

② 要讲究策略，积极主动地开展业务活动。函电洽谈贸易，要视客户条件、货源情况等，针对不同情况灵活对待；在处理争议和纠纷时，要针对不同情况，采用不同对策。

③ 函电书写要正确、及时，每次函电的内容应当正确、完整。对交易磋商、签订合同协议、处理争议问题等各类函电，都要抓紧时间及时处理，不能拖延，以免丧失良机，造成经济上的损失或带来不良影响。

3．函电的处理

商务函电面广、量大、内容复杂、时间性强，因此对函电的处理应当做到有计划、分步骤、不积压、不遗漏、不出差错。要想把商务谈判函电的处理工作做好，还应注意做到以下几点：

（1）阅读电文，认真阅读函电，吃透含义。

吃透原文含义是处理函电的第一步，也是最重要的一步。完成这项工作的程序应当是：接到商务函电后先将函电全文通读一遍，选出其中较为重要和急需处理的部分仔细阅读，必要时要查有关的档案和资料，以便进行深入全面的分析，吃透函电原意，最后考虑并拟定处理意见。

（2）分清轻重缓急。

处理各种商务谈判函电时应把握的原则是：急件即办，重要件及时办，一般件不积压。在步骤上，一般是先处理电报、电传，然后处理时间性较强的函件和洽谈成交的主要客户的来函，最后处理一般性函件。

（3）加强联系。

商务交易一般都是由货源、储运、包装、财务等众多部门和单位协同完成的。函电的处理和落实涉及许多单位和部门，因此必须加强与各单位、各部门之间的联系，避免工作脱节，以免引起纠纷，造成经济损失。

10.3.3 函电谈判的程序

函电谈判作为商务谈判的一种形式，其程序应该说与商务谈判程序是一致的，即也都包含着始谈、摸底、僵持、让步和促成5个环节。但是，函电谈判作为国际商务活动中经常使用的一种谈判方式，其程序又有独特的内涵。按照国际贸易惯例，函电谈判一般包括5个环节，即询盘、发盘、还盘、接受和签订合同。

1．询盘

询盘（Inquiry）又称探盘，是指谈判的一方大致地询问另一方（或多方）是否具有供应或购买某种商品的意愿，只是了解一下供求情况，以衡量一下对方的实力和需求。具体而详尽的交易条件要在双方沟通的基础上进一步磋商。询盘多由商品的卖方发出，但买方也可根据自己的需要发出询盘。例如，从你方9月5日的来信中我们注意到你们希望和我们发展纺织品贸易。在研究过贵公司产品目录之后，我们对货号为510和514的两款台布感兴趣，请报最低的CIF广州价为感，并注明可供数量及最早交货期。如价格合理、质量令人满意，我们将长期大量订购。

询盘的目的主要是寻找合适的买主或卖主，而不是同买主或卖主正式进行谈判，不具有约束力。尽管如此，询盘时，应结合实际，仔细考虑，在同一时间对同一地区的客商询盘不宜太多，否则对日后交易合作会造成不好的影响。

2．发盘

发盘（Offer）又称要约，是谈判的一方因想出售或购买某项商品，而向谈判的另一方提出买卖该商品的各种交易条件，并表示愿意按这些交易条件成交。通常发盘是由卖方发出的。

由于发盘是由买卖双方中的一方给另一方提出交易条件和要求，所以发盘有两个关系人，一个是发盘人，另一个是受盘人。若一项发盘是由卖方发出，卖方就是发盘人，而买方就是受盘人，反之亦然。按照发盘人对其发盘在受盘人接受后，是否承担订立合同的法律责任来划分，发盘可分为实盘和虚盘。在函电方式的商务谈判中，搞清楚实盘和虚盘的法律含义对谈判双方都是非常重要的。

（1）实盘。

实盘（Firm Offer）是对发盘人有约束力的发盘，也就是发盘人在一定限期内愿意按所提条件达成交易的肯定表示，发盘内容具有达成交易的全部必要条件，而且发盘人在规定的有效时限内，受发盘的约束，即未经受盘人的同意不得撤回或修改，受盘人在有效时期内若无异议地接受，合同即告成立，交易也就达成了。实盘有3个基本条件：

① 各项交易条件详尽、清楚、明确。

② 注明所发的盘是实盘。

③ 明确发盘的有效时限。

实盘的内容完整肯定，对受盘人比较有吸引力，可以促使受盘人从速做出决定，达成交易。

【引例 10-1】

谢谢你们2月20日对大豆的询盘。作为答复，兹发盘如下：

品名：河北大豆，1999年产

质量：一级

数量：500吨

价格：每吨360美元，CIF伦敦价

包装：新麻袋装，每袋净重约50公斤

支付：不可撤销的信用证

交货日期：收到信用证之后1个月装运

该发盘为实盘，以你方答复在3月15日前到达我方为有效。

（2）虚盘。

虚盘（Offer Without-Engagement）就是发盘人所作的非承诺性表示，不具约束力。对虚盘，发盘人可以随时撤回或修改、变更内容，受盘人即使对虚盘表示接受，也需要经过发盘人的最后确认，才能成为双方都具有约束力的合同。虚盘一般有3个特点：

① 发盘中有回旋余地，常用 "以我方最后确认为准" 等术语加以说明。

② 发盘的内容不明确，不作肯定的表示。

③ 缺少主要交易条件。

虚盘对发盘人较灵活，可以根据市场变化修改交易条件，选择合适的对手。但是受盘人常常将其看做是一般的业务联系而不加重视，因而不利于达成交易。

【引例 10-2】

9月5日询盘收悉。兹报100吨葵花籽，1999年产，杂质不超过3%，含油量不低于88%，每吨CIF价700美元，新麻袋装，每袋净重约23公斤，11月份装船，凭不可撤销信用证付款，该报价以货未售出为准。绿豆暂无货。

3．还盘

还盘（Counter Offer）是指受盘人在接到发盘后，不能完全同意发盘人在发盘中所提的交易条件，为了进一步磋商，对发盘提出修改意见的一种表示。如受盘人一旦还盘，原发盘即失去效力，原发盘人也不再受原发盘的约束，还盘也就成了新的发盘。

商务谈判中，如果原发盘人对受盘人发出的还盘提出新的建议，并再发给受盘人，做再还盘。在国际商务的函电谈判中，一笔生意的谈判往往要经过多次还盘和再还盘，像谈判桌上进行多次讨价还价一样，当然也有接到实盘后不作还盘而直接签约的，就像口头谈判桌上一拍即合的情况。

4．接受

接受（Acceptance）又称承诺，是受盘人完全同意对方的发盘或还盘的全部内容所作的表示。根据《联合国国际货物销售公约》规定，一项有效的接受，应具备下列 3 个条件：

① 接受必须是由受盘人或特定的法人做出，才具有效力，第三方做出的接受不具有法律效力。

② 接受的内容或条件应与发盘（或还盘）相符，这样才表明就交易条件达成一致。

③ 接受必须在有效期内表示，才有法律效力，过期接受或迟到接受，都无法律效力。

【引例 10-3】

兹确认接受我方订购 100 吨葵花籽，每吨 700 美元，12 月装船。随函寄去我方第 GD964 号销售确认书一式两份，请签退一份以便存卷。请尽早开立以我方为受益人的信用证，以便及时安排装运。信用证条款必须与合同条款严格相符，以免日后不必要的修改。

5．签订合同

签订合同（To Sign a Contract）是一场商务谈判的尾声。买卖双方通过交易谈判，一方的发盘或还盘被另一方接受后，交易即告达成。但在商品交易中，通常通过签订书面合同予以确认。

合同经双方签字后即告成立，具有法律约束力，买卖双方都应当遵守和执行合同中的各项内容，否则任何一方违背合同内容都要承担法律责任。

一般来说，大宗商品和重要的机器设备，均须使用正式合同；一般商品或成交额不大的交易，多使用"销售确认书"。书面合同的正本，一般都是一式两份，经交易双方签署后，双方向保留一份。

10.4 网 上 谈 判

网上谈判是伴随着电子商务兴起而发展起来的新的谈判方式。尽管网上谈判出现时间很短，尚未形成成熟的理论，但所展现出来的生命力、冲击力都不容忽视。

10.4.1 网上谈判的提出

网上谈判作为一种特殊的书面谈判，其报文（书面）构成为以下几部分：

1．主数据

（1）参与方信息。参与方信息报文是商业往来开始时，贸易伙伴第一次交换的报文，用于把地址和相关的经营管理、商业和财务信息传递给贸易伙伴。如果在以后的商务往来的各个阶段信息有变化，参与方信息应重新更换，以保持贸易伙伴的主数据最新。

（2）价格／销售目录。价格／销售目录报文由卖方传送给买方，以目录或列表形式给出供货方产品变化的预先通知。该报文有时给出产品的一般信息，对所有买主都适用；有时给一个单独买主提供一个专门信息，如特殊价格等。

2．商品交易报文

（1）报价请求。

报价请求报文是由买方向一个或者多个卖方发出的要求提供商品或劳务信息的报文，表明买方向卖方提出他们所要求的答复内容，如买方欲购得价格。买方可以同时向几个供方发送报价请求，以便进行衡量，获取最满意的货物和购价。

（2）报价。

报价报文是由供货方发送给买方的，对买方报价请求的答复。该报文包括对买方要求的商务或服务以及有关信息的详尽答复。

（3）订购单。

订购单报文是由买方向供方发送的订购货物或劳务并提出相关数量、日期和发货到达地等信息的报文。

（4）订购单应套。

订购单应套报文是由供方发送给买方，告知买方他已收到订购单，提出补充货通知，买方可以拒绝或接受全部或部分订购单内容。

（5）订购单变更请求。

订购单变更请求报文是由买方向供方提供的对定购单的修改，买方可以请求变动或取消某项货物或劳务信息。

10.4.2 网上谈判的特点

网上谈判就是借助于互联网进行协商、对话的一种特殊的书面谈判。它为买卖双方的沟通提供了丰富的信息和低廉的沟通成本，因而有强大的吸引力，也是社会发展的必然。

1．加强了信息交流

过去商务谈判函件要几天才能收到，并且有可能迟到、遗失，现在通过互联网几分钟，甚至几秒钟就能收到，准确无误。而且，网上谈判兼具电话谈判快速、联系广泛，又有函电内容全面丰富、可以备查之特点，可使企业、客户掌握他们需要的最新信息。同时有利于增加贸易机会，开拓新市场。

2．有利于慎重决策

网上谈判以书面形式提供议事日程和谈判内容的，又能几秒钟抵达，使得谈判双方既能仔细考虑本企业所提出的要点，特别是那些谈判双方可能不清楚的条件能书面传递，事先说明，又能使谈判双方有时间同自己的助手或企业领导及决策机构进行充分的讨论和分析，甚至可以在必要时向那些不参加谈判的专家请教，有利于慎重地决策。

3．降低了成本

采用网上谈判方式，谈判人员无需四处奔走，就可向国内外许多企业发出 E-mail，分析比较不同客户的回函，从中选出对自己最有利的协议条件，从而令企业大大降低了差旅费、招待费以及管理费等，甚至比一般通信费用还要省得多，降低了谈判成本。

4．改善了服务质量

降低谈判成本还不是商务谈判的主要目的和收获，改善与客户的关系才是最大的收获，这样才能获取丰厚的回报。网上谈判所提供的是一年 365 天，每天 24 小时的全天候沟通方式。

5．增强了企业的竞争力

任何企业，无论大小，在网站上都是一个页面，面对相同的市场，都处于平等的竞争条件。互联网有助于消除中小企业较之大企业在信息程度化方面的弱势，从而提高中小企业的竞争力。

6．提高了谈判效率

网上谈判，由于具体的谈判人员不见面，他们互相代表的是本企业，双方可以不考虑谈判人员的身份，揣摩对方的性格，而把主要精力集中在己方条件的洽谈上，从而避免因谈判人员的级别、身份不对等而影响谈判的开展和交易的达成。

当然，网上谈判也有其弊端，主要表现在：一是商务信息公开化，导致竞争对手的加入；二是计算机病毒等会影响商务谈判的开展。

10.4.3　网上谈判的注意事项

网上谈判归属于书面谈判方式，与函电谈判一样，其谈判程序也包含着询盘、发盘、还盘、接受和签订合同 5 个步骤。这种借助于互联网的新型商务谈判方式，关键不在于更好地提供信息，而在于建立起与客户、合作伙伴之间的新的关系和沟通方式，也就说通过无所不在的网上联接，使得相互间联系、交往以及商务活动完全可以网上进行，从而达到提高客户、合作伙伴的满意度，降低成本，提高灵活性，缩短谈判时间，提高工作效率等目的。但要达到这些，有几方面值得注意：

1．加速网上谈判人才的培养

实行网上谈判方式，需要谈判人员既有商务知识与谈判技巧，又有计算机操作技术。而目前的商务谈判人员往往善于从事商务谈判，但缺乏计算机操作技术；或者有计算机操作技术，而对商务谈判知识与技巧缺少了解。因此，面对电子商务的快速发展，要加速网上谈判人才的培养。

2．加强与客户关系的维系

由于互联网上公开的大众媒体，使用网上谈判也就意味着你与客户、合作伙伴之间的关系公开化。竞争对手可以通过互联网随时了解到你的报价、技术指标以及你的客户、合作伙伴的需求，甚至你与客户、合作伙伴之间存在的分歧等。通过这些资料的分析，竞争对手有可能抢去了你的客户。所以，借助于互联网进行商务谈判，还应注意情感的维系，提高服务水准，以更好地维系与客户、合作伙伴的关系。

3．加强资料的存档保管工作

互联网容易受病毒侵害，甚至黑客的破坏。由于网上谈判所使用的 E-mail 需要互联网的传递，如果一旦网络发生故障或受病毒、黑客侵害，往往就会影响谈判双方的联系，甚至会丧失合作机会，无法实施谈判方案。因此，商务谈判过程中的发盘、还盘、确认等资料要及时下载，打印成文字，以备存查。

4．必须签订书面合同

网上谈判达成的成交，一经确认或接受，一般即认为合约成立，交易双方均受其约束，不得任意改变。但为了明确各自的权利与义务，加强责任心，双方必须签订正式的书面合同，促使双方按照合同办事。

此外，开展网上谈判，如何进行品牌管理？如何吸引新的客户？如何争取客户的信任？如何进行组织管理？这些新的问题也有待于进一步研究与探讨。

 ## 小结

面对面谈判，顾名思义就是谈判双方（或多方）直接地、面对面地就谈判内容进行沟通、磋商和洽谈。在所有谈判方式中，面对面谈判是最古老、应用最广泛、最经常的一种方式。在科技水平不发达时，它曾是唯一的谈判方式，随着科技发展产生了新的谈判方式。

电话谈判就是借助电话通信进行沟通信息、协商，寻求达成交易的一种谈判方式。它是一种间接的、口头的谈判方式。

函电谈判是指通过邮政、电传、传真等途径进行磋商，寻求达成交易的书面谈判方式。

网上谈判是运用网络条件的一种特殊的书面谈判。

科技的发展还将带来新的谈判方式，但是不管谈判方式如何变化，在应用具体谈判方式时，要注意他们各自的优缺点，适当运用。

第三部分　课题实践页

（一）简答题

1．网上谈判方式可否取代面对面谈判或函电谈判方式。

2．面对知识经济与数字化时代的到来，商务谈判人员应作什么样的准备？

（二）选择题

1．面对面谈判的优点有（　　　）。

A．谈判具有较大的灵活性　　　　　B．谈判的方式比较规范

C．谈判的内容比较深入细致　　　　D．有利于建立长久的贸易伙伴关系

E．决策时间短

2．电话谈判的缺点有（　　　）。

A．误解较多　　　　　　　　　　　B．易被拒绝

C. 某些事项容易被遗漏和删除　　　　D. 有风险

E. 时间紧

3. 函电谈判方式的函电，一般包括（　　　）。

A. 标题　　　　　　　B. 编号　　　　　　　C. 收文单位

D. 正文　　　　　　　E. 附件　　　　　　　F. 发文单位、日期、盖章

（三）分析题

1. 你们出访小组奉命前往丹麦拜访客户并争取订单。路经德国时，当地的客户告诉你："你们的报价过高。"在法国时，当地客户认为："你们的价格不符合实际。"英国的客户也说："经销你们的产品赚头太小。"这一路上，客户们的反应对你们都是很不利的，面对这种情况你们应该怎么办？

（1）立即致电公司，说明此行计划可能出了问题，望公司给予答复。

（2）按原计划继续拜访丹麦客户。

（3）致电公司要求降低原计划价格。

解析：

2. 小王一听到电话铃响，马上接听并答道："喂，找哪位啊？……他不在。"旁边的销售科长告诉他，这种接听电话的礼节不妥。小王却认为，这样节约时间，可以提高工作效率。按照科长的说法，小王接听电话应该怎么办？

（1）打好腹稿。

（2）报清自己的通话地点，单位名称和自己的姓氏。

（3）告诉对方谈判议程，谈判时间，谈判地点。

解析：

参 考 文 献

[1] 方其. 商务谈判——理论、技巧、案例. 北京：中国人民大学出版社. 2004.

[2] 宫捷. 现代商务谈判. 青岛：青岛出版社. 2001.

[3] 罗杰·道森. 销售人员谈判训练. 于卉芹. 北京：中国商业出版社. 2002.

[4] 潘肖钰，谢承志. 商务谈判与沟通技巧. 上海：复旦大学出版社. 2000.

[5] 丁建忠. 商务谈判. 北京：中国人民大学出版社. 2003.

[6] 戴尔·卡耐基. 卡耐基成功之道全集. 胡旋. 内蒙古：内蒙古文化出版社. 2003.

[7] 杨晶. 商务谈判. 北京：清华大学出版社. 2005.

[8] 建修. 商务谈判36计. 北京：当代中国出版杜. 2002.

[9] 刘文广，张晓明. 商务谈判. 北京：高等教育出版社. 2001.

[10] 马克态. 商务谈判——理论与实务. 北京：中国国际广播出版社. 2004.

[11] 丁建忠. 商务谈判学. 北京：中国商务出版社. 2004.

[12] 杨群祥. 商务谈判. 大连：东北财经大学出版社. 2001.

[13] 陈向军. 商务谈判技术. 武汉：武汉大学出版社. 2004.

[14] 王淑贤. 商务谈判理论与实务. 北京：经济管理出版社. 2003.

[15] 石永恒. 商务谈判精华. 北京：团结出版社. 2003.

[16] 李品媛. 现代商务谈判. 大连：东北财经大学出版社. 2003.

[17] 刘志强. 哈佛商务谈判. 吉林：吉林摄影出版社. 2002.

[18] 宋超英. 商务谈判. 兰州：兰州大学出版社. 2005.

[19] 金波. 职业经理商务谈判能力训练. 北京：高等教育出版社. 2004.

[20] 万成林，舒平. 营销商务谈判：原理、策略、技巧、管理. 天津：天津大学出版社. 2004.

[21] 金鸣. 成功谈判语言训练. 北京：海潮出版社. 2003.